Karen Swassjan

Unterwegs nach Damaskus

Zur geistigen Situation zwischen Ost und West

Urachhaus

Die Deutsche Bibliothek – CIP-Einheitsaufnahme

Swassjan, Karen:
Unterwegs nach Damaskus : zur geistigen Situation zwischen Ost und West / Karen Swassjan. – Stuttgart : Urachhaus, 1993
ISBN 3-87838-967-1

ISBN 3-87838-967-1
© 1993 Verlag Urachhaus Johannes M. Mayer GmbH, Stuttgart
Alle Rechte, auch die des auszugsweisen Nachdrucks und der fotomechanischen Wiedergabe, vorbehalten.
Umschlaggestaltung: Bruno Schachtner, Dachau
Herstellung: Wagner, Nördlingen

Inhalt

Vorwort 9

Der weitergedachte Goethe –
Am Vorabend des 20. Jahrhunderts

Die Lebenswelt der Weltanschauung Goethes:
Wie ist Goethe möglich? 17
Nietzsche – der »Gottlose« und der »Antichrist« . . 44
Die Goethe-Nietzsche-Schicksale in Rudolf Steiners
»Philosophie der Freiheit« 66
Das Problem der Anthroposophie im Licht der
vor-anthroposophischen Schriften Rudolf Steiners . 81

»Untergängster« des Abendlands

Die deutsche konservative Revolution –
Geschichte eines Mißverständnisses 105
Ein mißlungener Thermidorianer – Oswald Spengler 113

Unvorhersagbare Vergangenheit des Ostens

Schicksale der sowjetischen Intelligenz 133
Die gegenwärtige Lage in der ehemaligen
Sowjetunion 149
Aus den Bekenntnissen eines ex-sowjetischen
Anthroposophen 172

Europa zwischen Paradies und Hölle

Der Bericht eines Gehenkten über die Schlinge
um den Hals des anderen 183
Den Willen ins Denken bringen 192
Mitteleuropa heimatlos – Versuch einer
paläontologischen Wiederherstellung 199

*Cur Ama·deus homo – aus der Geschichte des
ontologischen Beweises* 227

Personenregister 233

Ach! Wenn ihr wüßtet, wie es bald,
so bald schon – anders kommt!...

Friedrich Nietzsche

Sei allem Abschied voran,
als wär er hinter dir,
wie der Winter, der eben geht.

Rainer Maria Rilke

Vorwort

Die Entstehung dieses Buches wäre mit vollem Recht als zufällig zu beschreiben, wäre das Zufällige nicht in meinem Bewußtsein völlig entrechtet und dem Notwendigen unterworfen. Es ging zunächst um eine Vortragsreihe, die ich in verschiedenen deutschen und Schweizer Städten gehalten habe, und ein paar bei Gelegenheit geschriebene Aufsätze. Es bedurfte schließlich eines »Zufalls«, will sagen einer gewissen persönlichen Initiative, diese verstreuten und ausgeklungenen Exzerpte unter dem bergenden Dach eines polygraphischen Asyls zu versammeln.

Denn was ist das Buch anderes – nicht nur dieses, sondern wohl ein jedes –, wenn nicht ein soziales Asyl ewig obdachloser und umherschweifender Gedanken, ja eine Art dokumentarische Genehmigung dieser geistigen Migranten, die das Paradies der ursprünglichen Unausdenkbarkeit verlassen, um sich zum langen, schmerzlichen Weg der *»Vererdigung«* zu verurteilen, von den Launen eines Schriftstellers bis hin zu denen eines Verlegers und – *last, not least!* – eines Lesers? Desto bestimmter betrifft dies das vorliegende Buch, welches, als *deutsche Wanderschaft* und mehr noch als Suche nach Deutschlands geistiger Heimat und Mission geplant und zustandegekommen, am Anfang keinesfalls damit gerechnet hat, ihm werde die *deutsche Bürgerschaft* zuteil. Ihm mußte schließlich ein *entsprechender* Titel beigesellt werden, damit ein sicheres Gespann diese ins Freie entlassenen und ihrem eigenen Weg überlassenen Themen im Genre eines Buches anschirre und auf Reisen führe. Nicht daß sie miteinander wenig zu tun hätten – ganz im Gegenteil: Der innere Zusammenhang scheint mir ziemlich deutlich, und der Leser wird ihn nicht nur in meinem persönlichen Schicksal wiedererkennen, sondern auch in der geschichtlichen Besinnung auf die Bestimmung Deutschlands angesichts der wieder offenen Konstellation zwischen einem westlichen satten Materialismus von unten – dem Konsumterror – und einem östlichen hungrigen Materialismus von oben – dem Terror eines abstrakten Menschenexperiments. Doch wie jeder Essayband fordert dieses Buch sein gebührendes *nomen*, das durch glückliche Fügung alle Chancen haben soll, sich auch als *omen* zu erweisen.

Unterwegs nach Damaskus – dieser Titel trägt nichts Erdachtes und Nur-Verkleidetes an sich; er ist exakt und gehört hierher. Denn alle Wege, gesetzt, daß sie unausbleiblich irgendwohin führen sollen, können jetzt, in unserer Zeit, in unserem Jahrhundert, ja insbesondere in dieser letzten Bilanzdekade unseres Jahrhunderts, nach der ein neues *Jahrtausend* auf seinen Anbruch zu warten *hätte*, nur *eine* Richtung haben, wie unterschiedlich sie sich topologisch auch immer ausnehmen mag, ja *eine* Richtung, deren nächster (aber keinesfalls letzter) Bestimmungsort sich in aller Entschiedenheit als totale und allgemein verhängnisvolle Grenzscheide erraten läßt, die von niemandem mehr – ob Materialist oder Idealist, Okkultist oder Atheist – zu umgehen ist. Man könnte ja dieser Grenze (der der geistigen Welt) alle beliebigen irreführenden Wegweiser voranstellen, vom einstigen »*Nach Rom*« bis zum heutigen »*Neue Weltordnung*«, gleichgültig – wer Augen hat zu sehen, liest jedenfalls am entsprechendsten, und die Nicht-Sehenden besinnen sich vielleicht erst *ex post facto*. Will man dennoch diese unbegriffene Schwelle irgendwie geistig geographisch benennen, so kann meine Antwort nur eine einzige und blitzartige sein: *Damaskus*. »*Unterwegs zur Grenze*« ließe sich hier ganz eindeutig als »*Unterwegs nach Damaskus*« konkretisieren, ganz unabhängig davon, welcher Meinung in dieser Hinsicht alle Millionen und Abermillionen der heutigen *Sauli* sind.

Ich wage nun, diese gelegentlich niedergeschriebenen *Miscellanea* als meine eigenen Schritte auf diesem unergründlichen Weg vorzustellen. Von einer *verkünftigten* Vergangenheit (denn was ist denn die ganze Problematik eines *Goethe*, eines *Nietzsche*, ja eines *Spengler* – von *Rudolf Stei*-

ner gar nicht erst zu reden! – anderes als unsere nächste, vom Vergangenen her entworfene Zukunft?) bis zur Gefahr einer sozusagen *ver-vergangenheitlichten* Zukunft (falls es uns beschieden wäre, keine andere Zukunft mehr zu haben als unsere gottähnliche und ersehnte Vergangenheit!). Jedenfalls hoffe ich, es möge dem Leser unter solchem Vorzeichen leichter sein, sich im Gehalt dieses Bandes als in einem Ganzen zu orientieren.

Und zuletzt noch das Wichtigste. Dieses Buch ist über alle Besinnung und Vergegenwärtigung der Hintergründe gegenwärtiger Weltlage speziell für alle *(Noch-)Nicht-Anthroposophen* geschrieben, in der Hoffnung, es *möge* ebenso von allen anderen gelesen werden. Ein Buch ist ja unter allen Umständen ein Bumerang, der, bevor er seinen Urheber trifft, auch mit der »*Umwelt*« Beziehung aufnimmt (oder vorhat aufzunehmen). Eine gewisse Schärfe, eine Art Rücksichtslosigkeit der heutigen anthroposophischen Bewegung gegenüber, kurz eine *kritische* Haltung, der auf den nachfolgenden Seiten hie und da zu begegnen sein wird, soll jedenfalls vorbeugend erklärt werden. Meine bittere Erfahrung in puncto eines mißlungenen Verstanden-Werdens zwingt mich, ein paar spezifische Vorbehalte zu machen, zur Vermeidung jeglicher Mißverständnisse (man fühlt sich ja mitunter gezwungen, die sichtlichsten Dinge zu erklären, die, und wären sie auch »*arithmetisch*« eindeutig und einsilbig ausgedrückt, doch immer gefährdet sind, einer »*Verkrümmung*« in der »*höheren Mathematik*« durch jegliche Art von Gerede und Klatscherei ausgesetzt zu werden). Ich halte es also für unentbehrlich, einen *Nicht*-Anthroposophen als Leser dieses Buches darum zu bitten, alle kritischen Bemerkungen gegenüber der *heutigen* Lage in der anthroposophischen Bewegung keinesfalls als etwas Außenseiterisches und Antianthroposophisches auszulegen. Will sagen, daß diese Kritik nur *innerhalb* der anthroposophischen Bewegung und *um ihretwillen* gedacht und gewollt wurde; ich bin kein Abtrünniger, kein Renegat – immer noch und immer wieder (und stolz darauf) ein Anthroposoph, vielleicht eben darum ein immer »*herausfallender*«

... (Ja es könnte schon fast als ein *Credo* gelten: immer aus jenen *Formen* heraus-zufallen, die bereit sind, zu erstarren und »*byzantinisch*« zu werden, und immer in jene ein-zufallen, die der *Metamorphose* treu bleiben.) Kurz, um das Gesagte etwas drastisch, doch endgültig zusammenzufassen: Hätte man aus einer solchen Kritik an der anthroposophischen Lage, wie sie in diesem Buch geübt wird, gefolgert, sein Verfasser sei ein Nicht-Anthroposoph, so wäre dies wenigstens ebenso seltsam, wie aufgrund des Lutherischen Aufstands gegen die christliche Kirche zu dem Schluß zu gelangen, Luther sei ein ... Mohammedaner gewesen!

Doch nun etwas für *den* anthroposophischen Leser. Für mich, einen Zugereisten, war es in jedem Sinne verwunderlich zu bemerken, wie scharf und schmerzlich, ja fast unzulässig man – besonders innerhalb der anthroposophischen Bewegung – jede beliebige Spur kritischen Verhaltens empfindet. Die Beweisgründe dafür erscheinen verdächtig einmütig. Man sagt in der Regel: Es ist schon vollauf ausreichend, wenn man uns *von außen* angreift; hören wir *deshalb* mit allen inneren Streitigkeiten auf! Oder man sagt noch: Die Anthroposophie *muß* positiv behandelt werden; jede Kritik ist *deshalb* unfruchtbar. Ich erlaube mir, beiden Einstellungen nicht zuzustimmen. Gegenüber der ersten frage ich: Geht es denn darum, eine Ausstellungsanthroposophie zu pflegen? Ist das anthroposophische Zentrum in Dornach schon geneigt, ein *Potemkinsches* Dorf zu werden? Hüten wir uns davor, die traurige Erfahrung aller potemkinmäßigen Geschichte zu wiederholen! Hüten wir uns vor aller eigenen Zensur und folglich – *post hoc, ergo propter hoc* – vor eigenen anthroposophischen »*Salman Rushdies*«! Die Geschichte kann ja auch rachsüchtig sein: Hüten wir uns davor, eigenhändig ein anthroposophisches *Schisma* heraufzubeschwören! Nun zur zweiten Meinung, daß die Anthroposophie nur *positiv* behandelt werden darf. Was aber heißt *positiv*? Wer hat gesagt, daß sich die kritische Gesinnung nicht positiv, ja manchmal sogar *positiver* als manch eine »*Positivität*« erweisen könnte? Wollen wir in diesem Fall jenes Wort Jesu Christi für unfruchtbar halten, wonach der Heiland dem Feigenbaum ganz »*kritisch*« Unfruchtbarkeit voraussagt? Und zugleich allen Büchern der Propheten? Ja vielleicht nebenbei auch der ganzen Geschichte, die ihre eigene »*Positivität*« immer lieber durch das Abschlagen der »*positivistischen*« Köpfe herzustellen pflegte als innerhalb dieser Köpfe selbst? Nein, es war noch niemandem gegeben, den *Johannes*-Zustand zu erlangen, ohne einen *Paulus*-Zustand (von *Saulus* gar nicht zu reden) rechtzeitig, ja zeitgemäß zu durchleiden. Man möchte fast aufschreien, nicht ohne das Risiko, verspottet und hochmütig behandelt zu werden: Halt! Wir sind ja unterwegs zur Grenze. Die ganze Welt ist ja auf diesem Weg! Und man braucht kaum ein besonderes Hellsehen, um die genannte Grenze recht *apokalyptisch* vorauszusehen. Ob wir Anthroposophen wirklich darauf rechnen, es gelänge uns, den unergründlichen Hüter dieser Schwelle etwa mit ein paar vorprogrammierten Eurythmie-Aufführungen in Rührung zu versetzen? War uns denn die einzige Antwort darauf nicht schon vor einem Jahrhundert gegeben: Standhalten, in der Versuchung reif werden heißt immer *wirklichkeitsgemäß*, immer *individuell*, unter *allen* Umständen *wahrhaft* sein können.

Doch scheint es, ich hätte schon angefangen, den Inhalt dieses Buches selbst darzulegen...

Dortmund, im September 1992   *Karen Swassjan*

Der weitergedachte Goethe –
Am Vorabend des 20. Jahrhunderts

Die Lebenswelt der Weltanschauung Goethes: Wie ist Goethe möglich?

Kant war, wie bekannt, der erste, der die Frage nach den Grundlagen menschlicher Erkenntnis gestellt hat. Abgesehen davon, wie er diese Frage beantwortet hat, ist jedenfalls eines festzustellen: Schon mit dieser Fragestellung allein hat das menschliche Denkvermögen seine Volljährigkeit erreicht. Die vorangegangene Philosophie hatte immer die Frage nach dem »Was« der Erkenntnis hervorgehoben: *Was* erkennen wir, das war ihr hauptsächliches und imgrunde einziges Problem. Kant, erregt von den provokanten Einsichten des genialen Skeptikers David Hume, hat als erster die Frage nach dem »Wie« der Erkenntnis betont: *Wie* erkennen wir, das war sein Hauptproblem. Da aber menschliche Erkenntnis für Kant nur *wissenschaftlich* zu behandeln war und Wissenschaft für ihn nur im *mathematischen* Rahmen gültig war, so war ihm die Frage nach der Möglichkeit der Erkenntnis diejenige nach der Möglichkeit der mathematischen Erkenntnis, nämlich: Wie ist mathematische Naturwissenschaft möglich? Will man nun diese rein theoretische Frage in personifizierter Form stellen, so läßt sich die mathematische Naturwissenschaft nur durch einen Namen, durch eine Person ersetzen: *Newton*. Solch personifizierte, namentliche Fragestellung ist, wie bekannt, Kant fremd; er begnügte sich, wie immer, mit reinen Abstraktionen. Doch wäre es keinesfalls eine Übertreibung oder Entstellung, diese kleine Modifikation zu wagen: Man erhält dann statt des abstrakt logischen »Wie ist mathematische Naturwissenschaft möglich?« eine konkrete und fast mythologisierte Fragestellung: »Wie ist Newton möglich?«

Hier ist zu beachten: Es handelt sich selbstverständlich nicht um die Möglichkeit eines Sir Isaak Newton in Person, obwohl auch dieser Aspekt des Themas von gewissem Interesse wäre, sondern um die des *Newtonschen* als solchen. Es war das Phänomen *Newton* im geistesgeschichtlichen Zusammenhang der Neuzeit nicht nur keine Zufälligkeit, sondern gewissermaßen das Hauptsymptom, ja das Hauptsymbol der Zeit selbst. Was ich hier meine, ist Newton als *Stil des Lebens*, Newton als zutreffendes Zeichen der Geistesgeschichte Europas in der Neuzeit, Newton als Paradigma des Bewußtseins. Für einen Naturwissenschaftler freilich liegt die Bedeutung Newtons nur im Rahmen der von ihm geschaffenen mathematischen Physik. Es wäre aber das Schlimmste, wenn ein Geisteswissenschaftler, der sich mit der Geistesgeschichte im ganzen beschäftigt, eine ähnliche Einstellung verträte und in Newton nichts anderes sähe als eben nur den großen Physiker, der unser wissenschaftliches Weltbild wesentlich verändert hat. Hier muß ich in aller Entschiedenheit bemerken, daß aus solcher Sicht Newton überhaupt unverständlich bleibt: Ihn nur *wissenschaftlich* zu behandeln hieße, ihn völlig zu verkennen. Die Zeitgenossen Newtons zeigten in diesem Sinne mehr Klugheit und symptomatologische Wahrnehmung als mancher moderner Historiker: Für sie war Newton ein neuer Mose und die Verkörperung der Wahrheit selbst, ja nicht nur der wissenschaftlichen Wahrheit, sondern der Wahrheit als solcher. So genommen wird der »*Physiker*« Newton zu einem allumfassenden »*Metaphysiker*«, dessen Existenz schlechterdings auf allen Gebieten des Lebens zu verfolgen ist, in der Wissenschaft so gut wie in der Theologie, in Politik und Wirtschaft, Kunst und Literatur, Philosophie und Jurisprudenz, ja auf allen Wegen und Umwegen des sozialen Lebens, bis hin zum Alltag. So verstanden wird das Phänomen *Newton* zum einzigartigen Urphänomen des Zeitalters, und wir täuschen uns kaum, wenn wir die sichtbaren Spuren Newtons in allen Äußerungen der kulturellen Wirklichkeit finden: etwa von der rein mechanischen Beschreibung der Sitten des Versailler Hofes in den Memoiren des Herzogs de Saint-Simon bis zu jener von Boileau formulierten Regel der theatralischen Kunst, derzufolge jede dichterische Szene eine exakte Kalkulation fordert. Das Phänomen *Newton* bedeutete die unwiderrufliche Diktatur des Mathematischen über alle Gebiete des Wissens und Lebens, den

Beginn des mathematischen Mythos, ja des mathematischen Totalitarismus, wonach es keine andere Gottheit außer der Mathematik mehr gibt und Newton ihr Prophet ist. Das war der *Stil des Lebens* im klassischen Zeitalter, im ganzen 18. Jahrhundert. Man könnte ihn mit der Gewißheit eines Arztes als bare mathematische Krankheit, ja bare mathematische Besessenheit bezeichnen. *Mathematik kann alles* – unter diesem Schlagwort stand die ganze Epoche, wobei unter Mathematik keineswegs das Novalissche »Götterleben« zu verstehen ist, sondern eben das, was Rudolf Steiner hinsichtlich der Newtonschen Physik »das mathematische Jongleurtum« genannt hat. Unternehmen wir einmal eine flüchtige Exkursion durch das Zeitalter, um die Symptome dieser durchgängigen Krankheit überall anschaulich zu machen. Mathematik kann alles. – Man sehe nur, zu welch kläglicher Logistik diese Behauptung bei einem Thomas Hobbes wird: Richtig denken, so Hobbes, heißt, die Begriffe durch Addieren und Subtrahieren errechnen zu können, folglich liegt die Mathematik der Logik zugrunde. Bald schon beginnt alle Welt, fast epidemisch zu mathematisieren. Gelehrt sein, klug sein, bloß ein *gentleman* sein heißt, sich einem mathematischen Dämon zu verpfänden: Physik, Biologie, Philosophie, Musik, Theater, Ethik, Politik, ja selbst Müßiggang, alles läßt sich mathematisch nachprüfen. Ein Spinoza rechnet menschliche Affekte *more geometrico*; ein Robert Walpole behauptet, man könne im britischen Parlament mehr mit Hilfe der Rechenkunst erreichen als mit Hilfe der Rhetorik; ein William Petty begründet die »politische Arithmetik«, indem er die Methode des Addierens auf den Begriff der »Bevölkerung« anwendet (natürlich sollte die hier unvermeidliche demographische Explosion der Zahlen in schlechter mathematischer Unendlichkeit den direkten Weg zu den künftigen malthusianischen Kalkulationen ebnen); ein Harrington überträgt den mechanischen Begriff »Balance« auf die Ökonomie, der hier zur »Eigentumsbalance« wird. »Die jungen Leute«, klagt Giambattista Vico, »die ihr akademisches Studium beginnen, sehen die Welt völlig geometrisiert und völlig algebraisiert«.* Einem holländischen Mathematiker fiel es sogar ein, die Gesichtszüge eines seiner Bekannten mit Hilfe algebraischer Formeln physiognomisch zu berechnen. Die wichtigste Rolle spielten in dieser ganzen Maskerade die Damen Pariser und anderer Salons: Jetzt waren es keine »Dichter« mehr, sondern die »Mathematiker«, die als Salongünstlinge galten; es erschien sogar der Typus des »*Hofmathematikers*«. Bezeichnend, daß Voltaire, dieser Söldner der Freigeisterei, indem er den Engländer Clarke (den Opponenten Leibniz') preisen will, kein anderes Kompliment als »une vraie machine à raisonnement« – »eine wirkliche Denkmaschine« findet. Überhaupt gewann das Phänomen *Maschine* echt mythologische Bedeutung: Die Welt erschien als nichts anderes denn als Makro-Maschine (machina mundi), der Mensch als nichts anderes denn als Mikro-Maschine (*l'homme-machine*, die sensationelle Schrift La Mettries, die sich allen Ernstes als »Mythos des 18. Jahrhunderts« bezeichnen ließe). Das Merkwürdigste aber bestand darin, daß diese klägliche frischgebackene Anthropologie nicht nur theoretisch, sondern auch praktisch, ja lebenspraktisch galt. Sie wurde gewissermaßen zu einem Muster, zu einem Modell, das von nun an die menschliche Lebensweise bestimmte. Kein Geringerer als Napoleon bezeugt diese ungewöhnliche Metamorphose! So klingt es zumindest in der Fassung eines Las Cases, seines treuen »*Eckermann*« auf Sankt Helena: »Die verschiedenen Gegenstände sind in seinem Kopf so untergebracht wie in einem Schrank. ›Will ich mit einer Sache zum Abschluß kommen, so schließe ich ihre Schublade und mache eine andere auf ... Will ich einschlafen, dann schließe ich alle Schubladen und sinke im Nu in Schlaf.‹«** Das ist reiner Newton, das *rein Newtonsche*, das weit über die physikalische Welt hinaus in alle Gebiete des Lebens, bis in den Schlaf vordrang: das alleinherrschend Mechanische, das zum *Stil des Lebens* wurde und alle Normen des mensch-

---

* Gianbattista Vico, Textes choisis, ed. G. Bourgin, Paris s. a., p. 163.
** Las Cases, Mémorial, t. 1, Paris s. a., p. 308.

lichen Verhaltens bestimmte, ganz unabhängig davon, ob man von Newton selbst je etwas gehört hatte! Kantianisch gesprochen eine rein transzendentale Kraft, die von vornherein alles Empirische vorausbestimmt und logisch ermöglicht.

So verstanden wächst die Hauptfrage der »Kritik der reinen Vernunft« weit über die Sphäre der Philosophie hinaus und gewinnt umfassende kulturkritische Bedeutung. Lassen wir die technischen Besonderheiten der Kantschen Antwort in diesem Zusammenhang beiseite; von erstrangiger Bedeutung ist, daß diese Frage jedenfalls positiv beantwortet wurde. Newton ist so und so möglich – und diese Antwort bedeutete im engeren transzendental-philosophischen Sinne, daß die mathematische Naturwissenschaft ihre *logische* Begründung und Rechtfertigung (»quid juris«, nach Kantscher Redeweise) endgültig zugesprochen bekam. Es bleibt aber ein anderer, viel weiterer und allgemeinerer Sinn, der mit dieser Antwort Kants vielleicht unbewußt, doch dadurch nicht weniger offensichtlich vorausgesetzt worden war: Die Möglichkeit Newtons weitete sich hier zur Möglichkeit des Zeitalters selbst aus, seiner geistigen Grundlagen und Prämissen, und schließlich war die Begründung und Rechtfertigung der mathematischen Naturwissenschaft nicht nur logisch und philosophisch, sondern auch *soziologisch* und *historisch* zu verstehen. Das Entscheidendste in der Antwort Kants war die Allgemeingültigkeit seiner Behauptung: Es ging im Prinzip nicht nur um die speziellen erkenntnistheoretischen Abstraktionen, sondern um die menschliche Geistigkeit als solche, und wenn Kant über »*unsere* menschliche Erfahrung« oder etwa »*unseren* menschlichen Verstand« spricht, so meint er damit nichts anderes als den allumfassenden und allgemeingültigen Charakter des von ihm theoretisch begründeten Welt- und Menschenbildes. D. h. es gibt nur *eine* erkenntnisgemäße Welt, den *orbis Newtoni*, und nur *eine* erkenntnisgemäße Geistesart, die des *homo Newtonis*; alles, was sich in dieser Welt und Geistesart nicht unterbringen läßt, ist schlechterdings erkenntnismäßig unbeglaubigt, ungenehmigt, ungültig, ja unmöglich. Nun ist diese Situation nicht anders auszulegen als eine *totale Anmeldepflicht* in der Dimension des menschlichen Geistes, eine polizeilich-behördliche Maßnahme gegen den immer vogelfreien, immer obdachlosen und unversiegelbaren Geist, der von nun an ständig eine Bescheinigung bei sich haben sollte, die seine schöpferischen Handlungen erst genehmigt und ihnen den entsprechenden Platz in der Inventarliste der Kultur zuwies. Mir scheint es allen Ernstes eine beleidigende Unterschätzung, ja Herabsetzung zu sein, wenn man diese genialen Notare der Erkenntnis, diese ersten Bürokraten des Geistes, deren ganze Erkenntniskritik sich nicht anders als ein riesiges *Erkenntnisministerium* bezeichnen läßt, bloß für Philosophen hält!

Versuchen wir, das Gesagte mehr oder weniger vollständig zusammenzufassen. Ja, es ab einen Newton, dem es beschieden war, zum allumfassenden Symbol der Zeit zu werden. Es gab auch einen Kant, der die Möglichkeit und Allgemeingültigkeit dieses Symbols streng juristisch beglaubigte. Wer weiß, vielleicht wäre diese totgeborene Welt wirklich allein möglich und allgemeingültig, wenn der menschliche Geist in der Tat so demokratisch und »unsrig« wäre, wie es einem Kant schien? Wenn der menschliche Geist wirklich so dürftig zutage träte, daß das Gravitationsgesetz und der freie Fall der Körper sein Verhalten für immer bestimmten? Wenn sich der Möglichkeit eines Newton nicht die Möglichkeit eines *Johann Wolfgang Goethe* widersetzt hätte, dessen bloße Erscheinung einem Kant als abgründiger Skandal vorkommen mußte? Goethe, dieser unvergleichliche Splitter des ewigen Lebens und ewigen Geistes im Fell selbst jener Herrschaft des Toten und Widergeistigen! Ja, das ärgerliche Mißverständnis Goethe, das genug Kraft hatte, sich inmitten der Newtonschen Möglichkeit zu festigen und den mächtigsten Anspruch auf seine eigene Möglichkeit zu erheben! Tausendmal gesegnetes Mißverständnis!

Die Frage »Wie ist Goethe möglich?« hat Kant, wie bekannt, nicht gestellt. Eigentlich brachte er es fertig, Goethe überhaupt nicht zu bemerken; klar ist, daß jener von ihm festgestellte »*unser* menschlicher Verstand« für die Gegebenheit Goethes kein gebührendes apriori hatte. So sieht es von der empirischen, tatsächlichen Seite aus; nun, das Problem aus transzendentaler Sicht genommen, so dürfen wir dennoch behaupten, läßt sich einigermaßen mythologisch lösen. Es gibt eine interessante Untersuchung des modernen französischen Strukturalisten Claude Lévi-Strauss, in der er die primitiven Mythologien der Naturvölker analysiert. Dieser Forscher kommt in bezug auf einige Mythen der Wilden zu dem Schluß, daß die Struktur dieser Mythen im Grunde nichts anderes sei als *die Antwort, worauf es keine Frage gibt*. Ich hoffe, richtig verstanden zu werden, wenn ich nun diese scharfsinnige Beobachtung des gelehrten Mythologen auf unser Thema anzuwenden versuche, in dem Sinne, daß sich die transzendentale Beziehung Kants zu Goethe gerade nach dem Muster solcher naturvölkischen Mythen auslegen läßt. Denn die Frage »Wie ist Goethe möglich?«, obwohl überhaupt nicht gestellt, nicht einmal vermutet, wurde dennoch von Kant beantwortet, und gerade diese Antwort Kants möchte ich als eine Antwort bezeichnen, auf die es gar keine Frage gab. »*Goethe ist unmöglich!*« – Man sollte Kant jedenfalls Gerechtigkeit widerfahren lassen: die *logische* Tadellosigkeit dieser seiner Antwort scheint fast unanfechtbar. Keiner wird ja bezweifeln, daß es in der Welt, deren Mono-Newtonianismus streng juristisch-logisch beglaubigt ist, für einen Goethe keinen Platz geben kann. Als Dichter – ja bitte! Als Mystiker, Abenteurer, Sonderling, Possenreißer, Außenseiter, Extravaganter – herzlich willkommen! Doch die strengste Bedingung bleibt immer in Kraft: Man darf treiben, was man nur will, solange man nicht *irgendwelche Ansprüche auf Erkenntnis erhebt*. Die Zone der Erkenntnis, eigentlich der Wissenschaftlichkeit, ist ausschließlich der von Kant beglaubigten Newtonschen Denkweise vorbehalten. Das bedeutet: Du darfst Verse machen, Bücher verfassen, Vorträge halten, eigentlich sich mit allem beschäftigen, wonach Dir zu Herzen ist; eines aber sollst Du immer im Bewußtsein haben: Ohne die entsprechende Genehmigung der Erkenntnis-Firma »*Newton-Kant*« sind Deine Bemühungen von keinerlei erkenntnismäßiger Bedeutung, ja sie sind *wissenschaftlich ungültig*. Ein kleinster Anschlag auf dieses Gebiet, und Du wirst gnadenlos zu einem metaphysischen Spitzbuben erklärt, bestenfalls zu einem »*Belletristen*«. Möge Dir das Beispiel Swedenborgs immer als Warnung vor Augen stehen! Dieser Schwärmer glaubte ja, seinen Machenschaften eine objektiv kosmisch-geistige Bedeutung verleihen zu können, und na, siehe, der unbestechliche Kant hat ihn für ewig mit dem Zeichen eines Schwindlers versehen. Denn niemandem ist es erlaubt, sich für einen Wissenschaftler auszugeben, der von der Kant-Newtonschen Erkenntnisrichtung abweicht!

Schreckliche Welt! Mir schien immer, die unheimliche Antiutopie von George Orwells »*1984*« hätte ihren Ursprung gerade in diesem erkenntnisjuristischen Alptraum. Ja, dieselbe total kontrollierbare Wirklichkeit in dem allgegenwärtigen Bild des »*Big Brother*«, alias Isaak Newton, und einer immer wachen »*Gedankenpolizei*« in der Person Immanuel Kants. Natürlich mußte ein Johann Wolfgang Goethe in einer solchen Welt transzendental unmöglich sein.

Ich habe oben erwähnt, daß diese Frage, die nach der Unmöglichkeit Goethes, von Kant in der Tat nicht gestellt wurde, obwohl er die Antwort auf diese nicht gestellte Frage eigentlich gegeben hat. Ich muß nun einen Vorbehalt machen: Es handelt sich darum, daß Kant, selbstverständlich ohne es zu wissen, eine solche Frage doch gestellt hat, wenn auch in höchst abstrakter, unpersonifizierter Form. Eigentlich ging es Kant in seiner ersten Kritik, also in der »Kritik der reinen Vernunft«, darum, die logische Möglichkeit der mathematischen Naturwissenschaft zu begründen. Es wurde schon hervorgehoben, daß diese Fragestellung sich imgrunde genommen leicht auf den Namen Newton reduzieren läßt. Nachdem Kant diese Aufgabe geleistet hatte, entstand ihm daraus die neue, rein theoretische Frage nach der Begründung der *organischen* Naturwissenschaft, die es zur Zeit Kants, wenn auch in noch sehr unsicherer Form, schon gab und ebenfalls ihre logische Rechtfertigung forderte. Dieser Frage hat dann Kant seine dritte und letzte Kritik, die der *Urteilskraft*, gewidmet, worin sich die Frage, die früher an die *Mechanik* gestellt worden war, an die *Organik* richtet. Daß die Organik, die wissenschaftliche Betrachtung des Organischen, tatsächlich schon existierte, unterliegt keinem Zweifel; die Frage war jedoch die, ich wiederhole, nach der *logischen* Möglichkeit dieser Existenz selbst. Die Anwesenheit Goethes, selbst in solch unbenannter Form, ließ dem »großen Chinesen von Königsberg« (als welchen Friedrich Nietzsche Kant einmal bezeichnete) keine Ruhe, denn die Frage Kants nach der Möglichkeit der Organik war im Grunde gerade die nach der Möglichkeit Goethes, wie seine frühere Frage nach der Möglichkeit der Mechanik diejenige nach der Möglichkeit Newtons war.

Es ist hier nicht der Ort, den Gedankengang Kants, wie er im entsprechenden Teil der »Kritik der Urteilskraft« dargestellt ist, eingehend zu verfolgen, nur die wichtigsten Punkte seiner Betrachtungen: Die Welt der Mechanik ist, nach Kant, so beschaffen, daß wir in ihr immer vom Einzelnen zum Allgemeinen vordringen, also von dem uns in der sinnlichen Erfahrung Gegebenen zu dessen Verallgemeinerung durch die apriorischen Formen unseres Verstandes. Die Eigenart der Welt des Organischen besteht aber gerade im Umgekehrten. Um die Beschaffenheit eines organischen Wesens *wissenschaftlich* erkennen zu *dürfen*, sollte man nicht mehr vom Einzelnen ausgehen, sondern vom Ganzen. Denn die einzelnen Teile, deren Summe im Grunde das mechanische Objekt an sich bildet, spielen keine bestimmende Rolle in der Erklärung des organischen Wesens, wo es gilt, erst vom Ganzen auszugehen, um die einzelnen Teile in all ihrer Kompliziertheit und Gliederung auffassen zu können. Von einem mechanischen Gegenstand sagt man mit Recht, er sei nichts anderes als die Summe seiner Teile. Widersinnig aber wäre es, das gleiche im Fall einer Pflanze oder eines Tierwesens zu behaupten. Dazu kurz ein musikalisches Beispiel: Nehmen wir eine beliebige, wenn auch einfachste Melodie, und versuchen wir, ihre einfachste Struktur logisch zu begreifen. Man kann ja ganz mechanistisch sagen, diese Melodie sei Summe aller sie bildenden Töne. Daß eine solche Behauptung bloß absurd ist, zeigt die nächste Frage: Warum hat dann diese Summe eben *diese* und nicht eine *andere* Aufeinanderfolge der Töne? Es ist ganz klar und einsichtig, daß *diese* angebliche Summe an Tönen nur dadurch möglich wurde, daß sie von vornherein schon von der *Melodie* als solcher bestimmt und begleitet war. Also die Melodie, die im Sinnlichen als Ergebnis von Tönen vorliegt, ist im Übersinnlichen gerade als deren Ursache zu verstehen: übersinnlich *ist* sie das Primäre, sinnlich das Sekundäre. Man kann deshalb sagen, daß das Ganze, das Ideelle, das Übersinnliche hier dem Einzelnen, dem Materiellen, dem Sinnlichen vorangeht und letzteres nur aus dem ersten erkannt und verstanden werden kann. Das ist aber die Eigenart der Welt des Organischen, des Lebendigen.

Es würde nur wenig Mühe kosten, um zu sehen, daß diese Eigenart für »*unseren* menschlichen Verstand«, wie dieser von Kant festgestellt worden war, nichts anderes ist als ein unüberwindlicher Stein des Anstoßes. Denn ist dieser Verstand eine Spiegelung rein mechanischer Prozesse, so folgt daraus, daß er nur das Mechanische behandeln kann und sein Weg gerade vom Einzelnen zum Ganzen führt. Diese Grenzscheide ist bei Kant so hart und eindeutig wie nur möglich markiert. Man bräuchte z. B. nur an jene viel zitierte Stelle aus einem früheren Werk Kants erinnern, wo mit aller Bestimmtheit behauptet wird, es sei leichter mit Hilfe der mechanischen Prinzipien die Entstehung des Weltalls, des ganzen Firmaments zu erklären als die einer Raupe oder eines Grashalms. D. h. bloß, die mechanischen Gesetze sind ohnmächtig und ungültig in der Dimension des Organischen. Hier muß man aber auch eine spätere ergänzende Bemerkung Kants in Betracht ziehen, die im berühmten Paragraph 77 der »Kritik der Urteilskraft« zu finden ist. Kant läßt hier zu, daß, um das Organische erkenntnismäßig behandeln zu können, man sich einen solchen Verstand vorstelle, der imstande wäre, nicht vom Einzelnen, sondern gerade vom Ganzen auszugehen, und folglich eine *anschauende*, intuitive Urteilskraft besäße. *Theoretisch*, sagt Kant, trägt die Möglichkeit eines solchen Verstandes keinen Widerspruch in sich, doch *praktisch* ist er unmöglich; man müßte sonst die Existenz eines *übermenschlichen* Wesens zulassen, dem ein solcher Verstand eigen sein könnte.

Versuchen wir nun, diesen wahrlich jesuitischen Gedankengang ins klare zu bringen und menschenmöglich darzustellen. Was Kant sagt, läßt sich imgrunde in folgende Punkte zerlegen. Erstens: es ist unmöglich, die Welt des Organischen mechanisch zu erklären. Zweitens: um diese Welt zu erklären, muß man sich die Möglichkeit eines intuitiven Verstandes vorstellen. Drittens: an sich läßt sich ein solcher Verstand theoretisch denken, obwohl wir kein Recht haben, seine wirkliche Existenz zuzugeben, denn sonst wäre nicht mehr von einem menschlichen, sondern einem übermenschlichen Verstand zu reden. Die endgültige Schlußfolgerung Kants: die Wissenschaft vom Organischen, die Organik, scheint zwar streng wissenschaftlich unmöglich, läßt sich aber unter nicht so strengen Kriterien mehr oder weniger begründen. Das bedeutet tatsächlich: im Prinzip muß man die Organik – in Ermangelung eines Besseren – mechanistisch behandeln; dort aber, wo sich die mechanistischen Prinzipien als besonders unzureichend und unbemittelt erweisen, ist es heuristisch erlaubt, sich die Situation so vorzustellen, als wäre hier jener theoretisch denkbare, praktisch aber nicht vorhandene *intuitive* Verstand am Werk, womit man die wissenschaftliche Untersuchung wenn nicht konstitutiv, so zumindest *regulativ* (man lese: *fiktiv*) ergänzen und rechtfertigen kann. Menschlicher und verständlicher geredet: die Organik ist zwar wissenschaftlich unmöglich, soll sich aber so benehmen, *als ob* sie möglich wäre.

Das ist jene spitzfindige Kantsche *präsumptio boni vivi*, der es in der Zukunft beschieden war, sich zu der riesenhaften »Philosophie des Als ob« Hans Vaihingers zu entwickeln, in der sich die ganze menschliche Wissenschaft als eine ununterbrochene Fiktion und imgrunde als barer intellektueller Trick gezeigt hat. Man braucht sich gar nicht verbindlich zu einer Anthroposophie zu bekennen, um hier eine totale Entartung und Degeneration festzustellen. So bildete sich das Schicksal dieser Wissenschaftlichkeit: Man fing damit an, die Erkenntnis mit verschiedenen Verboten zu beschränken, und kam am Ende dazu, die Erkenntnis als solche mit der Illusion zu identifizieren.

Besonders pikant und fast wie eine Szene aus Molière sah die Lösung Kants in ihrer von uns angebotenen personifizierten Form aus, nämlich in ihrer Nachprüfung durch Goethe. Versuchen wir, diese chiffrierte Version zu entziffern: Goethe, so etwa hätte Kant gesagt, ist unmöglich. Aber theoretisch läßt sich Goethe ganz widerspruchslos denken, woraus streng logisch zu folgern ist, er sei nur als *Denker* möglich, keinesfalls als *Mensch*. Hätte nun dieser gespensterhafte »*Denker*« trotzdem die Absicht, sich zu vermenschlichen, so wäre er gezwungen, ein *Übermensch* zu werden und sich nicht mehr bloß *goethlich*, sondern wortwörtlich *göttlich* zu verhalten.

Mir scheint, es ist nun endlich an der Zeit, Goethe selbst zu Wort kommen zu lassen und seine vermutliche Antwort auf den geschilderten intellektuellen Unfug wiederzugeben. In diesen Zusammenhang paßt eine schöne Anekdote aus dem Leben Arnold Schönbergs, die zuvor noch wiedergegeben werden soll. Sie trug sich zu, als Schönberg seine Militärpflicht ableistete. Der Offizier, der den Appell abnahm, rief aus: »Soldat Arnold Schönberg!« Und schon nach einem Augenblick, ganz erstarrt dem aus der Reihe getretenen »*Soldaten*« gegenüber: »Wie? Sie also sind jener Arnold Schönberg, der Komponist?« – »Jawohl«, antwortete Schönberg, »niemand wollte es werden, so mußte ich es werden«. Im Fall Goethes: Niemand wollte Übermensch werden, so mußte er es werden. Oder: spricht die herrschende Philosophie einem Menschen die anschauende Urteilskraft ab und schreibt sie einem Übermenschen zu, wohlan! Freunde, was bleibt uns anderes, als zum Übermenschen zu werden und – hier übrigens zitiere ich schon den textologisch echten Goethe – das Unmögliche so zu behandeln, als wenn es möglich wäre! Denn – noch ein echtes Zitat:

> Der Mensch allein
> Vermag das Unmögliche!

Ja, eben der *Mensch*. Will man nun, dem terminologischen Götzen zuliebe, hier lieber vom Übermenschen sprechen, nun gut, mag es so sein! Für solche terminologische Bagatellen aber hatte Goethe weder Zeit noch Lust.

Mir bleibt nun der Versuch, jene im Titel gestellte Frage »Wie ist Goethe möglich?« ganz positiv zu beantworten. Klar ist jedenfalls, daß von einem gewissen Standpunkt aus, ich möchte sagen von einem auch heute oder besonders heute herrschenden Standpunkt aus, die Unmöglichkeit Goethes fast nicht zu bezweifeln ist. Nach jenem alten und sicheren Rezept, das, man weiß nicht wo und wann, von einem teuflisch findigen Professor angeboten wurde, rechnet man mit ihm bis heute als dem »Fürsten der Dichter«; der Naturwissenschaftler Goethe gilt auch heute höchstens als kostbarer, aber keineswegs unentbehrlicher lyrischer Schmuck oder etwa als lyrischer Splitter in der Geschichte der neueren Naturwissenschaft.

Es konnte aber gar nicht anders sein. Hier prallten jene beiden Urprinzipien aufeinander, deren Kampf – wie »*lyrisch*« dieser auch immer behandelt werden mag – in der Geistesgeschichte der Neuzeit gerade in den philosophischen, wissenschaftlichen Streitigkeiten am heftigsten zum Ausbruch kam: das Leben und der Tod. Klar und eindeutig muß es sein, daß dort, wo der Tod die Oberhand gewinnt, dem Lebendigen nur bleibt, *unmöglich* zu sein. Wenn wir nun die Lebenswelt der Naturwissenschaft *Goethes* zu erhellen beabsichtigen, also die Möglichkeit *eines* Goethe zeigen wollen, so müssen wir uns vor allem an jene Hauptprämisse Goethes halten, von der aus sich seine ganze geistige Leistung herauskristallisieren läßt. Das aber ist das *Leben* selbst, das Leben als solches, ja »*an und für sich*«: die allererste und die entscheidendste Prämisse der Goetheschen Welt- und Naturanschauung, von der er, schon als Hochbetagter, mit Bitterkeit gestanden hat, niemand verstünde sie. Das Leben, ja, immer noch und überall das gleiche Nadelöhr, durch das, wie geschrieben steht, eher ein Kamel als manch einer der »Intellektuellen« geht.

Die Urerfahrung Goethes in puncto Leben ist erstmals, zumindest schriftlich, einem seiner Straßburger Briefe vom 14. Juli 1770 eingeprägt, wo er von einem Schmetterling schreibt: »Das arme Tier zittert im Netz, streift sich die schönsten Farben ab; und wenn man es ja unversehrt erwischt, so steckt es doch endlich steif und leblos da; der Leichnam ist nicht das ganze Tier, es gehört noch etwas dazu, noch ein Hauptstück und bei Gelegenheit, wie bei jeder andern, ein hauptsächliches Hauptstück: *das Leben*.«*
Ich wage es, diese früheste Erfahrung Goethes als ein allumfassendes *Urphänomen* seines ganzen irdischen Lebensgangs zu bezeichnen. Bekannt ist, daß das Urphänomen im Sinne Goethes immer eine einzelne Erscheinung ist, aber eine solche, die immer auf das Allgemeine hinweist und folglich mit dem Naturgesetz identisch ist. Nun wäre es keinesfalls eine Übertreibung zu sagen, dieser Auszug aus dem Straßburger Brief weist auf das *ganze Zeitalter* hin und umfaßt dessen ganze Eigenart. Denn dieses Hauptstück, worum es hier geht, ja dieses hauptsächliche Hauptstück, sonst *das Leben* genannt, war gerade das, woran es dem ganzen Zeitalter – bei Gelegenheit wie bei jeder anderen – *fehlte*. Ich bitte den Leser, das Gesagte richtig und hellhörig zu vernehmen; es geht nicht darum, hier bedenkliche Paradoxe zu züchten, weshalb das Gesagte, trotz seiner paradoxen Form, ganz normal und gewöhnlich aufgenommen werden sollte.

Wenn wir uns daran erinnern, daß der Mechanismus der Kantschen Erkenntniskritik imgrunde aus zwei Teilen be-

---

* Johann Wolfgang von Goethe, Briefe der Jahre 1764–1768, Zürich 1951, S. 142 f.

steht, nämlich aus den empirischen Gegebenheiten und den diesen zugrundeliegenden apriorischen Verstandes- und Vernunftsformen, so sei es gestattet, auch nach folgendem zu fragen: Was eigentlich liegt diesem apriori selbst zugrunde? Anders gesagt: Wenn der Verstand bei Kant die Sinnlichkeit ordnet und erkenntnismäßig organisiert, was für eine *Kraft* ist es, die dieselbe Funktion dem Verstand gegenüber hat? Diese Frage übergeht Kant mit Schweigen: Hätte er versucht, sie zu beantworten, so müßte er die erwähnte Kraft nicht anders definieren als die *transzendentale Einheit des Todes*, die dementsprechend das Totgeborensein des Erkennens streng logisch und apriorisch ermöglicht. Ein erstrangiges Symptom dessen finde ich in einem späteren Brief Kants an den berühmten Anatom Sömmerring vom 10. August 1795, wo er eine höchst merkwürdige Parallele zwischen Anatomie und Erkenntnis feststellt: Wie der Anatom damit beschäftigt ist, das Sichtbare im Menschen zu gliedern, so ist auch der Philosoph damit beschäftigt, das Unsichtbare im Menschen zu gliedern. Das Weltall sah wie ein gehorsamer Leichnam aus und erduldete alle Art von gelehrtem Vandalismus. Das ist ein lauter Triumph der mechanischen Denkweise aufgrund eines totalen Mangels an *Leben*. Für das ganze 18. Jahrhundert gilt dieses schärfste *Defizit an Leben*, und das Geständnis Kants über die Unfaßbarkeit einer Raupe oder eines Grashalms war höchst symptomatisch für die Geistesart des ganzen Zeitalters. In der apriori vom Tod organisierten Erkenntnis konnte das Leben keinen Platz mehr haben; das Leben war nichts anderes als eine ungehörige Handlung, ein Skandal, ein Verstoß gegen die guten Sitten. Ich kann mir allen Ernstes ein imaginäres Gespräch in einem Pariser Salon zur Zeit der Aufklärung vorstellen, wo etwa folgende Wendung ganz mondän geklungen hätte: »Pfui, das Leben! Das ist doch sicher etwas Unanständiges und Pöbelhaftes!« So behauptete sich der Stil des Zeitalters, dem die geringste Manifestation des Naturgemäßen bloß als Beleidigung des guten Geschmacks galt. Casanova erzählt in seinen Memoiren, wie er einmal in Bern im Beisein einer jungen Schweizerin einen schmachvollen physiologischen Zusammenbruch erlitt, als ihn plötzlich seine Männlichkeit im Stich ließ. Merkwürdig ist die Erklärung, mit der er diesen Unfall zu interpretieren versucht. »Das geschah vielleicht, weil sie allzu naturgemäß war und keine Liebreize, keine Koketterie, keine kleinen Grimassen besaß, die die Frauen so geschickt benutzen, um uns zu verführen.«* Was für ein kostbares Geständnis: Der führende Erotiker der Zeit (der Unfall *in eroticis* ist bei einem Casanova wohl nur mit einem *in musicis* bei Mozart zu vergleichen!) gibt der Natürlichkeit, dem Leben selbst die Schuld an seinem mißlungenen Seitensprung! Es versteht sich von selbst, daß auf diesem Hintergrund von einer *Organik* als Wissenschaft kaum die Rede sein konnte: Hier freilich eine *geistige Impotenz* in bezug auf die Natur, vergleichbar der *physischen Impotenz* bei einem Casanova. Michel Foucault, der jüngst verstorbene hervorragende Ideenhistoriker, hat diese Situation mit einer prägnanten und geistreichen Formel zum Ausdruck gebracht: »Man will«, so Foucault, »die Geschichte der Biologie im 18. Jahrhundert schreiben, aber man legt sich keine Rechenschaft darüber ab, daß es damals keine Biologie gab ... und daß sich das am einfachsten begründen ließ: es gab damals ja gar kein Leben«.**

Das war die Lebenswelt, eigentlich die Unlebenswelt, die die Erscheinung Goethes apriori verunmöglichte und ihm höchstens nur das einzige Recht gewährte, seine Sehnsucht nach dem Leben herzzerreißend lyrisch zu beweinen. Keiner aber konnte den Gegenschlag dieses »*Karrieristen im Unmöglichen*« (wie Goethe selbst sich einmal nannte) im voraus ahnen. Es gibt eine überraschend didaktische Geschichte über den berühmten Barockkünstler, den Neapler Bernini. Eines Tages kam ihm der Gedanke, eine Oper zu verfassen. Na, und was hat er dann getan? Er baute zuerst das Opernhaus, dann modellierte er die Skulpturengruppen für den Innenraum, malte die Wände aus, verfertigte

---

* Mémoires de J. Casanova, t. 4, Paris s. a., p. 376.
** Michel Foucault, Les mots et les choses, Paris 1966, p. 139.

die Dekorationen, konstruierte die Bühnenmaschinerie, schrieb das Libretto, und zuletzt komponierte er die Musik. Erst dann hing er Anschlagzettel auf und machte sich guten Gewissens daran, die Einladungen zu versenden. Die Parallele zu Goethe drängt sich von selbst auf. Ihm stand ja bevor, *die* Organik, die allumfassende Wissenschaft des Lebendigen zu schaffen. Er mußte aber zuerst das Leben selbst schaffen, dieses unter allen Umständen hauptsächliche Hauptstück, und er hat es wirklich geschaffen. *Die Entdeckung des Lebens selbst* — das ist die größte Entdeckung Goethes, die allen seinen weiteren wissenschaftlichen und nicht nur wissenschaftlichen Leistungen zugrundeliegt. Der Jubelschrei über diese Entdeckung bricht wohl zum ersten Mal in seiner Shakespeare-Rede von 1771 hervor, als er gerade 23 Jahre alt war:

> Und ich rufe: Natur! Natur! nichts so Natur
> als Shakespeares Menschen.
> Da hab' ich sie alle überm Hals.
> Laßt mir Luft, daß ich reden kann!

Aber wie läßt sich das verstehen? Was heißt eigentlich: die *Entdeckung des Lebens?* Ich bin genötigt, dieses ungeheuer interessante Thema nur im Rahmen einer *wissenschaftlichen* Betrachtung zu behandeln, obwohl die allgemein historischen und soziologischen Zusammenhänge hier in aller Klarheit zu vermuten sind. Erinnern wir uns noch einmal an das zitierte Wort Foucaults: »Es gab damals ja gar kein Leben.« Versuchen wir jetzt, den *wissenschaftlichen* Kontext dieses scheinbar paradoxen Satzes ins klare zu bringen: Man ging einfach davon aus, die Wissenschaft habe es nur mit den *Tatsachen* zu tun. Die Frage war nur, was unter Tatsachen zu verstehen sei. Auf dem Gebiet der Mechanik schien alles äußerst klar: es handelt sich um sinnlich zu beobachtende Tatsachen. Viel schwieriger sah es auf dem Gebiet der Organik aus. Hier hielt man für tatsächlich auch das sinnlich Beobachtbare, also die empirische Vielverschiedenheit des Lebendigen, von der Pflanzenwelt bis zur Tierwelt, von der Menschenwelt gar nicht erst zu reden. Aber die empirische Verschiedenheit an sich erschien als Chaos und Unordnung; es entstand die ganz angebrachte Frage nach deren Anordnung. Nun, eben hier begann das Schlimmste. Da die Mechanik zu dieser Zeit schon als Alleinherrscherin der wissenschaftlichen Methode galt, so übertrug man schon ganz mechanisch das mechanische Verfahren auch auf die Welt des Organischen und behandelte die Lebewesen so, als handle es sich immer noch um Billardkugeln. Das mechanische Verfahren in der Dimension der Organik führte zur Systematisierung und Klassifizierung. Man glaubte ganz offenherzig, es sei hinreichend, etwa die Pflanzenarten fleißig zu klassifizieren, um das Problem der *Botanik* ein für alle Male zu lösen. Carl Linné, der berühmte schwedische Naturphilosoph des 18. Jahrhunderts, hat diese Tendenz ad absurdum geführt: Seine »Philosophie der Botanik« ist in dem Maß überklassifiziert, daß man sie mit Recht als eine *statistische* Botanik bezeichnen könnte. Nur ein Beispiel für viele, Paragraph 167 dieses damals so einflußreichen Buches: Es gibt, laut Linné, 38 Organe der Generationen, ein jedes von ihnen besitzt vier variable Größen, so daß man im ganzen 5776 Konfigurationen erhält, die ausreichen, um die verschiedenen Pflanzenarten zu bestimmen. Leicht zu sehen, daß es in dieser zügellosen arithmetischen Besessenheit gerade an jenem hauptsächlichen Hauptstück mangelt, das man das Leben zu nennen pflegt. Das Leben aber war nicht direkt und unmittelbar anzuschauen, folglich konnte es nicht als eine *Tatsache* im wissenschaftlichen Sinne gelten, folglich existierte es wissenschaftlich gar nicht.

Der Sturm und Drang Goethes: Wenn das Leben wissenschaftlich ungültig ist, dann mag solche Wissenschaft sich zum Teufel scheren! Besser ein ungelehrter Lebenslüstling sein als ein promovierter oder gar habilitierter Kadaver! Fügen wir hinzu: als Minimum! Nun aber befriedigt sich Goethe bei Gelegenheit, wie übrigens bei jeder anderen, nicht mit dem Minimum; was er eigentlich will, ist eben *das* Maximum, und hier war dieses Maximum nicht billiger als mit der wissenschaftlichen Entdeckung des Lebens zu haben.

Die ganze Einzigartigkeit dieser erschütternden Entdeckung Goethes bestand darin, daß das Leben, das Prinzip Leben, ja jene *qualitas occulta*, die man bisher ganz mystisch zu behandeln pflegte, von ihm in einer quasi rückwärtigen Richtung angeeignet wurde. Schematisch gesagt: Früher war es nur möglich, diese ursprüngliche Qualität von oben, also mystisch, okkult im alten Sinne zu erfassen. Die Entwicklung der Wissenschaften, die steigende Versinnlichung der menschlichen Fähigkeiten hat diese Möglichkeit allmählich entwertet und verunmöglicht. Soll die Wissenschaft nur von den sinnlichen Daten ausgehen, so scheint die wissenschaftliche Erkenntnis des Lebens, das erkenntnismäßig ja eben übersinnlich ist, schlechterdings unmöglich. Alle damaligen Versuche, das Lebendige naturphilosophisch zu behandeln, stießen deshalb auf mystische und okkult gefärbte Begriffe und Vorstellungen, wie es uns verschiedene vitalistische Doktrinen seit dem 17. Jahrhundert demonstrieren. So ausweglos sah die Situation zur Zeit Goethes aus. Einerseits waren es die Mechanizisten, die in Ermangelung der entsprechenden sinnlichen Erfahrung schlechthin darauf verzichteten, das Leben wissenschaftlich zu behandeln. Das einzige, was ihnen wissenschaftlich annehmbar schien, war die Methode Linnés, aber die Methode Linnés hatte mit dem Leben selbst schreiend wenig zu tun. Die Situation kulminierte nicht ohne ein Körnchen tückischer Ironie, denn das Schicksal der Mechanizisten läßt sich mit einem Bumerang vergleichen. Noch unlängst hatten sie sich selbst in der gleichen Lage wissenschaftlicher Parias befunden. So war es, als ein Cesare Cremonini, der gelehrteste Mann, der am Anfang des 17. Jahrhunderts an der Universität Padua die averroistische Scholastik unterrichtete, nach der Entdeckung des Satelliten Jupiter durch Galilei erklärte, er werde von nun an durch kein Teleskop mehr schauen, weil es Aristoteles widerlegt. Nun verzichteten sie selbst darauf, das Leben anzuschauen, vor Angst, es könnte Newton widerlegen. So sah es einerseits aus. Andererseits traten die Vitalisten auf, die sich mangels Erfahrung darum bemühten, die abwesende Erfahrung durch leere und inhaltslose mystische Begriffe wie etwa »Lebenskraft« usw. zu ersetzen. Kant, der hier in der Rolle eines Anwalts auftrat, hat das höchste Niveau einer Pseudolösung gezeigt, indem er den Mechanizismus mit dem Vitalismus zu versöhnen versuchte, in der Art, daß ersterer zwar wissenschaftlich sei, aber in bezug auf die Organik unzureichend, der zweite zwar unwissenschaftlich, doch heuristisch unentbehrlich und folglich fähig, die wissenschaftliche Lücke mit fiktivem Kitt zu füllen.

Goethe lehnte alle drei Varianten ab. Die Einstellung Goethes: Keine leeren mystischen Begriffe in der Wissenschaft! Aber auch keine beschränkte Erfahrung. Wahr ist, daß in der Wissenschaft nur von der Erfahrung auszugehen ist, aber wer hat dieser Erfahrung vorgeschrieben, nur sinnlich zu sein? Im Mechanischen kann man sich sicher nur mit der sinnlichen Erfahrung zufriedenstellen; klar ist aber, daß diese Erfahrung für die organische Welt nicht ausreichend ist. Was folgt daraus? Nur das, daß die Erfahrung entsprechend erweitert und *qualitativ* verändert werden muß. Wollen wir uns einmal jene Überraschung vorstellen, die Goethe während seines ersten Gesprächs mit Schiller erleben sollte, als Schiller ihm hinsichtlich der Urpflanze erwiderte: »Das ist keine Erfahrung, das ist eine Idee.« Die Antwort Goethes: »Das kann mir nur lieb sein, wenn ich Ideen habe, ohne es zu wissen, *und sie sogar mit Augen sehe.*« Ja, das Problem lag eben in diesem »*sogar*«. Einst hieß es: Die Ideen *gerade* mit Augen sehen. Gemeint ist die *griechische* idea, eidos, die sich wörtlich als *etwas mit Augen zu Sehendes* übersetzen läßt. Ich glaube, es ist möglich und sehr lehrreich, den ganzen Verfall des Menschengeistes im Laufe der Geschichte nur an diesem einzigen sprachgeschichtlichen Beispiel der Metamorphose der Wortbedeutung von *Idee* darzustellen. Für einen Griechen war die *Idee* höchst sichtbar und ausgesprochen alltäglich. Die griechische Sprache erlaubt z. B. Wendungen, die in unseren Sprachen zumindest grotesk klingen würden, etwa: »Die Idee der Kugel ist rund«, oder: »Dieser Jüngling hat eine sehr geschmeidige Idee« (gemeint ist freilich ganz griechisch sein *Körper*). Nun, um sich die ganze Entstellung des Wortes vor Augen zu führen, müssen wir daran erinnern, welche Bedeutung es im Sprachgebrauch der Neuzeit gewonnen hat. Mit der Idee verbinden wir notwendigerweise immer etwas Abstraktes und Gedachtes. Das englische *idea* bei einem *Locke* oder etwa *Hume* bedeutet nichts als bloße Vorstellung. Im Englischen gibt es eine ganz gängige Wendung: »*What's the big idea!*«, die sich mit »*Was für eine Dummheit!*« übersetzen läßt. Man könnte das englische »*ideal*« am besten mit »*unwirklich*« übersetzen. Von hier aus erscheint die Erwiderung Schillers: »Das ist keine Erfahrung, das ist eine Idee«, ganz modern und tadellos. Goethes Antwort muß dagegen ganz unmöglich geklungen haben, doch eben darum ging es, um eine solche Unmöglichkeit, die sich um jeden Preis ermöglichen mußte.

Es blieb nur eines: die dem Organischen entsprechende *Erfahrung* zu gewinnen. D. h. zu zeigen, daß es neben der *sinnlichen* Erfahrung auch die *übersinnliche* geben kann, die nicht weniger streng, wirklich, offenbar und folglich wissenschaftlich gültig ist als die erstere. Man muß dazu nur ganz unvoreingenommen das Mechanische mit dem Organischen vergleichen. Es ist ja evident, daß der mechanische Gegenstand, etwa eine Maschine, nichts anderes ist als die Wechselwirkung aller ihn bildender Teile, doch klar ist auch, daß das Prinzip dieser Wechselwirkung selbst außerhalb der Maschine liegt.* Die Maschine wird *von außen* konstruiert; das bedeutet, es mangelt ihr an jenem Prinzip, dank dessen die Wechselwirkung ihrer Teile erst möglich wird. Dieses Prinzip ist nun nichts anderes als der *schöpferische Gedanke* ihres Konstrukteurs, ein bestimmter Plan, der die mechanischen Funktionen des Gegenstandes von außen her bedingt und bestimmt. Dagegen zeigt das Organische ein ganz anderes Bild. Hier wird die Erscheinung

---

* Die nun folgende Darstellung läßt sich auch als eine Variation über das Thema verstehen, das von Rudolf Steiner in einer Fußnote zu Goethes Naturwissenschaftlichen Schriften, Freiburg i. Br. 1949, S. 325 f., skizziert worden ist.

nicht mehr von außen bedingt und konstruiert (natürlich spielen äußerliche Faktoren dabei eine große Rolle, aber das Prinzip des organischen Wesens selbst liegt nicht in ihnen). Die Einheit eines organischen Phänomens liegt in ihm selbst, ist seiner sinnlich gegebenen Form immanent, und dennoch ist diese Einheit dem sinnlich beobachtenden Auge ebenso unzugänglich wie im Fall der Maschine der Gedanke ihres Konstrukteurs, der sich unter allen Umständen ja in dessen Kopf befinden muß. Nun wäre es höchst komisch, falls es uns gelänge, den Gedanken des Konstrukteurs für unwirklich oder zumindest für *als ob* wirklich zu halten, nur weil dieser Gedanke den Sinnesorganen verborgen ist und man keine Möglichkeit hat, ihn mit Händen zu greifen. Normalerweise sagt man: Da ist der Konstrukteur, der diese Maschine konstruiert hat. Gut, man kann schlimmstenfalls wenn nicht den Gedanken des Schöpfers, so zumindest dessen, mit Verlaub zu sagen, körperlichen Ständer sehen. Im Fall der organischen Welt sehen wir selbstverständlich keinen diplomierten Konstrukteur. Folgt nun daraus, die organische Natur sei keine Schöpfung? Man spricht ja dennoch von »der schaffenden Natur«. Ist darunter nur ein metaphorischer Lapsus zu verstehen, eine Art lyrische Wendung, die keinesfalls buchstäblich aufzufassen ist? Wenn ja, aus welchem Grund dann sprechen wir der Natur jene schöpferische Potenz wissenschaftlich ab, die wir dem Kopf eines diplomierten Ingenieurs leichten Herzens zuschreiben? Hat dieser Kopf mit der Natur nichts gemein? Ist er denn widernatürlich, außernatürlich, kurz: künstlich? Die gesunde, von den philosophischen Bibliotheken nicht belastete Urteilskraft zwingt uns jedenfalls, ganz normale Folgen aus der geschilderten Denkaufgabe zu ziehen. Wir sagen uns: Die Maschine ist die Schöpfung eines menschlichen Gedankens. Gut, aber die Pflanze ist auch eine Schöpfung, wenn auch anderer Herkunft. Das schöpferische Prinzip der Maschine ist außerhalb ihrer selbst zu suchen, im Kopf eines Ingenieurs. Das schöpferische Prinzip der Pflanze dagegen ist nur in ihr selbst zu suchen, wenn es auch sinnlich nicht zu beobachten ist.

Man weiß aber ganz sicher, daß es vorhanden ist. Denn geht man nur von den sinnlichen Daten aus, so müßte man sagen: Die Pflanze ist die Summe ihrer sinnlich sichtbaren Organe. Gut, aber es bleibt noch ein hauptsächliches Hauptstück, das bei Gelegenheit, wie bei jeder anderen, sinnlich unsichtbar ist: das Wachstum der Pflanze. Es sei nun gestattet, die Frage so radikal wie möglich zu formulieren: Ist das Wachstum der Pflanze naturwissenschaftlich ungültig, ist es dann vielleicht psychiatrisch gültig? Denn jeder, der dieses Wachstum unter dem Zeichen des angeblich wissenschaftlichen *als ob* zu behandeln gewagt hätte, wäre dadurch reif, sich einer psychiatrischen Behandlung unterziehen zu lassen. Das Wachstum ist zwar sinnlich unsichtbar, doch nicht weniger real als die Blätter, der Stengel usw. Was bleibt einem denn in dieser Situation übrig? Die Logik der Antwort ist ja gnadenlos: entweder die Psychiatrie oder die organische Naturwissenschaft. D. h. man muß das sinnlich Unsichtbare entweder in Ermangelung entsprechender Organe ablehnen oder es annehmen und darum besorgt sein, sich die mangelnden Organe zu entwickeln. Der zweite Fall ist derjenige Goethes. Der erste bleibt bis heute als eine, mit Verlaub gesagt, »*Futterkrippe*« für Universitätsprofessoren und Nobelpreisträger in Kraft. Nach Belieben kann man ja die Unzurechnungsfähigkeit dieser ersten Variante an unzähligen didaktischen Beispielen anschaulich machen, etwa nach folgendem Modell: *Sprachwissenschaftler* (vermutlich die Zeitgenossen Kants): Es gibt keine linguistischen Daten über die Sprache der alten Kreta-Mykener. Folglich, die alten Kreta-Mykener sprachen gar nicht miteinander. *Arzt* (ganz egal, der heutige oder der vorgestrige): Die Symptome Ihrer Krankheit lassen sich in keinen Computern oder Lehrbüchern unterbringen. Folglich, Sie sind gesund. Und zu guter oder gar zu schlechter Letzt noch eine alte orientalische Parabel: Jemand sucht etwas auf der Straße und jammert laut dabei: »Ich habe mein Geld verloren!« Befragt, ob er es auf dieser Seite der Straße verloren hat, antwortet er: »Nein, auf der anderen.« – »Warum denn suchst du's hier und nicht dort?«

– »Weil es hier hell ist und dort dunkel.« Sie lachen? Doch für solche Antworten – natürlich in wissenschaftlicher Fassung – bekommt man mindestens einen Doktortitel.

Goethes Antwort ist so normal wie nur möglich, eigentlich *einzig* normal: »Die Tiere«, so Goethe, »werden durch ihre Organe belehrt, sagten die Alten; ich setze hinzu: die Menschen gleichfalls, sie haben jedoch den Vorzug, ihre Organe dagegen wiederum zu belehren«.* Merkwürdig, daß diese Regel in der Praxis von den Vertretern der verschiedensten Fächer bewußt oder unbewußt verwendet wird, von den Sportlern bis zu den Musikern. Es sind nur die »*Denker*«, die hier die Ausnahme bilden. Es sieht so aus, als hätte man keine blasse Ahnung davon, daß der Gedanke eines Fachdenkers in nicht geringerem Maße ständiger Übung bedarf als die Beine eines Sportlers oder die Hände eines Musikers. »Jeden Tag«, sagt Goethe, »hat man Ursache, die Erfahrung aufzuklären und den Geist zu reinigen«. Das bedeutet: Wenn *heute* etwas unzugänglich erscheint, so wäre es eines Denkers höchst unwürdig, dieses »*heute*« für ein »*für ewig*« auszugeben, nur weil man noch keine entsprechende Erfahrung hat! Ja, letzten Endes könnte man auch für Goethe (wenn er dafür genug philosophische Mühe aufgebracht hätte) die Unmöglichkeit Kants feststellen, vorausgesetzt, daß es eben möglich sei, die erkenntniskritische Trotzigkeit eines Verstandes der Welt gegenüber als etwas Unmögliches zu bezeichnen. Die vermutliche Antwort Goethes an Kant: Ist »*unser*« Verstand so angelegt, daß er ohnmächtig ist, eine Raupe oder einen Grashalm zu erklären, so folgt daraus noch keineswegs, man müsse die Raupe oder den Grashalm wissenschaftlich diskreditieren, sondern nur, daß der Verstand selbst seine Anlage verwandeln muß.

Das wäre im Grunde das, was ich als *Lebenswelt* der Weltanschauung Goethes zu beschreiben versuche. Zum Schluß kehre ich zu meiner ursprünglichen Fragestellung

* Johann Wolfgang von Goethe, Briefe der Jahre 1814–1832, loc. cit., S. 1041.

zurück: *Wie ist Goethe möglich?* Jetzt, nach allem Gesagten, darf ich es wohl wagen, diese Frage mit einer Reihe von Schlußfolgerungen zusammenfassend zu beantworten. Die Möglichkeit Goethes setzt folgende Bedingungen voraus: *Erstens:* Beweglichkeit, Veränderlichkeit, ein ständiges Werden. Die Welt immer so empfinden, als wäre es zum ersten Mal, ja »wie am ersten Tag«. Erschütternd wirkt das Geständnis des 38jährigen Goethe, er fühle sich immer wie *neugeboren.* Und noch jenes andere Geständnis, daß er die Welt immer für genialer hielt als sein eigenes Genie. In seinen eigenen Worten:

Sie zerren an der Schlangenhaut,
Die just ich abgelegt.
Und ist die nächste reif genug,
Abstreif' ich die sogleich,
Und wandle neu belebt und jung
Im frischen Götterreich.

Zweitens: Offenheit der Welt gegenüber. Keine voreingenommenen Meinungen, keine apriori, keine wissenschaftlichen oder philosophischen oder mystischen oder ideologischen, oder wie sie auch immer heißen mögen, Überzeugungen. In diesem Punkt seines Werdegangs hat Goethe unbewußt jene erkenntnistheoretische Forderung Rudolf Steiners durchgesetzt, die in »Wahrheit und Wissenschaft« als *Voraussetzungslosigkeit* des Erkennens bezeichnet ist.

Drittens: Mißtrauen gegenüber Worten. »Theorien«, sagt Goethe, »sind gewöhnlich Übereilungen eines ungeduldigen Verstandes, der die Phänomene gern los sein möchte und an ihrer Stelle deswegen Bilder, Begriffe, ja oft nur Worte einschiebt«.* Das ist eine typisch Goethesche Diagnose der allgemeingültigen erkenntnistheoretischen *Krankheit:* Zwischen dem menschlichen *Blick* und der *Sache* als solcher liegt im Hinterhalt das *Wort,* das den auf die Sache gerichteten Blick unterwegs wie ein Peilgerät abfängt

---

* Goethes Naturwissenschaftliche Schriften, mit Einleitungen und Erläuterungen im Text hrsg. von Rudolf Steiner, Dornach 1982, S. 376.

und sich selbst für die Sache ausgibt. Eine fast chronisch gewordene Krankheit: Der Blick erreicht die Sache nicht, das Wort usurpiert auf halbem Wege die Sache und nennt sich selbst »sachliche Erkenntnis«! Also weg mit allen Worten! Der Blick soll endlich die Sache selbst erreichen und erst dann sich zu Wort kommen lassen.

Viertens: Erstaunen – das Höchste, so Goethe, das man hier auf Erden erreichen kann. »Zum Erstaunen bin ich da«: Dieses Erstaunen ist nichts anderes als ein *Weltwahrnehmungsorgan*, eine Art Bumerang, den man in die Welt fliegen läßt und der seinerseits die Welt in Erstaunen versetzt.

Fünftens: Verzicht darauf, *etwas* zu sein, um *alles* zu werden. Keine Erstarrung in der Fachheit, eigentlich Ein-Fachheit. Das Vermächtnis Goethes im letzten Brief an Wilhelm von Humboldt vom 17. März 1832, also fünf Tage vor seinem Tod geschrieben: »Das beste Genie ist das, welches alles in sich aufnimmt, sich alles zuzueignen weiß, ohne daß es der eigentlichen Grundbestimmung, demjenigen was man Charakter nennt, im mindesten Eintrag tue, vielmehr solches noch erst recht erhebe und durchaus nach Möglichkeit befähige.«*

Sechstens: Ich erinnere mich an die bewundernswürdigen Zeilen aus dem Gedicht »Das Erwachen des Epimenides«:

Das, was ich lehre, scheint so leicht,
Und fast unmöglich zu erfüllen:
Nachgiebigkeit bei großem Willen.

Nachgiebigkeit bei großem Willen: Hier ist alles gesagt. Denn beide Pole – der der Nachgiebigkeit und der des Willens – sind jeder für sich gefährlich und von großem Schaden. Nur-Nachgiebigkeit führt zur Selbstlosigkeit, zum Sich-Auflösen im Weltall. Nur-Wille verheißt dagegen Beschränktheit und moralisch-erkenntnismäßige Schwerfälligkeit. Im ersten Fall wird man zu einem prinzipienlosen

---

* Johann Wolfgang von Goethe, Briefe der Jahre 1814–1832, loc. cit., S. 1042.

Nur-Ja-sagen-Könner, im zweiten zu einem prinzipientreuen Nur-Nein-sagen-Könner. Der Fall Goethes zeigt eine schwindelerregende Technik der Vereinbarkeit dieser beiden Pole. Ein ständiger Ja-sagen-Könner, der er ist, kann er bei Gelegenheit sich zu einem solchen Nein fähig zeigen, wie es kaum ein »*Prinzipieller*« sich erträumt hat.

Siebtens: Wille zur Produktivität. Alles, das Gute wie das Böse, nur als Rohstoff nehmen, aus dem man immer neue und verwandelnde Formen zu gestalten hat.

Achtens: Sich den göttlichen Kräften gegenüber nicht als Staub oder etwa Konsument (nach der Formel: Gott-Produzent – Mensch-Konsument) fühlen, sondern als Mitarbeiter, ja Mitproduzent, wenn es beliebt. Die entsprechende moralische Einstellung: Hier könnte Goethe jenen prachtvoll trotzigen Satz Lomonossows unterschreiben, daß er selbst vor dem lieben Gott nicht als Tor dastehen möchte.

Neuntens: Das Wort, das an jenem schrecklichen Tag gesagt wurde, an dem der 81jährige Greis seinen einzigen Sohn verloren hat: »*Über Gräber vorwärts!*« Immer behalten, daß die letzte Bestimmung des Menschen, selbst des genialsten, darin besteht, ein *ewiger Wurf* durch sich selbst, durch eine zeitliche und räumliche Beschränktheit zu sein, ein Wurf zu immer höherem Ziel.

Es bleibt zum Schluß noch der zehnte Punkt. Davon aber kann ich nichts Bestimmtes sagen, es sei denn, er besagt den Inbegriff aller aufgezählten Punkte *in einer individuellen Gestalt*, so daß es nur von uns, von jedem von uns abhängt, diesen zehnten Punkt den aufgezählten hinzuzufügen.

Nietzsche – der »Gottlose« und der »Antichrist«

Im Herbst 1888 hatte Nietzsche im Vorgefühl des Zusammenbruchs seinen blitzartigen »Antichrist« niedergeschrieben. Das Buch trug in der ersten Auflage den Untertitel: »Versuch einer Kritik des Christentums«. Mit diesem Titel ist es in vielen postumen Ausgaben erschienen, bis endlich Karl Schlechta, Darmstädter Philosoph und Nietzsche-Herausgeber, während seiner Arbeit im Nietzsche-Archiv einen anderen, von Nietzsche eigenhändig geschriebenen Untertitel entdeckte. Es handelt sich um ein späteres Titelblatt des Manuskripts, worauf der Verfasser im letzten Paroxysmus seiner anbrechenden Unzurechnungsfähigkeit den alten Untertitel durchgestrichen und einen neuen eingetragen hat: »Fluch auf das Christentum«.

Es bleibt nun klarzustellen, um was für ein Christentum es dabei ging. Die beiden in der Nietzsche-Philologie üblich gewordenen, zueinander konträren Ansichten, wonach der leidenschaftliche Atheismus des Philosophen entweder *buchstäblich*, nämlich als Atheismus, oder *bildlich* und folglich nicht mehr als Atheismus, sondern als Nicht-Atheismus anzunehmen sei, schaffen in dieser Frage wenig Klarheit. Erstens ist hier keineswegs der Atheismus als solcher dominant, sondern das Problem des *Christentums*, und zweitens liegt das erwähnte Problem, wie es Nietzsche selbst auf seine ihm eigene radikalste Weise behandelt hat, weit *jenseits* aller traditionellen und flachen Variationen auf das Thema dieser »Gretchenfrage«. Es wäre ganz natürlich, den Problemmangel als solchen hier einfach festzustellen – *anhand der himmelschreienden Unbestreitbarkeit des Tatbestandes* – und die Sache in gutem Glauben ad acta zu legen; von was für einem Problem kann dort die Rede sein, wo ein ungeheurer Sturm von Schändungen und ganz eindeutigen Feststellungen braust! So handelt vielleicht der philosophische Analytiker, der die *Richtigkeit* seines Gedankengangs nicht nach dem Kompaß persönlicher Erlebnisse orientiert, sondern unbewußt dem Pandektengeist eines Justinian folgt. Man muß darauf ja besondere Rücksicht nehmen: das ist doch die Eigentümlichkeit der heutigen Mentalität, ja die einzige Redeweise, die *logisch einleuchtend* erscheint. Die Sache ist so beschaffen, als wären jene berühmten Schillerschen Zeilen »Die Weltgeschichte ist das Weltgericht« bloß *buchstäblich* zu verstehen – wohlan! Es ist klar, daß das buchstäblich verstandene Gericht zu einer unbedingten Herrschaft des *juristischen* Verfahrens führen soll. Nehmen wir also diese Regel auch im Fall Nietzsches an, und bitten wir um eine *praesumptio boni vivi*. Ja, alle Beweise liegen vor, der ganze Tatbestand von peinlichsten Bekenntnissen, von denen ein Hundertstel schon reichen würde, den Verfasser zu einer postumen Haft in allen Todeszellen der Hölle zu verurteilen; aber vorhanden ist auch etwas anderes – man höre nur, was sonst dieser »Antichrist« sagt: »Mir fiel ein, lieber Freund, daß Ihnen an meinem Buch [gemeint ist »Morgenröte« – K.S.] die beständige innerliche Auseinandersetzung mit dem *Christentume* fremd, ja peinlich sein muß; es ist aber doch das beste Stück idealen Lebens, welches ich wirklich kennen gelernt habe, von Kindesbeinen an bin ich ihm nachgegangen, in viele Winkel, und ich glaube, ich bin *nie* in meinem Herzen gegen dasselbe gemein gewesen. Zuletzt bin ich der *Nachkomme* ganzer Geschlechter von christlichen Geistlichen – vergeben Sie mir diese Beschränktheit!« (Brief an Peter Gast vom 21. Juli 1881)* Vorhanden ist also dieses andere, nicht weniger eindeutige Bekenntnis, das über die Unbestreitbarkeit jenes ersten zumindest Zweifel aufkommen läßt. Daß beide einander ausschließen, ist, mit Nietzsche selbst gesagt, »*beleidigend klar*«. Unendlich viel wichtiger scheint folgende Frage zu sein: Gibt man zu, daß eine der einander sich ausschließenden Seiten doch *wahr* sein soll, so sei es gestattet zu fragen,

---

* Friedrich Nietzsche, Sämtliche Briefe. Kritische Studienausgabe, hrsg. von G. Colli und M. Montinari, Bd. 6, München 1986, S. 108 f.

was für ein inneres Leiden, was für eine sadistisch auserwählte Dialektik seelischer Foltern den Verfasser zum entgegengesetzten Bekenntnis gezwungen hat? Sagen wir so: Der Forscher muß hier das allopathische Gerichtsverfahren verweigern und sich auf die zehrend tiefe Homöopathie des Problems einlassen, indem er die Frage – Was soll denn hier *Wahrheit* und was *Selbstverleumdung* sein? – ihrem Wesen nach beantworten will. Den »Antichrist« mit Augen zu lesen, die an sprachwissenschaftliche Paradigmen wie etwa »Mein Besen ist im Winkel« gewöhnt sind (der Satz, dem in Wittgensteins »Philosophischen Untersuchungen« ein privilegierter Platz zukommt), scheint philologisch bedenklich; zweifellos ist, daß man schon vom ersten Eintauchen in die *biodynamische* Atmosphäre dieses Buches an dazu neigt, es nicht dem Genre der wissenschaftlichen Untersuchung, sondern dem der Tragödie zuzurechnen.

Hier sei nicht über die exegetische Literatur, sondern über die Romane Dostojewskis nachgedacht – in einem gewissen Sinn läßt sich der ganze »Antichrist« ohne Müh und Not ins Textgewebe dieser Romane inkrustieren, als ein anhaltender Monolog eines ihrer Helden. Das erste Symptom, das höchst angespannte Aufmerksamkeit verdient, ist ja im Tempo, Ton, in der Leidenschaftlichkeit gegeben, womit das Thema hier ausgeführt wird, ein wirklicher »*Herzschlag*«, der fast einer jeden Phrase den hypersemantischen Status eines Selbstmörders verleiht. – Ich stelle eine Frage: Wer sonst hätte am Ende des 19. Jahrhunderts, im vollen Gange dieser positivistischen Mill-Spencer-Buckleschen Selbstzufriedenheit eine solche fast »*atavistische*« Leidenschaftlichkeit zeigen können, über das Christentum zu reden? Eine höchst seltene, ja höchst kostbare Leidenschaftlichkeit: Man müßte sich ins Zeitalter eines Tertullian und der ersten Gnostiker zurückversetzen, in die unerratene Lebenswelt eines Julian, Apostata genannt, und in das ebenso unerratene Rätsel noch eines Abtrünnigen, des großen Staufers Friedrich II., in die Atmosphäre mittelalterlicher Ketzereien und der Flagellanten zur Zeit der Reformation, um überhaupt etwas Ähnliches zu erleben. Oder – das habe ich schon gesagt: in die Atmosphäre der Romane Dostojewskis ...

Diese Leidenschaftlichkeit mahnt zur Vorsicht; man kann sie zwar verschieden auslegen, am besten aber durch das unsterbliche Wort der Offenbarung des Johannes: »Ich kenne euer Tun. Ich weiß, daß ihr weder warm noch kalt seid. Wenn ihr wenigstens eins von beiden wärt! Aber ihr seid weder warm noch kalt; ihr seid lauwarm. Darum werde ich euch aus meinem Mund ausspucken.« (3,15–16) Es bleibt nur wieder zu fragen: Wieviel Bemühungen braucht man, um zu verstehen, daß ein solcher Haß, wie derjenige Nietzsches, diesem »Mund« nähersteht, ja lieber ist als neunundneunzig flache, eingepaukte *lauwarme* »Lieben« ... Grundsätzlich gesehen: Aus welchen Einstellungen heraus wird hier das Christentum angegriffen, ja verflucht? – Gerade diese Frage erweist sich nun als die Zentralfrage im Streit um Nietzsche. Es tut not, sich nur daran zu erinnern, daß es an verschiedenartigen Einstellungen gegen Ende des aufgeklärten 19. Jahrhunderts gar nicht mangelte, vom atheistischen wie auch vom theologischen Standpunkt aus, samt aller Art Exegetik, historischer Schulen usw. – am pikantesten sahen gerade die theologischen Bescherungen aus, bis zu den offen in die weite Welt hinausposaunten Disputationen auf das Thema »Hat Jesus gelebt?«, die 1910 in Berlin stattfanden.

Nun läßt sich die Einstellung Nietzsches – heben wir das mit aller Bestimmtheit hervor – keiner dieser Richtungen zurechnen; mehr noch, mit der letzteren ist sie sogar radikal unvereinbar. Vor allem gibt es hier gar keine Spur von Atheismus; zieht man in Betracht, Atheismus sei letzten Endes nichts als die Existenzverleugnung Gottes, so ist es einfach unzulässig, von einer solchen Verleugnung im Fall eines Mannes zu sprechen, der einmal zugestanden hat, er habe Gott in allem Glanz schon als Vierzehnjähriger gesehen; die Leugnung – alle stilistischen Deviationen abgerechnet – läßt sich hier allein auf eine *Revolte* (doch im Sinne Dostojewskis) zurückführen, nichts mehr. Andererseits aber gibt es hier auch keine Spur von sogenannter rationaler Theologie oder etwa historischer Kritik, deren bloße Möglichkeit vom Verfasser des »Antichrist« gnadenlos verspottet wird. Vor uns steht ein schwierigster Fall, der sich keiner Registrierung und Einordnung beugt: ein typischer Brandstifter, der eine gewisse Familienverwandtschaft mit den wenigen, über das ganze Jahrhundert verstreuten Parias zeigt, etwa mit Søren Kierkegaard oder mit Max Stirner oder noch – und schon in einer höchst frappanten Art – mit den Russen: Dostojewski, Tolstoi, Konstantin Leontjew.

Liest man den »Antichrist« parallel mit den zahlreichen gleichzeitigen Entwürfen, die im 13. Band der Colli-Montinari-Ausgabe veröffentlicht sind, so kommt man kaum um einen Leseschock herum. Es ist so, daß die Entwürfe gerade jene Dissonanz verschärfen, die in der Reinschrift des fertigen Textes nicht immer zu spüren ist; die Mächtigkeit des sprachlichen Drangs ist so groß, daß der Leser sich vom Strom zahlloser Schändungen und Diffamierungen fortreißen läßt, daß ihm gar keine Möglichkeit bleibt, an einzelnen Stellen *zu verweilen*, etwa gerade dort, wo es viel nachzudenken gibt und wo sich, wie aus einem Nadelöhr, Aussichten auf etwas jedenfalls *Unerwartetes* öffnen. Gerade hier ist das Parallellesen der Entwürfe vonnöten, in denen diese Stellen ganz entlarvt und ohne das Bumbum der unerträglichen Orchestrierung dargestellt werden; gerade hier hat man die Empfindung, der »Antichrist« sei ein Text, dessen adäquates Verständnis nur *gegen den Strom* möglich ist. In kurzer Auswahl führe ich einige dieser Stellen an, damit man das Gesagte nicht bezweifle: »Man begreift nicht, daß die Kirche nicht nur die Karikatur des Christentums, sondern der organisierte *Krieg gegen das Christentum ist.*« (S. 104.) – »Das ›Christentum‹ ist etwas Grundverschiedenes von dem geworden, was sein Stifter tat und wollte.« (S. 114.) – »Der Typus ›Christ‹ nimmt schrittweise Alles wieder an, was er ursprünglich negierte (*in dessen Negation er bestand . . .*). Der Christ wird Bürger, Soldat, Gerichtsperson, Arbeiter, Handelsmann, Gelehrter, Theolog, Priester,

Philosoph, Landwirt, Künstler, Patriot, Politiker, ›Fürst‹,
... er nimmt alle Tätigkeiten wieder auf, die er abgeschworen hat (die Selbstverteidigung, das Gerichthalten, das Strafen, das Schwören, das Unterscheiden zwischen Volk und Volk, das Geringschätzen, das Zürnen ...). Das ganze Leben des Christen ist endlich genau das Leben, *von dem Christus die Loslösung predigte* ... Die *Kirche* gehört so gut zum *Triumph* des Antichristlichen, wie der moderne Staat, der moderne Nationalismus ... Die Kirche ist die Barbarisierung des Christentums.« (S. 161)

Aus dieser Zitatengruppe, die leicht zu vermehren ist, geht hervor, von welchen Einstellungen aus hier das Christentum verflucht wird – nämlich vom Standpunkt nicht des Antichristlichen, sondern des *Urchristlichen*, also auf eine vorkirchliche, vorformelle, vorinstitutionelle Weise. Man lese, was darunter verstanden wird: »Das Christentum hat von vornherein das Symbolische in *Cruditäten* umgesetzt.« (S. 115) – »Man kann das Christentum gar nicht mehr mißverstehen, als wenn man annimmt, daß zu Anfang die *grobe Wundertäter- und Erlöser-Geschichte* steht und daß das Spiritual- und Symbolisch-Nehmen erst eine spätere Form der Metamorphose ist ...« (S. 155) – »Die Geschichte des Christentums ist die Geschichte des *schrittweisen immer gröberen Mißverstehen-müssens eines sublimen Symbolismus.*« (S. 156) – »Eine absurde *Vergröberung* aller geistlichen Werte und Formeln.« (S. 181) Klarer und bestimmter hätte dies selbst Origenes nicht ausgedrückt! Man könnte an Hunderten von Beispielen zeigen, wohin diese grobe Entsymbolisierung und imgrunde Materialisierung des christlichen Impulses trieb und wozu sie es brachte. Es wäre schon weitaus genug, dies am einzigen Beispiel der Interpretation des Sakraments des Abendmahls zu zeigen. Man verfolge nur das Schicksal eines Berengar von Tours, der im 11. Jahrhundert eine symbolische Auffassung der Transsubstantiation (ganz im Geiste Origenes' und Scotus Eriugenas) verteidigte. In den Gefängnissen gepeinigt, mußte er zuletzt, um sein Leben zu retten, wie später Galilei seine Lehre widerrufen; 1059 hat er vor einer Versammlung von

113 Bischöfen in Rom eine Formel ausgesprochen, um die ihn auch neun Jahrhunderte später die vulgärsten Materialisten wie etwa Büchner und Moleschott beneidet hätten: »Das Brot ist nicht bloß ein Sakrament, sondern der wahre Leib Christi, der von den Zähnen zerkaut wird.« (S. 164.) Was Wunder, daß die Theologen schon zur Zeit des 4. Laterankonzils (1215) folgende amüsante Frage sorgfältig behandelten: »Was frißt die Maus?« wenn sie an das heilige Brot der Eucharistie gerät. Wahrlich, es ist nicht leicht, den Schock loszuwerden, daß der symbolische Status des Christentums (also nach Origenes die dritte Lesart der Heiligen Schrift) am Ende des 19. Jahrhunderts in einem Buch verteidigt werden sollte, das den Titel »Antichrist« trug und von einem Verfasser stammte, der sich mit diesem Titel um jeden Preis identifizieren wollte.

Hier aber erscheint die Hauptfrage, nämlich die nach der Beziehung zu *Christus selbst*. Sehen wir weiter zu: »Christus als ›*freier Geist*‹: er macht sich aus allem Festen nichts (Wort, Formel, Kirche, Gesetz, Dogmen), ›alles, was fest ist, *tötet*‹, er glaubt nur ans Leben und Lebendige – und das ›ist‹ nicht, das *wird*...« (S. 162) (Dabei ist zu bemerken, daß es im ganzen Wortschatz Nietzsches keine positivere Redewendung als diese Charakteristik gibt.) – Ich zitiere weiter: »... er redet bloß vom Innersten, von Erlebnissen: alles *Übrige* hat den Sinn eines Zeichens und eines Sprachmittels...« (S. 409) Hier wird mit einem einzigen Federstrich jenes Wesentliche erreicht, das zu verstehen nicht jedem gläubigen Christen gelingt: erstens, die vollkommene *Einzigartigkeit* des Phänomens, die keine Analogien kennt und in den Evangelien bezeugt ist: »So wie dieser Mensch hat noch keiner gesprochen« (Johannes 7,46); zweitens, die Übergeschichtlichkeit des Phänomens und die Gnosis innerer Erlebnisse (man beachte die frappante Gedankenverwandtschaft mit Kierkegaard und nicht nur mit ihm allein). Das bedeutet aber: Es ist widersinnig, den Schlüssel zur Erscheinung Christi in der geschichtlichen Dimension und folglich in aller Art *Dokumentation* zu suchen (insofern das historische Faktum als solches dem Dokument gleichgestellt wird), also in historischen Angaben, die ja bloß fehlen können, die beliebigen Fälschungen und Machinationen offenstehen, die zu guter Letzt einfach zufällig sind; der Schlüssel ist nur im individuellen Erlebnis und übersinnlichen Erkennen dieser »*ewigen Tatsache*« gegeben, die im Chronotop des 1. Jahrhunderts ebensosehr tatsächlich ist wie in dem des 20. Jahrhunderts – man denke nur an den folgenden Gedanken Kierkegaards, unter den auch der Verfasser des »Antichrist« seine Unterschrift gesetzt hätte: »Ein historisches Christentum«, so Kierkegaard, »ist Gallimathias und unchristliche Verwirrtheit; denn was es an wahren Christen gibt in jeder Generation, die sind gleichzeitig mit Christus, haben nichts zu schaffen mit den Christen der Generation vorher, und alles mit dem gleichzeitigen Christus. Sein Leben auf Erden geht mit dem menschlichen Geschlecht, geht mit jedem der menschlichen Geschlechter im Besondern, als die ewige Geschichte, sein Leben auf Erden hat eine ewige Gleichzeitigkeit.«*

Man lese weiter, diesmal aber bei Nietzsche: »Das Christentum ist jeden Augenblick noch möglich... Es ist an keines der unverschämten Dogmen gebunden, welche sich mit seinem Namen geschmückt haben... Die ganze christliche Lehre von dem, was geglaubt werden *soll*..., ist eitel Lug und Trug: und genau das Gegenteil von dem, was den Anfang der christlichen Bewegung gegeben hat..., das gerade, was im *kirchlichen* Sinn das Christliche ist, ist das *Antichristliche* von vornherein: lauter Sachen und Personen statt der Symbole, lauter Historie statt der ewigen Tatsachen, lauter Formeln, Riten, Dogmen statt einer Praxis des Lebens... Christlich ist die vollkommene Gleichgültigkeit gegen Dogmen, Cultus, Priester, Kirche, Theologie...« (»Der heilige Idiot«, S. 237) Diese unerwartet Tolstoische Passage hört auf, unerwartet zu erscheinen, sobald man in den Nachlaßbänden Nietzsches lange, gewissenhaft abgeschriebene Exzerpte aus dem Buch Tolstois »Meine Religion« findet, das Nietzsche in einer französischen Überset-

---

* Søren Kierkegaard, Einübung im Christentum, Gütersloh 1980, S. 72.

zung im Frühjahr 1888 las und dessen Konspekt von den damaligen Herausgebern des Archivs lange versteckt gehalten wurde. Der untergründige Einfluß von Tolstoi und Dostojewski auf die Gestaltung des Ideengehalts des »Antichrist« ist überhaupt höchst beachtenswert; das Paradox der Situation besteht darin, daß sich in der verwirrten und in Agonie liegenden Seelenwelt des deutschen Philosophen zwei so unvereinbare Tonarten verschmolzen. Die tiefsten und radikal verbrecherischen, allen Veränderlichkeiten einer pathologisch kränklichen Mystik geöffneten Einsichten im Stil Dostojewskis finden sich hier in seltsamer Nachbarschaft mit den pathologisch gesunden *sanctis simplicitatibus* eines Tolstoi.

Nur zwei Beispiele für viele. Konnte etwas in dem gesamten Vorschriftenkorpus der Evangelien den Christen aller Zeiten praktisch, ja alltäglich nicht passen, so war es in erster Linie die Bergpredigt, besonders im Punkt des Nicht-Widerstehens dem Bösen. Man konnte natürlich dem Heiland nicht Übertreibungen zum Vorwurf machen, andererseits aber auch nicht die Regeln des »Hinhaltens der linken Wange«, sobald die rechte den Schlag erhält, und des »Zugebens der Jacke«, nachdem schon das Hemd genommen, ernstlich zur Kenntnis nehmen. Nun hat Tolstoi vielleicht als erster gewagt, diese Regeln nicht nur wortwörtlich, sondern auch als Schlüssel zum Christentum zu verstehen. Aber gerade diese Formel figuriert im 29. Kapitel des »Antichrist«: »Widerstehe nicht dem Bösen – das tiefste Wort der Evangelien, ihr Schlüssel in gewissem Sinne.« Das andere Beispiel, diesmal für die andere Seite, grenzt schon an Zusammenbruch. Es handelt sich um die blasphemische Charakterisierung des Jesus als »Idiot« in demselben 29. Kapitel – so blasphemisch, daß sie in allen Ausgaben des Buches, bis zu Schlechtas Ausgabe, einfach fehlte. Ein noch nicht ins reine geschriebener Kontrapunkt aus dem Nachlaßband wirft neues Licht auf die Quelle dieser Lästerung. Das Fragment trägt den Titel »Jesus: Dostojewski« und lautet: »Ich kenne nur einen Psychologen, der in der Welt gelebt hat, wo das Christentum möglich ist, wo ein Christus jeden Augenblick entstehen kann ... Das ist Dostojewski. Er hat Christus *erraten:* – und instinktiv ist er vor allem behütet geblieben, diesen Typus sich mit der Vulgarität Renans vorzustellen ... Und in Paris glaubt man, daß Renan an zu vielen finesses leidet! ... Aber kann man ärger fehlgreifen, als wenn man aus Christus, der ein Idiot war, ein Genie macht? Wenn man aus Christus, der den Gegensatz eines heroischen Gefühls darstellt, einen Helden herauslügt?« (S. 237)

Nun macht der Hinweis auf Dostojewski den Sinn dieser Blasphemie eindeutig klar: Der »*Idiot*« ist hier dem »*Heiligen*« gleichbedeutend, ganz im Sinne Dostojewskis, dessen Fürst Myschkin in dem bekannten Roman mit dem kennzeichnenden Titel »Der Idiot« als »*russischer Christus*« konzipiert war. In einem anderen Fragment Nietzsches rücken beide Wörter schon zusammen: »der heilige Idiot«. Man füge noch rein Tolstoische Obertöne hinzu – nämlich das wortwörtliche Folgen dem Gebot des »Wangenhinhaltens« als reinster Idiotismus vom Standpunkt der Moskauer Rechtsanwälte aus, die über diesen Sonderling Tolstoi zu spötteln pflegten –, man versenke nun all das in die Atmosphäre einer wirklichen Pathologie und Seelenzersetzung, also dorthin, wo Psychologie nicht bloß an Psychiatrie, sondern schon an Dämonologie grenzt, und das Bild dieses Zusammenbruchs bekommt die endgültige Klarheit. Daß übrigens das Wort »Idiot« in diesem Zusammenhang mit bloßem Zank wenig zu tun hat, dafür spricht die Tatsache, daß hier dem Jesus der verhaßte Paulus als der erste Vergröberer und der erste Totengräber des Christentums gegenübergestellt wird: dieser wird hier in demselben Jargon behandelt, so daß man gar keine Ahnung hat, ob man dies für ein Lob oder eine Schmähung halten soll; »Paulus«, so steht es geschrieben, »war ganz und gar kein Idiot!«

Jetzt, nachdem dieser krumme und peinliche Weg im ganzen schon gegangen ist, bleibt danach Ausschau zu halten, wo denn und in welchen Zusammenhängen diese provokante Situation aufgegriffen und fortentwickelt werden konnte, zum »Stein des Anstoßes« weiterer Erkenntnisse geriet? Liegt da nicht Rudolf Steiners enthusiastisches Eintreten für den »Fall Nietzsche« nahe und die Frage nach dem Verhältnis seiner Anthroposophie zum sogenannten Atheismus Nietzsches? Gewiß ist, daß die Anthroposophie selbst nicht so eindeutig zu nehmen ist, wie es manche Anthroposophen gerne möchten. Es gibt ja in ihr nicht nur beruhigte Zonen, die keine besonderen Sorgen bereiten, wenn man, mit Verlaub gesagt, dem offenen Konto Rudolf Steiners nachspürt und nachfühlt, sondern auch nicht ungefährliche, ja selbst sogar gefährliche. Das Thema »Nietzsche« gehört, nach allem zu urteilen, dazu; zwar hat Rudolf Steiner unendlich viel gesagt, es ist aber auch unendlich viel unausgesprochen geblieben. Der »Fall Nietzsche« erscheint in dieser Hinsicht ziemlich kompliziert, ja fast tückisch. Es sei gestattet, ihn mit demjenigen Goethes zu vergleichen. Präsentiert sich letzterer so klar und deutlich wie nur möglich, so bleibt ersterer ebenso dunkel und bedenklich. Das ist freilich nicht so zu verstehen, als sei der Fall Goethe nun leichter und verständlicher als der Fall Nietzsche; vielleicht ist es nur ein Schein, aber eines darf man mit Gewißheit sagen: Mit Goethe hat man, *äußerlich* betrachtet, keine besonderen anthroposophischen Verlegenheiten; diese zeigen sich erst im Prozeß der individuellen Aneignung von Goethes Denkweise. Ganz anders ist es mit Nietzsche beschaffen: Dieser rabiate Gottlose und Antichrist ist ein Schreckgespenst nicht nur für konfessionelle Gläubige, sondern auch für manche Anthroposophen. Die Sache wird nur noch komplizierter dadurch, daß bei Rudolf Steiner keine eindeutig ausgesprochene Lösung dieses Problems zu finden ist. Ganz im Gegenteil.

Die Darstellung *meiner* anthroposophischen Annäherung an den »Antichrist«-Verfasser möchte ich mit einer kopfzerbrecherischen Denkaufgabe einleiten. Es geht gleichsam um eine Art anthroposophischen *Koan*, also etwas, das unlösbar, zugleich jedoch sinnvoll erscheint. Wahrlich, es wäre ganz leicht, dies zu vermeiden, zu verkennen, ja zu guter Letzt zu verschweigen, gesetzt den Fall, es hätte mit Rudolf Steiner nichts gemein. Unterdessen ist gerade das

Umgekehrte der Fall. Emil Bock war, soviel ich darüber urteilen kann, der erste, der einen brennenden Gegensatz hervorgehoben hat. Es handelt sich um zwei Äußerungen Rudolf Steiners, die er – gleichsam symbolisch – einmal früh und einmal gegen Ende seines Lebensgangs getan hat. Die erste steht in einem Brief, den er zum Weihnachtsfest 1894 an Pauline Specht geschrieben hat; dort ist unter anderem folgendes zu lesen: »Nietzsches ›Antichrist‹ ..., eines der bedeutsamsten Bücher, die seit Jahrhunderten geschrieben worden sind. Ich habe meine eigenen Empfindungen in jedem Satze wiedergefunden. Ich kann vorläufig kein Wort für den Grad der Befriedigung finden, die dieses Werk in mir hervorgerufen hat.«* Dreißig Jahre später, in den Karma-Vorträgen ist dasselbe Buch als ein solches bezeichnet, in dem Ahriman selbst durch Nietzsche zum Schriftsteller geworden ist. Nun sagt man normalerweise in solchen Fällen: Kommentar überflüssig. Ich bin aber der Meinung, wenn ein Kommentar überhaupt irgendwo unentbehrlich ist, so in dem hier gegebenen Fall. Ich versuche nach Möglichkeit, diese gefährliche Frage irgendwie zu kommentieren.

Zuerst aber halte ich es für notwendig, eine fast marginale Frage anzuschneiden, nämlich die nach dem Ahriman. Es gleicht das Verhältnis so manches Anthroposophen zu dieser Gestalt dem kindlichen zu den Zaubermärchen. Daß das Böse existiert, ist ja Erwachsenen wie Kindern ganz selbstverständlich; nur sollte der Unterschied darin bestehen, daß es neben dem harmlosen Wissen im einen Fall auch ein Erfahren, will sagen eine Gnosis im zweiten Fall geben muß. Für das Kind ist »Ahriman«, oder wie er auch immer heißen mag, nur *böse Macht*, nichts weiter; für einen Erwachsenen, der sich zudem vielleicht auch mit Okkultismus beschäftigt, sollte er jedoch Inhaltsvolleres sein. Indes: schon allein dieser Name wirkt manchmal so abschreckend, als bliebe nur, die Augen fest zusammenzukneifen und auf einen Einbruch der guten Mächte – ganz kindlich – zu war-

---

* Rudolf Steiner, Briefe II, Dornach 1953, S. 181.

ten. Es ist aber nicht meine Aufgabe, Ahrimanologie, so oder so, zu betreiben; ich möchte nur zwei ganz selbstverständliche Momente festhalten. Ich glaube erstens, daß man, indem man von dieser bösen Macht spricht, zumindest jene Goetheschen Zeilen im Hinterkopf aktivieren muß, wonach Ahriman sich selbst so prachtvoll selbstmörderisch definiert: »Ein Teil von jener Kraft, die stets das Böse will und stets das Gute schafft.« Das Kind hat sicher keine blasse Ahnung davon; der Anthroposoph, und nicht nur er, sondern jeder geistig Strebende, jedoch, und insbesondere, wenn er sich mit einem solchen Problem wie dem Nietzsches beschäftigt, ist einfach verpflichtet, diese Zeilen immer vor Augen zu haben. Und noch ein zweites: Ahriman, ein vergängliches Wesen, das er ist, ist auch, mit Verlaub gesagt, *variabel* und entwicklungsfähig; ein und derselbe für alle Zeiten kann er gar nicht sein. Es wäre ja ganz wirklichkeitsgemäß, wenn wir den Ahriman in der Situation des Jahres 1894 von dem Ahriman unter den Umständen des Jahres 1924 unterscheiden könnten. Es ist darauf Rücksicht zu nehmen, daß Ahriman, den jeweiligen Aufgaben entsprechend, zu diesen beiden Zeitpunkten ganz unterschiedlich auftreten mußte. Ahriman am Vorabend eines neuen Tages, kurz vor Ende des Kali Yuga, also ein sozusagen *voranthroposophischer* Ahriman, und Ahriman, mit Verlaub, am nächsten Morgen, also schon nach dem Durchbruch des anthroposophischen Impulses – das sind zwei nur enharmonisch gleiche Größen, musikalisch gesprochen ein und derselbe Ton mit verschiedenen Vorzeichen markiert, etwa mit einem Kreuz, also einem Erhöhungszeichen, oder einem b, einem Erniedrigungszeichen; einem Musiker ist ganz klar, welche kolossale Bedeutung in diesem kleinen Unterschied für die Musik im ganzen liegt. Man stelle sich nur vor, dieses Buch, »Der Antichrist« betitelt, wäre nicht im letzten Jahrzehnt des vorigen Jahrhunderts, sondern im ersten oder gar zweiten des neuen erschienen. Gewiß ist jedenfalls, daß Rudolf Steiner Jahrzehnte später nie und nimmer einen solchen Brief wie den oben erwähnten geschrieben hätte. Dieser »Antichrist« wäre dann ja allenfalls eindeutig negativ aufzunehmen gewesen. Aber vergessen wir nicht, daß es nun eben um jenen, also im vorigen Jahrhundert geschriebenen »Antichrist« geht; ich würde sogar betonen: um einen *vor der »Philosophie der Freiheit«* geschriebenen »Antichrist«. Es ist ganz leicht, dies zu sagen, doch unendlich viel schwerer, es sich vorzustellen und zu erleben. Man ziehe bloß in Betracht, daß solche Bücher wie die »Philosophie der Freiheit« nicht einfach vom Himmel fallen, sondern jahrhundertelang auf Erden vorbereitet werden.

»Freiheit« ist ja etwas restlos Irdisches, nur auf Erden zu Erwerbendes, und man ist erst dann in der Lage, *»frei« für etwas* zu werden, wenn man schon *»frei« von etwas* ist. Ohne Zweifel ist Steiners »Freiheitsphilosophie« das erste Buch, das den Begriff der Freiheit selbst ganz *positiv* gibt, also ganz in der Richtung von *frei-für.* Man vergesse jedoch nicht, welch ungeheure Arbeit diesem Buch in der entgegengesetzten Richtung des *frei-von* vorangehen mußte. Man spricht in anthroposophischen Kreisen in der Regel nur von *positiven* Vorläufern Steiners, also von den Bahnbrechern der anthroposophischen Weltanschauung wie etwa Goethe, Schiller, Fichte, Novalis. Man läßt leider außer acht die anderen, ja ich möchte sagen, die *negativen* Vorläufer Steiners, diejenigen, die, zumeist ohne es zu wissen, den Augiasstall des Geistes reinigten und allem Schmutz zum Opfer fielen, damit das Buch »Die Philosophie der Freiheit« einmal geschrieben werden konnte. Nietzsche belegt in dieser Märtyrerliste einen der ersten Plätze. Denn niemandem ist es bisher gelungen, den Augiasstall des Christentums so grundlegend, ja bis zur Umnachtung zu reinigen. Ich lasse alle flachen Atheisten beiseite; damit hatten sie gar nichts zu tun, davon hatten sie gar keine Ahnung. Nietzsche aber, dieser von Kindesbeinen an leidenschaftlich Gläubige, *il piccolo santo,* der kleine Heilige, wie ihn manche Hauswirtinnen in Genua und Nizza zu nennen pflegten, hatte imgrunde keine andere Aufgabe: »Ich habe«, so hat er sich einmal geäußert, »den Geist Europas in mich genommen – nun will ich den Gegenschlag

tun!«* Der Geist Europas ist aber der christliche Geist, zumindest ein sich so nennender Geist, ein Geist, dem es in Jahrtausenden fast vollständig gelungen ist, sich in einen Ungeist, ja Widergeist zu verwandeln, der tatsächlich im Namen Christi die Untaten des Antichrist vollzog. Es war an der Zeit, daß ein Paulus sich wieder (aber umgekehrt und unbewußt) in einen Saulus verwandle, um sein inneres Damaskus zu bewahren, dort, wo alle Welt sich seelenruhig christlich stellte, ohne mit dem lebendigen Christus etwas zu tun zu haben. Das war es, jenes rasend gewordene Mit-dem-Hammer-Philosophieren Nietzsches, was dem jungen Steiner einen Jubelschrei entriß. Man höre doch noch einmal genau zu: »*Ich habe meine eigenen Empfindungen in jedem Satze wiedergefunden.*« Stellen wir uns nun etwas Phantastisches, doch heuristisch nicht Unnützliches vor: Irgend jemand tritt damals auf Rudolf Steiner zu und sagt: »Aber lieber Herr Doktor [da er doch damals bereits ein solcher war]! Was hat es damit auf sich, daß Sie selbst in dreißig Jahren sagen werden, in diesem von Ihnen nun so hochgeschätzten Buch sei Ahriman selbst zum Schriftsteller geworden?« Die vermutliche Antwort Steiners (so wenigstens lautet sie für mich in dieser erdachten Szene): »Wohl möglich! Aber das interessiert mich jetzt überhaupt nicht. Wissen Sie, es steht mir noch bevor, mein Buch ›Das Christentum als mystische Tatsache‹ zu schreiben, und ich bin mir nicht ganz sicher, ob es mir ohne Nietzsches ›Antichrist‹ gelänge.«

Anders gesagt, das Christentum als solches sollte auf einen Nullpunkt gebracht werden, so wie das in der Schrift »Wahrheit und Wissenschaft« hinsichtlich der erkenntniskritischen Probleme empfohlen wird, und erst dann darf man sich fragen: Wird es aus diesem Tod auferstehen oder nicht? Entsetzlich aber ist es, wenn ein Halbtotes sich lebendig stellt und die weitere Erkenntnis behindert. Dazu gehört das hundertmal mißbrauchte Wort Zarathustras:

---

* Friedrich Nietzsche, Schriften und Entwürfe 1876–1880. Werke, hrsg. von F. Koegel, 2. Abt., Bd. 11, S. 389.

»Oh meine Brüder, bin ich denn grausam? Aber ich sage: was fällt, das soll man auch noch stoßen!... Und wen ihr nicht fliegen lehrt, den lehrt mir – *schneller fallen!*«* Und da ist das Wichtigste: In diesem »*Fallen*« des Christentums durch Nietzsche hat kein anderer als Ahriman die Hauptrolle gespielt, »ein Teil von jener Kraft, die stets das Böse will und stets das Gute schafft«. Denn die *menschlichen* Geheimnisse bleiben diesem Menschenfeind verborgen. Es entsteht die Frage: Warum ist denn Ahriman durch Nietzsche zu einem Schriftsteller geworden? Nun scheint die Antwort zunächst ganz klar: Weil er seinen eigentlichen Feind, das Christentum, zerschlagen wollte. – Ist es ihm denn gelungen? – Man könnte fast sagen: Ja, er hat das meisterhaft geleistet. Ihm blieb aber unbemerkt, daß er damit einem neuen *paulinischen* Christentum die Bahn brach, denn die Antwort auf diese Ahriman-Schrift war nichts anderes als die Wiedergeburt des ätherischen Christentums in Steiners Buch »Das Christentum als mystische Tatsache« und mit der Anthroposophie im ganzen. Das wäre es doch, was man allen Ernstes das Tragische an Satans Schicksal nennen darf.

Was nun Nietzsche selbst betrifft, der zum Werkzeug dieser Schriftstellerei wurde, so blieb diese riskante Mitautorschaft für ihn nicht ohne Folgen. Er selbst wurde Idiot, als treffe seine Charakterisierung Jesu, wie ein Bumerang, ihn selbst. Diese Unzurechnungsfähigkeit läßt sich am besten aus seinem Verhältnis zu Paulus diagnostizieren, diesem wahren Chef d'œuvre geistiger und seelischer Blindheit. Um das nur kurz zu erläutern: »Die erste Entartung des Christentums ist der Einschlag des Judain, – eine Rückbildung in *überwundene* Formen...« (S. 182) Ja, aber was hat nun Paulus damit zu tun? Paulus (»der Schutzheilige des Denkens im Christentum«, wie ihn Albert Schweitzer nennt), der Verfechter der *freien* Selbstbestimmung in der *neuen* Erfahrung, ja ein Nietzscheaner vor Nietzsche, der sowohl durch die »*Kamel*«-Stufe (als »Stilist und Hellenist«

---

* Friedrich Nietzsche, Also sprach Zarathustra, Leipzig 1927, S. 231.

in der Beurteilung von Wilamowitz-Moellendorff) wie durch die »*Löwen*«-Stufe (als »*Saulus*«, ja wohl auch als »*Paulus*«) gegangen ist, der aber zugleich »*Löwe*« und »*Kind*« in sich vereinen konnte (»Brüder, denkt nicht wie Kinder! Im Handeln sollt ihr unschuldig wie Kinder sein, aber im Denken müßt ihr erwachsen sein«, 2. Kor. 14,20) – um was für einen Judain handelt es sich im Fall dieses ur-Nietzscheschen Prinzen Vogelfrei, der in keiner Kirche angemeldet ist und rein nietzscheanisch mit dem Hammer philosophiert? Man bemerke nur die Themata Nietzsches bei Paulus: das Thema einer mehrsaitigen Kultur (»Ich stelle mich allen gleich...«, I. Kor. 9,32), das Freiheits-Thema (»Gott hat euch zur Freiheit berufen, Brüder!« Gal. 5,13), das Thema Europa (Paulus als erster Europäer, nach Emil Bock), das Thema Krankheit (»... damit ich mir nichts... einbilde, hat Gott mir ein schweres Leiden gegeben«, 2. Kor. 12,7), das Thema der absoluten Ungebundenheit (»Alles ist mir erlaubt, aber das darf nicht dazu führen, daß ich meine Freiheit an irgend etwas verliere«, 1. Kor. 6,12), das Thema der Wahrhaftigkeit, ja das Nietzschesche »Schweigen und rein sein« (»Laßt uns darum auch entsprechend feiern: nicht mit Brot aus dem alten Sauerteig der Sünde und Schlechtigkeit, sondern mit dem ungesäuerten Brot der Reinheit und Wahrheit«, 1. Kor. 5,8), zuletzt – und schon das Staunenswerteste – das Thema des Singens und Tanzens: das, wovon Nietzsche nur geträumt hat (man erinnere sich nur an seine spätere Klage: »Sie hätte *singen* sollen, diese ›neue Seele‹ – und nicht reden«*), das eben wurde in Paulus zu einer großartigen Wirklichkeit: »Ich kann mit dem Geist singen und auch mit dem Verstand« (1. Kor. 14,15). Und nach all dem noch von einem »Apostel der Rache«, von einem »Dysangelisten« und einem »Fleisch-, Genie-gewordnen Tschandala-Haß« zu sprechen! Hier aber endet wohl die Kompetenz des Philosophen und beginnt die des Psychopathologen.

---

* Friedrich Nietzsche, Die Geburt der Tragödie. Kritische Studienausgabe, hrsg. von G. Colli und M. Montinari, Bd. 1, München 1988, S. 15.

Vielleicht – sagen wir das, um die Situation etwas zu bereinigen – besteht das Problem zum Teil darin, daß Paulus hier durch das Prisma des Luthertums wahrgenommen worden ist. Luther trat im Kampf gegen die römische Kirche Petri fast instinktiv auf Paulus' Seite; ein Ereignis, das Emil Bock als verhängnisvoll bezeichnet hat: »Es war eine tief-tragische Fügung des Schicksals, daß ein großer Teil der neueren Menschheit Paulus nur durch Luther vermittelt bekommen hat ... Aber es konnte hinsichtlich der Erkenntnis-Stimmung keinen diametraleren und extremeren Gegensatz geben als zwischen Paulus und ihm.«* Daß der Pfarrersohn Nietzsche gerade eine solche Impfung bekommen haben sollte, darin liegt nichts Unwahrscheinliches; jedenfalls ist der auf den Seiten des »Antichrist« erscheinende Paulus sichtlich vom Doppelgänger lutherischer Exegese abgeschrieben: von der gründlich unpaulinischen Losung *sola fide* und dem »zum persönlichen Heilsstreben verkleinerten Paulinismus« (Emil Bock) an bis hin zur vulgär sinnlichen, populären, ja »sächsischen Kanzlei«-Übersetzung der Briefe des Paulus, die dadurch ihre Übersinnliche, pneumatologische Bedeutung schlechterdings eingebüßt haben. Von diesem »*völkischen*« Paulus bis zu jenem »Genie-gewordnen Tschandala-Haß« blieb bloß ein Katzensprung.

Es sind aber nichts als die Verluste, die im Fall eines solchen Bahnbrechers wie Nietzsche ganz unvermeidlich waren. Das Wichtigste liegt nun an uns, an unserem guten Willen, das Problem ganz positiv und nach seiner Fruchtbarkeit zu behandeln. Ich wiederhole: Der Fall Nietzsche bleibt weiterhin höchst lehrreich, gerade für Anthroposophen; es ist wohl ganz verständlich, daß diese schrecklichen Nietzscheschen Wahrheiten einem guten Gläubigen einfach unerträglich erscheinen, so daß er auf sie nicht einmal semantisch, sondern bloß *akustisch* reagiert. Klar ist aber, daß eine solche Reaktion von seiten eines Gebildeten zumindest widersinnig wäre. Was hat es also mit diesem

---

* Emil Bock, Urchristentum IV, Paulus, Stuttgart 1954, S. 297.

schrecklichen Fall »*Friedrich Nietzsche*« auf sich und von welcher Bedeutung ist er für die Anthroposopie? Ich nehme als Beispiel jenes skandalöse Wort Nietzsches, das bis zum heutigen Tag die ganze Welt von ihm noch reden läßt, das berüchtigte Wort »*Gott ist tot*«. Was soll das bedeuten? Alles, was man nur wollen kann, doch keinesfalls eine atheistische Laune, noch weniger eine naturwissenschaftliche Feststellung. Vielleicht wäre es angemessen, hier von der Unbefragbarkeit eines Meßgeräts, vielleicht eines Seismographen zu sprechen, der die Diagnose des jeweiligen Zeitalters anzeigt – anders gesagt, eine wohl so *verbrecherische* Diagnose, daß sie eine derart grausame Strafe für den sich sonst seiner Schuld nicht bewußten Diagnostiker zur Folge hatte. »*Gott ist tot*« – das bedeutet nur: Der Mensch ist endlich *volljährig*, also *frei* und *sich selbst überlassen* – um mit dem Apostel zu sprechen: »Solange der rechtmäßige Erbe minderjährig ist, hat er nicht mehr zu sagen als ein Sklave, auch wenn ihm in Wirklichkeit alles gehört. Bis zu dem Zeitpunkt, den der Vater im Testament festgelegt hat, ist er von Vormund und Besitzverwaltern abhängig.« (Galater 4,1–2) Das soll aber nichts anderes bedeuten als: Sobald der Erbe volljährig wird, ist jeder Versuch, auf alten Grundlagen weiterzubauen, gestrige Gespenster für heutige Wirklichkeiten ausgebend, nichts als falsche Optik und Schwindel, imgrunde nur Angst vor dem Kommenden und krampfhaftes Sich-Anklammern an den Geist des gestrigen und vorgestrigen Vormunds, der ja bereits – »*tot*« ist. Umfassender und besser glaube ich das ganze Phänomen Nietzsche gar nicht charakterisieren zu können. Ja, schreckliche Wahrheiten; er selbst aber hat deren eigentlichen Hintergrund so klar wie nur möglich zum Ausdruck gebracht: »Was ich erzähle, ist die Geschichte der nächsten zwei Jahrhunderte. Ich beschreibe, was kommt, was nicht mehr anders kommen kann: die *Heraufkunft des Nihilismus.*«* Das ist Ende 1888 niedergeschrieben, schon am

---

* Friedrich Nietzsche, Nachgelassene Fragmente 1887–1889. Kritische Studienausgabe, Bd. 13, S. 189.

Rande jenes Abgrunds, dem er sich so tragischerweise zum Opfer bringen sollte. Aber was für eine kaltblütige Diagnose: die *Heraufkunft des Nihilismus*! Wollen wir einen klaren Begriff davon bekommen: Nietzsche selbst als einen Nihilisten zu bezeichnen, wie es manche ideologische Mukker auch heute noch zu tun pflegen, wäre wohl ebenso absurd, wie einem Virologen die Schuld zuzuschreiben, er habe den von ihm gefundenen Virus eigentlich nicht gefunden, sondern erfunden. Nihilismus aus dem Munde Nietzsches bedeutet aber: die Folge unserer Volljährigkeit, denn wir stehen endlich in Freiheit, sind frei oder, wie es bei demselben Paulus, diesem unerkannten und eben darum verleumdeten Inspirator der Nietzscheschen Einsichten, zu lesen ist: »Christus hat uns befreit; er will, daß wir auch frei bleiben. Steht also fest und laßt euch nicht wieder zu Sklaven machen!« (Galater 5,1) Wohlan! Vielleicht gibt es nichts leichteres, als diese Worte des Apostels bloß wiederzugeben; schrecklich und unerträglich ist es aber, sie in eigene Erfahrung umzusetzen. Was ist denn der ganze Nietzsche anderes, wenn nicht eine schreckliche und tragische Konsequenz dieses *In-Freiheit-Stehens*! »Gott ist tot« – das bedeutet nur: Die alte Diktatur Gottes, die dem Menschen so komfortabel war wie einem mutwilligen Kind das ständige Dabeisein seines allmächtigen Vormunds, ist schon abgelaufen. Denn frei zu sein heißt in erster Linie: Ich bin frei von allem, was mich bisher gebunden hielt – ganz egal *woran*, an Gutes oder an Böses. Ja, frei von *allem*, von allen Werten und Unwerten, vom Zaren, von Gott selbst. Aber gerade das ist jene Heraufkunft des Nihilismus, deren erster Pro- und Diagnostiker, ja einfach Gnostiker Nietzsche war. Eine schwindelerregende Lage, in der der Mensch, der sich noch kürzlich *von allem* abhängig fühlte, alles *von sich selbst* abhängig fühlt – eine verhängnisvolle Lage, die einst schon in jenen tapferen Zeilen von Angelus Silesius angedeutet wurde:

Ich weiß, daß ohne mich Gott nicht ein Nu kann leben;
Werd' ich zu nichts, er muß von Not den Geist aufgeben.

Das Problem Nietzsche scheint in diesen Zeilen fast auf eine mathematische Formel gebracht. Denn zur Zeit Nietzsches war der Mensch schon zu Nichts geworden, zu einem von-allem-freien Sein, das sich aber – fast auf Hegelsche Weise – als dem Nichts gleichwertig erwies. Das Wort »Gott ist tot« wurde bloß zu einer unvermeidlichen Folge des menschlichen Befreit-Seins. Es entsteht aber die Frage: Wenn du nun *von allem* frei bist, bist du doch frei *für etwas*? Vielleicht *für nichts*? Vielleicht aber auch *für alles*? Das ist nun der eigentliche Hintergrund, vor dem ein solches Buch wie die »Philosophie der Freiheit« erst konzipiert und geschrieben werden konnte. Freilich wurde das Freisein der Anthroposophie in der Richtung *frei-für-alles*, nicht *frei-für-nichts* verwirklicht. Aber ich wiederhole: Damit das möglich werden konnte, mußte man zuerst für die Prüfung in der Leere, ja im Nichts reif werden. Das ist auch etwas, das man eine Art satanischen Rechenfehler im Schicksal jener bösen Macht nennen könnte, die durch Nietzsche zum Schriftsteller wurde. Imgrunde vernichtete Ahriman durch Nietzsche nur das stark luziferisierte und folglich völlig abgestorbene Christentum, in der Hoffnung, daß die Sache selbst damit ins Stocken komme. Vielleicht wäre das eine glänzende Kalkulation gewesen, gesetzt den Fall, Nietzsches Wort »Gott ist tot« wäre das letzte und endgültige geblieben. Dem war aber nicht so. Denn das Schicksal Nietzsches war unwiderruflich mit der kommenden Anthroposophie verbunden, und es gehört zum Karma der Anthroposophie, daß Rudolf Steiner beabsichtigte, nachdem er Goethes Naturwissenschaftliche Schriften veröffentlicht hatte, auch Nietzsches Werke zu veröffentlichen, um diese schicksalhafte Goethe-Nietzsche-Synthese zu einer ganz neuen Denk- und Fühlweise zu erheben. Es handelte sich eigentlich darum, Nietzsche selbst, der den Menschen vom alten Gott befreit hatte und ihm die Möglichkeit eröffnete, aus Freiheit heraus den neuen Gott ins Leben zu rufen, Nietzsche selbst, als einen Nur-Befreier, von diesem Präfix »*Be*« zu erlösen und in einen Freien zu verwandeln. Man sieht ja wohl, es gelingt selbst bis heute nicht, diese Aufgabe zu verwirklichen.

Mir bleibt nur noch zu sagen, daß sich das Thema »Antichrist« bei Nietzsche restlos auf das Thema »Paulus« zurückführen läßt. Gibt denn dieser Text, dieses einzigartige Zeugnis des seelischen Autovandalismus, nicht jene »*ewige Tatsache*« des Falls Saulus wieder, der immer noch heftig gegen die Jünger des Herrn vorging und sich Damaskus näherte, um an der Schwelle der Einsicht über seine eigene hyperphilologische Bildung zu stolpern und vom erträumten Bild eines »*Übermenschen*« in den halbvegetativen Zustand jenes von bösen Geistern Besessenen aus Gerasa zurückzufallen, der zu spät und wenn schon nicht in einer Mysterien-Dimension, so doch in der der Psychiatrie der »*Gekreuzigte*« sein wollte? Wie dem auch sei, eines ist gewiß: er war Erstling, und als solcher sollte er jedenfalls geopfert werden. Uns aber, die wir heute Erstlinge neuerer Prüfungen sein sollen, bleibt nur, den älteren Erstlingen gegenüber ein wenig zartfühlender und hellhöriger zu sein.

Die Goethe-Nietzsche-Schicksale in Rudolf Steiners »Philosophie der Freiheit«

Ich möchte dieser meiner Interpretation einiger Aspekte der »Philosophie der Freiheit« eine Reihe vorläufiger psychologisch-methodologischer Ansichten voranstellen. Es ist überflüssig vorauszuschicken, daß es hier auf *mein* Durchlesen, meine Auffassung dieses ungewöhnlichen Buches ankommt. Denn es setzt selbst keine andere Auffassung als die individuelle voraus. Vergleicht man es in dieser Hinsicht mit Kants »Kritik der reinen Vernunft«, so ist der Kontrast auffallend. Die Philosophie der »Kritik der reinen Vernunft« ist eben allgemeingültig. Kant geht davon aus, daß der menschliche Verstand gerade *so* geartet und für alle Welt einheitlich sei, daß es sich nur darum handeln kann, seine Mechanik zu formalisieren, etwa in der Art, wie Newton das Weltall formalisiert hat. Es ist nicht zufällig, daß der Text der Kantschen Kritik an Ausdrücken wie »unser menschlicher Verstand«, »unsere menschliche Erfahrung« usw. reich ist. Daß sich nicht jeder menschliche Verstand in diesem »Wir« unterbringen läßt, daß es auch eine anders geartete Erfahrung gibt, davon hatte Kant keine Ahnung; jedenfalls hätte er darauf die Antwort bereit: »Unser« menschlicher Verstand, so urteilt er, ist wissenschaftlich, alle übrige Erfahrung, z.B. die des Swedenborg oder eines Meister Eckhart, hat mit Wissenschaft nichts zu tun. Ein umgekehrtes Bild finden wir in der »Philosophie der Freiheit«. Dieses Buch unterrichtet nicht nur Freiheit, sondern setzt auch Freiheit bei jedem einzelnen Leser voraus. Seine Wahrheit ist nicht allgemeingültig, sondern individuell, unter der Bedingung, daß es sich keineswegs um launenhafte subjektive Wahrnehmungen handelt, die nur scheinbar individuell sind, im Grunde aber nichts damit gemein haben. Ich kenne kein anderes Buch, auf das der folgende Schlußvers aus dem »Cherubinischen Wandersmann« von Angelus Silesius besser passen würde als auf die »Philosophie der Freiheit«:

Freund, es ist auch genug. Im Fall du mehr willst lesen,
so geh und werde selbst die Schrift und selbst das Wesen.

Gerade so vollzieht sich das Mysterium dieses Buches: Es verkörpert sich, es wird selbst zum Menschen, sonst bliebe es geschlossen und unverstanden. Man kann Kant begreifen, ohne irgendwelche außergewöhnliche Eigenschaften zu besitzen. Das Leben *ante Cantum* wie *post Cantum* bleibt unverändert. Die »Philosophie der Freiheit«, gesetzt den Fall, daß sie angeeignet wird, setzt den *homo totus* voraus, sei es am Rednerpult oder auf der Straße, in der Einsamkeit oder im Verkehr mit Menschen.

Worin liegen also meine psychologisch-methodologischen Erwägungen? Ich denke an die Notwendigkeit, dieses Buch so zu lesen, als wäre man noch kein Anthroposoph. Mehr noch, ich glaube, daß es seiner Auffassung gewissermaßen schädlich sein könnte, es *schon* mit anthroposophischen Augen zu lesen. Ich versuche, das Gesagte zu erklären: Man muß nur seine Aufmerksamkeit darauf lenken, daß dieses Buch von einem *Noch-nicht-Anthroposophen* geschrieben wurde, von einem Menschen also, der schon die innere Freiheit erreicht, sie aber noch nicht im *geisteswissenschaftlichen Sinne* verwendet hat. Ich werde es so sagen: Die »Philosophie der Freiheit« scheint mir der Hüter gerade der *anthroposophischen Schwelle* zu sein, denn es hängt nur und allein von ihrer Überwindung ab, ob man Anthroposoph wird oder nicht. Ich betone es: zu einem Anthroposophen, nicht zu einem Theosophen, Mystiker, Okkultisten oder was immer man will. Aber es ist nicht ohne Paradoxie, daß wir diesem Buch gleichsam in den Rücken fallen, will sagen, als wären wir schon ohne es Anthroposophen geworden. D. h. wir lesen es schon als Anthroposophen, obwohl gerade dieses Buch selbst zu entscheiden hat, ob wir zu solchen werden dürfen oder nicht. Man schließe hier die Gefahr der unerwünschten Aberrationen nicht aus. Ich bin sogar der Meinung, daß die Entstellung des anthroposophischen Impulses vor allem eben damit zu tun hat (so zumindest kann ich aus meinem eigenen Umgang urteilen). Denn ich halte es für unzulässig, an dieses Buch von der Kehrseite heranzutreten, sagen wir so: an das Jahr 1894 aus der Situation der Jahre 1905, 1913, 1923, wenn nicht 1993 heranzutreten. Die Logik meiner Betrachtungen ist eindeutig: Ich setze natürlich kein absolutes Gleichheitszeichen zwischen Anthroposophie und Rudolf Steiner, ich hebe nur jene Tatsache hervor, daß Rudolf Steiner der *erste* Anthroposoph war, in demselben Sinne, wie man Jesus für den *ersten* Christen halten kann. Anders gesagt: Er war der erste in der Zeit, also ein Mensch, in welchem die Anthroposophie oder die der Zeit entsprechende Denkweise völlig entwickelt wurde. Wie entwickelt sie sich denn in uns? Hauptsächlich (wenn nicht in der einzigen Weise) durch das Lesen der Bücher und Zyklen Rudolf Steiners. Ich kann aber die folgende Frage nicht umgehen: Welche Bücher las denn Rudolf Steiner selbst, um Anthroposoph zu werden? Jedenfalls waren es keine anthroposophischen Bücher. Er las Goethe, las Nietzsche, Fichte, Hamerling, Schelling, Herman Grimm, gelangte also zur Anthroposophie von der Noch-nicht-Anthroposophie aus, indem er in sich diese Impulse umwandelte und reifen ließ. Gerade hier sehe ich den Sinn seines oft erwähnten Wortes, daß die Anthroposophie der Goetheanismus des 20. Jahrhunderts ist, der Goetheanismus, der bis zu seinem in ihm selbst verborgenen Wesen reif geworden ist. In diesem Sinne möchte ich ein weiteres Buch erwähnen, das, wie mir scheint, einen echten Kontrapunkt zur »Philosophie der Freiheit« setzt. Es ist »Mein Lebensgang«, imgrunde die »Philosophie der Freiheit« in eigener Person, in praxi, im Werdegang. Ich glaube, hier wäre der Vergleich mit jener Samenerfahrung am Platz, wovon uns das Buch »Wie erlangt man Erkenntnisse der höheren Welten?« erzählt. »Mein Lebensgang« ist wie eine riesige Meditation, die den Leser zur *inneren* Notwendigkeit der »Freiheitsphilosophie« führt. Nun scheint es mir sicher, daß die Ontogenese eines jeden Anthroposophen imgrunde eine Rekapitulation der Phylogenese der in Rudolf Steiner werdenden Anthroposophie sein muß, was aber bedeutet: Die »Philosophie der Freiheit« soll mit *vor*anthroposophischen Augen gelesen werden.

Aber wie ist dies möglich, wenn die ganze Welt diesem Buch gegenüber noch taub ist und es nur Anthroposophen sind, die es lesen? Nun, was die Welt betrifft, so fürchte ich, ist sie nicht nur diesem Buche, sondern auch Mozart gegenüber taub geworden. Im Fall der Anthroposophen aber ist die Lösung dieser Frage wahrscheinlich durch ein anderes Buch Rudolf Steiners bedingt, ich meine »Wahrheit und Wissenschaft«, ein Buch, das bemerkenswerterweise mit »Vorspiel einer ›Philosophie der Freiheit‹« untertitelt ist (beachten wir: nicht *der* ›Philosophie der Freiheit‹, sondern eben *einer* ›Philosophie der Freiheit‹). Man rufe sich nun die grundsätzliche erkenntnistheoretische Prozedur dieses Buches ins Gedächtnis: das Freiwerden von allem erworbenen Wissen philosophischer oder wissenschaftlicher Art, die Zurückführung des Gedankens auf den Nullpunkt, damit der Gedanke *voraussetzungslos* wirken kann. Diejenigen, die mit der phänomenologischen Philosophie Edmund Husserls bekannt sind, werden sofort die Ähnlichkeit dieser Prozedur mit dem bemerken, was Husserl *Epoché*, d.h. phänomenologische Reduktion nennt, die den Bewußtseinshorizont vom Ballast des unbesonnenen Wissens reinigt und dem Philosophen damit die Möglichkeit eines persönlichen Schaffens gibt, »wie am ersten Tag«, um das Erzengelwort aus dem Prolog des »Faust« zu gebrauchen. Also, die Loslösung von allem Wissen, das innerliche Einklammern dieses Wissens. Es versteht sich von selbst, daß es sich *in unserem Falle* gerade um das anthroposophische Wissen handelt. Gelingt es uns, an die »Philosophie der Freiheit« mit dem Bewußtsein heranzutreten, das noch nicht mit den gelesenen Zyklen belastet ist, so hätten wir die Möglichkeit zu dem, wovon der oben erwähnte »Beschluß« des Angelus Silesius spricht. Also werde ich von meiner Erfahrung eines solchen Lesens berichten, indem ich versuche, über die »Philosophie der Freiheit« nicht als Anthroposoph zu urteilen, sondern als jemand, der sehr hofft, ein solcher noch zu werden ...

Das Thema meiner Erfahrung ist mit den Namen Goethe und Nietzsche verbunden. Das bedeutet, daß ich die »Philosophie der Freiheit« als einer aufschlage, der sich lange mit Goethe und Nietzsche beschäftigt und der noch keine Ahnung von Rudolf Steiner hat. Was verspricht mir denn dieses Buch in diesem Fall? Aber bevor ich auf das Buch selbst zu sprechen komme, möchte ich noch bei Goethe und Nietzsche verweilen. Es kann kaum angefochten werden, daß mit diesen beiden Namen eine besondere Polarisation des geistigen Lebens im 19. Jahrhundert verbunden ist. Ich mache mir die wunderbare Symbolik der Goetheschen »Farbenlehre« zunutze und bezeichne diese Denker als eigenartige Urphänomene nach Art der Farben *Gelb* und *Blau* in den Beobachtungen Goethes. Man rufe sich das Goethesche Schema ins Gedächtnis: Gelb und Blau sind die polaren Farb-Urphänomene. Man kann sie horizontal vermischen, dann erhalten wir Grün. Man kann sie aber auch senkrecht intensivieren, jede für sich, dann rötet sich bald das Gelb bis zum Orange, wie sich auch das Blau bis zum Violett rötet, und im Höhepunkt dieser Steigerung verschmelzen sie miteinander zum Purpur, der, so sagt Goethe, »teils actu, teils potentia alle anderen Farben enthält«. Daß sich Goethe und Nietzsche nicht waagrecht miteinander vermischen lassen, ist selbstverständlich. Aber gewiß ist auch, daß die Steigerung ihrer Gedanken eine stärkste Neigung zueinander einschließt. Ich fange mit Nietzsche an und lade ein, mit mir einen ausführlichen Spaziergang durch diesen Aspekt der Nietzscheschen Weltanschauung zu machen.

Hat die »Geburt der Tragödie« in der Gegebenheit ihrer Ureinsichten, die, nach Nietzsche, »durch Einmischung der modernsten Dinge« noch nicht verdorben waren, eine gewisse Neigung zu Hölderlin, dem geliebtesten Helden der Knabenjahre und schon Seher des dionysischen Griechenland, so gehört die Anziehungskraft der *zweiten* »Unzeitgemäßen Betrachtungen« (»Vom Nutzen und Nachteil der Historie für das Leben«) zweifelsohne Goethe. Man denke nur an die ersten Zeilen des Werks, die wie eine Stimmgabel den ganzen Text *goethisch* stimmen: Es sind Worte Goethes, mit denen das Buch beginnt:

> Übrigens ist mir alles verhaßt, was mich bloß belehrt, ohne meine Tätigkeit zu vermehren oder unmittelbar zu beleben.

Es wäre nicht ganz korrekt, dies durch einen direkten Einfluß Goethescher *Texte* zu erklären. Viel richtiger wäre es, vom direkten Einfluß des *Geistes* Goethes zu reden, denn es handelt sich erstens nicht um den Dichter Goethe, sondern um den Weltanschauer (oder besser Naturanschauer) Goethe, und zweitens – was besonders zu betonen ist – um den Goethe, der damals noch nicht entdeckt, ja noch nicht völlig veröffentlicht war (in puncto des naturwissenschaftlichen Nachlasses), also um einen Goethe, der nicht durch *Texte*, sondern durch unmittelbare Selbstinspiration wirkte. In dieser Hinsicht macht der Goetheanismus des zweiten »Unzeitgemäßen« einen frappierenden Eindruck, vor allem vom Standpunkt des Werdegangs Nietzsches aus. Dieses Buch wirkt so, als wäre Goethe selbst sein übersinnlicher *Verfasser* (im Sinne von Genius, Inspirator, Musaget), Goethe, gleichsam auf den gegebenen Moment 1873 *voraus*datiert und nicht mit seinem Todesjahr 1832 *abgeschlossen*. Dieser letztere (abgeschlossene) Goethe konnte ja ein Bronnen für unzählige Doktorarbeiten sein, was er aber keineswegs sein konnte: der Verfasser-Inspirator, der immer noch – über alle gelehrte Goetheforschung hinaus – weiterschöpft. Das aber war der Fall bei den »historischen« Betrachtungen Nietzsches, in denen Goethe nicht *vergangen*, sondern *gegenwärtig* auftaucht. Denn man merke sich wohl: Wäre er hier vergangen gewesen, nämlich als jener große Langlebige im verweilten schönsten Augenblick zwischen 1749 und 1832, so bedeutete das für das Werk Nietzsches Selbstmord: Nach der Meinung Nietzsches besteht der Nachteil der Historie für das Leben in der Belastung des Gedächtnisses mit der Vergangenheit, die verhindert, völlig in der Gegenwart zu leben. Wenn es so ist, so wird der vergangene Goethe in diesem Gedächtnis nicht zu einem

Anreiz des Schaffens, sondern zu einer mächtigen Bremse alles Schöpferischen. Daß Goethe selbst gerade in diesem Sinne die Vergangenheit verneint, ist zweifellos.

Es gibt kein Vergangenes, das man zurücksehnen dürfte, es gibt nur ein ewig Neues, das sich aus den erweiterten Elementen des Vergangenen gestaltet, und die echte Sehnsucht muß stets produktiv sein, ein neues Besseres erschaffen.*

Man kann direkt sagen, daß sich in diesem Auszug das ganze Pathos des Nietzsche-Werks erschöpft. Imgrunde kreist es um diese Goetheschen Orientierungspunkte – und doch ist sein Goetheanismus keine Zitatentotenmesse für den großen, aber (Gott sei Dank) entschlafenen »Olympier«, sondern eine Wiederbelebung des Goethe-Geistes selbst: *Eben so viel Vergangenheit wie es für die Verwirklichung der Gegenwart notwendig ist.*

Wir wollen eine Frage aufwerfen, die, obwohl im Konjunktiv gestellt, doch heuristisch nicht hoch genug einzuschätzen ist: Wie hätten sich die Schicksale Nietzsches weitergestaltet, wenn er sich auch künftig so fehlerlos an den Geist Goethes gehalten hätte, wie das in den zweiten »Unzeitgemäßen Betrachtungen« der Fall war? Es ist bewundernswert, daß das Leuchtfeuer Goethes nie aufhörte, diesem einsamen Kolumbus der Erkenntnis zu leuchten – die Anwesenheit Goethes ist praktisch in allen Nietzscheschen Spätwerken spürbar. Rudolf Steiner, der diese Werke im Jahr der Erkrankung Nietzsches kennengelernt hat, war überrascht von deren Verwandtschaft mit den seinigen (damals noch ausschließlich goetheanistischen):

Unabhängig von ihm und auf anderen Wegen als er, bin ich zu Anschauungen gekommen, die im Einklang stehen mit dem, was Nietzsche in seinen Schriften: ›Zarathustra‹, ›Jenseits von Gut und Böse‹, ›Genealogie der

---

* Johann Wolfgang von Goethe, Unterhaltungen mit dem Kanzler von Müller, München 1950, S. 38.

Moral‹ und ›Götzen-Dämmerung‹ ausgesprochen hat. Schon in meinem 1886 erschienenen kleinen Buche ›Erkenntnistheorie der Goetheschen Weltanschauung‹ kommt dieselbe Gesinnung zum Ausdruck wie in den genannten Werken Nietzsches.*

Es entsteht die Frage: Wenn es so ist, wieso dann dieser Zusammenbruch Nietzsches? Die Frage ist von erstrangiger Bedeutung, denn es ist niemandem gegeben, so man sich an Goethe hält, in den Wahnsinn zu stürzen, mag man sich auch noch so weit über alle Klüfte lehnen. Goethe – »le moins fou des hommes« – »der unwahnsinnigste unter den Menschen«, um einen schönen Ausdruck Paul Valérys zu gebrauchen** – ist in diesem Sinne den katastrophalen Wendungen Nietzscheschen Denkens nicht nur äußerst fremd, sondern auch äußerst kontraindiziert. Es ist also ein Paradoxon von äußerster Verwandtschaft und äußerster Fremdheit, das letztendlich die ganze Einzigartigkeit des Nietzsche-Schicksals bestimmt hat. Ich glaube, daß dessen Lösung darin wurzelt, daß sich Nietzsche Goethe nur zur Hälfte angeeignet hat. Man kann auch so sagen: Aus der komplexen Zweieinigkeit, die hier »Erkenntnistheorie der Goetheschen Weltanschauung« genannt wird, wurde nur die »Weltanschauung« angeeignet – die »Erkenntnistheorie« oder die methodologischen Matrizen Goethescher Naturwissenschaft blieben unbeachtet. Mit anderen Worten, die zweiten »Unzeitgemäßen Betrachtungen« verkörpern das gesamte *strategische* Pathos der Weltanschauung Goethes. Die Frage nach den *taktischen* Einzelheiten, also nach dem »Wie« dieser Weltanschauung, blieb ungelöst. Es ist bezeichnend, daß Nietzsche nach Beendigung der »Unzeitgemäßen Betrachtungen« sogleich zur *naturwissenschaftlichen* Problematik übergeht. Diese Wendung, die den einstigen Bewunderer der »Geburt der Tragödie« in Verlegen-

---

* Rudolf Steiner, Friedrich Nietzsche. Ein Kämpfer gegen seine Zeit, Dornach 1977, S. 9.
** Paul Valéry, Œuvres, t. 1, Paris 1957, p. 539.

heit gebracht hat, war imgrunde nicht so unerwartet, wie es zunächst scheinen könnte, denn zwischen der philologischen Mystik der »Geburt der Tragödie« und dem naturwissenschaftlichen Horizont des »Menschlichen, Allzumenschlichen« lag der einzigartige Filter der Goetheschen Weltanschauung, durch welchen zu gehen hieß, sich in der *Erkenntnis*zone zu befinden, die dem Zeitgeist entspricht, also in der Zone der Naturwissenschaft. Wichtig ist auch folgendes: Nimmt man als ein charakterologisches apriori jene offensichtliche Tatsache, daß sich die Zukunft Nietzsches keineswegs auf die professionell philologische Topik im Rahmen einer gemeinsamen Rennbahn mit den *Kollegen* Wilamowitz-Moellendorff und Erwin Rohde beschränken ließ, so barg das Debüt des genialen Jünglings wirklich gefährliche Möglichkeiten in sich.

Ich habe die Frage gestellt: Wie hätte sich das Schicksal Nietzsches gebildet, wenn er sich weiterhin so sicher an den Goetheschen Geist gehalten hätte wie in den zweiten »Unzeitgemäßen Betrachtungen«? Nun bin ich genötigt, etwas zurückzutreten und eine neue Hilfsfrage anzuschneiden: Wie hätte sich dieses Schicksal gestaltet, wenn er überhaupt nicht zum Geist Goethes gekommen wäre? Der Weg von der »Geburt der Tragödie« zu den »Unzeitgemäßen Betrachtungen« war keinesfalls einzig und ohne Alternative: Potentiell ließ das Debüt Nietzsches auch andere Möglichkeiten offen. Es ist selbstverständlich, daß die Auflösung des Vertrags mit der Philologie notwendigerweise zur Suche einer neuen Weltanschauung, und zwar in vielen Richtungen, führen sollte. Es gab z.B. eine rein mystische Richtung, und wenn wir voraussetzen, diese letztere hätte über Nietzsche Oberhand gewonnen, so hätten wir in diesem Fall mit Friedrich Nietzsche eine vorzeitig verkörperte Person aus dem Kreis der künftigen Münchner *Kosmiker* mit ihren mehr als verdächtigen ideologischen Schicksalen vor uns. Oder gab es auch eine wagnerianisch gefärbte Richtung des *heldenhaften Germanentums*? Hier hätte der Verfasser der »Geburt der Tragödie« dem Themenplan des gesamten deutschen Nationalismus vorangehen sollen, von Julius

Langbehn und H. St. Chamberlain bis zu den Doktrinären der »konservativen Revolution« (das eben war der Fall in den berüchtigten Nietzsche-Interpretationen seitens des Nietzsche-Archivs). Wie dem auch sei, die einzige *reale* Richtung war Goethe, die Weltanschauung Goethes mit einer schon unvermeidlichen Neigung zur naturwissenschaftlichen, der Zeit entsprechenden Erkenntnis.

Hier aber machte sich eine Unstimmigkeit mit Goethe geltend: War die Schrift »Vom Nutzen und Nachteil der Historie für das Leben« eine prachtvoll abgelegte »Prüfung« in Goethes Weltanschauung, so ging schon »Menschliches, Allzumenschliches« von erkenntnistheoretischen Voraussetzungen aus, die kaum mit den Goetheschen irgendwie im Einklang standen. Lassen wir die Gründe des Geschehen beiseite. Das könnte das Thema einer speziellen Forschung sein. Bezeichnend ist, daß Nietzsche, indem er eine Wissenschaft zu der schon erworbenen Weltanschauung suchte, über die dieser Weltanschauung entsprechende Erkenntnistheorie gesprungen und geradewegs in die »Fröhliche Wissenschaft« geglitten ist, die er für das Gesuchte hielt. Unterdessen versprach die Wissenschaft (mag sie auch die *fröhlichste* sein), die keinen erkenntnistheoretischen Rücken besaß, alles was man will, außer Festigkeit und Sicherheit. Es stellte sich in der Tat heraus, daß der Goetheanismus der zweiten »Unzeitgemäßen Betrachtungen« sich in »Menschliches, Allzumenschliches« nicht auf eine entsprechende Erkenntnistheorie stützte, sondern auf den eigenartigen erkenntnistheoretischen Nihilismus, der mit allen Abarten von Skepsis und Relativismus, geschweige denn vulgärstem Materialismus, eingefärbt war. Man bemerke schon hier, daß gerade diese Aufgabe erst von Rudolf Steiner gelöst wurde, indem er zur Weltanschauung Goethes eine gleichklingende Erkenntnistheorie schuf. Nun ist das Ende Nietzsches wohl bekannt. Es wurde, meines Erachtens, eben durch die geschilderte Verstellung bedingt. Nach den zweifelhaften Prämissen des »Menschlichen, Allzumenschlichen«, die die Aufgabe der zweiten »Unzeitgemäßen Betrachtungen« fallen ließen, erschien die Bevorzugung der »Karneval-Üppigkeit« in der »Fröhlichen Wissenschaft« nur als Verzicht auf die Ernsthaftigkeit der Erkenntnis-Aufgaben, die die wirkliche »Fröhlichkeit« der Wissenschaft erst hätten begründen können. Das war ein Weg, der am kürzesten zur Pathologie führte. – Die Goethesche Denkweise, die die Goethesche Erkenntnismethode übersprungen hat, war nichts anderes mehr als ein Durchfall. Und die eigentliche Aufgabe, die vom Goethe-Geist selbst dem künftigen Schaffen gestellt war, sich in alles, selbst ins Pathologische zu vertiefen, ohne daß man dabei die Nüchternheit verlöre und sich vom Pathologischen anstecken ließe, also die Stürme van-goghscher Euphorie zu ertragen, ohne sich das Ohr abzuschneiden, oder »Blumen des Bösen« nach baudelairescher Art zu züchten, ohne dabei idiotisch zu werden, oder zuletzt mit dem Hammer zu philosophieren, ohne daß dieser Hammer zu einem Bumerang werde – all das verwandelte sich hier in eine tragische Aberration und Schicksalsgrimasse: in die jämmerliche Ähnlichkeit mit einem »Übermenschen« im Rollstuhl, den man vor den gemäßigt nachfühlenden Blikken der Passanten in der Umgebung Weimars ausführte.

So viel über Nietzsche. Es wäre andererseits keine Übertreibung, die Existenz dieser polaren Neigung auch bei Goethe festzustellen. Und darf man Nietzsche aufgrund des oben Gesagten als einen *mißlungenen Goetheaner* bezeichnen, so läßt sich auch Goethe gewissermaßen ein *mißlungener Nietzscheaner* nennen. Es ist bekannt, daß Goethe immer das umging, was man die »nächtliche Seite der Seele« nennt. Davon zeugt seine Mißgunst Hölderlin und Kleist gegenüber. Goethe hatte Angst vor allem Pathologischen. Freilich war er nicht taub gegenüber den nächtlichen katastrophalen Notrufen, wie sie z.B. bei Schumann als die Schicksale Europas herausklangen und ihren Höhepunkt in Nietzsche erreichten, aber er fürchtete sich schlechterdings davor. Die Sphäre dieses Riesen war das *Tägliche*, er war *das Genie des Tages*, und vielleicht hat sich der Tag in all seiner Großartigkeit in keinem Sterblichen so blendend manifestiert. Wohlan! Man kann sagen, das ist seine goethisch-göttliche Einseitigkeit. Aber damit hat die Sphäre des Nächtlichen nicht aufgehört zu existieren. Die Nacht fordert gleichermaßen ihre Helden. Ihr dienten Seelen, die sich gleichsam aus Berufung mit dem Abgrund beschäftigten: Hölderlin, Kleist, Lenau, Poe, Schumann, Baudelaire, Gogol, Strindberg, Ibsen, Dostojewski, endlich Nietzsche – dieses tragischste Opfer, das die Nacht zum Ausklang des dunklen Weltalters und an der Schwelle des neuen Tages gebracht hat. Daß Goethe in sich die Problematik Nietzsches trug, sieht man an vielen Merkmalen. »Ich kann auch bestialisch sein« – ein gefährliches Wort an Kanzler von Müller. Ein anderes Mal bekennt er, er könne sich von allen Verbrechen denken, daß er sie begangen habe, alle Laster erkenne er als potentielle in sich selbst. Trotzdem, es ist ihm ohne diese Nietzschesche Steigerung gelungen, nur sein *irdisches* Leben zu leben. In seinem »weiteren Leben« konnte er sie nicht mehr vermeiden.

Aber dieses Weiterleben Goethes wurde gerade zur »Philosophie der Freiheit«. Das Bild Goethes aus der Retrospektive der letzten Jahrzehnte des 19. Jahrhunderts schien eine große Verführung und der größte Köder. Er war ein vollkommener Mensch, ein lebendiges Vorbild seiner eigenen ungeschriebenen Philosophie. Schiller zeichnete seine unsterblichen »Briefe über die ästhetische Erziehung« von ihm ab. Goethe war seine eigene Philosophie, er lebte sie, jede geschriebene aber verachtete er. Gerade das geriet zu jenem größten Köder, dem Nietzsche nicht widerstehen konnte, indem er sich die Weltanschauung jenes »leichtfüßigen Tänzers« (um das Wort Zarathustras zu gebrauchen) aneignete.

Es scheint mir von tiefer Bedeutung, daß Rudolf Steiner die Verwandtschaft der späteren Werke Nietzsches gerade mit den »Grundlinien einer Erkenntnistheorie der Goetheschen Weltanschauung« hervorhebt. In diesen Werken lebt das unbewußte Streben nach der Goetheschen *Methode*, das wegen der eigensinnigen ästhetischen Entstellung keinen Grund fand. Die Versuchung der Stilistik Nietzsches, dieses rein luziferische Feuerwerk seiner Ausdruckskraft, hat die Einsicht in jene Methode bei Nietzsche verhindert. Indessen ist für die »Grundlinien« eben eine stilistische Neutralität bezeichnend: der Stil Nietzsches übertönt die Nietzscheschen Einsichten. Im Stil Steiners ist Luzifer den neuen michaelischen Einsichten zum Opfer gebracht. Ich verstehe wohl, daß es unzulässig ist, im Konjunktiv zu reden: Aber hätte Nietzsche seine »Genealogie der Moral«, dieses größte Werk, das der »Philosophie der Freiheit« voranging, im Gleichgewicht geschrieben, also ohne jene vernichtende Leidenschaft, sondern, sagen wir, mit dem Untertitel: »Seelische Beobachtungsresultate nach naturwissenschaftlicher Methode«, so wäre er *notwendigerweise* zu den rettenden Intuitionen der »Grundlinien« und auch der »Philosophie der Freiheit« gekommen. Nun besteht das Erstaunlichste darin, daß ich dies, indem ich es verstanden habe, in einem der Briefe des jungen Steiner direkt ausgedrückt finde.

Ich habe die feste Überzeugung, daß meine »Freiheitsphilosophie« an Nietzsche nicht spurlos vorübergegangen wäre. Er hätte jede Menge von Fragen, die er offen gelassen hat, bei mir weitergeführt gefunden und hätte mir gewiß in der Ansicht recht gegeben, daß seine Moralansicht, sein Immoralismus, seine Krönung erst in meiner »Freiheitsphilosophie« findet, daß seine »moralischen Instinkte« gehörig sublimiert und auf ihren Ursprung verfolgt das geben, was bei mir als »moralische Phantasie« figuriert. Dieses Kapitel »Moralische Phantasie« meiner »Freiheitsphilosophie« fehlt geradezu in Nietzsches »Genealogie der Moral«, trotzdem alles, was in derselben steht, darauf hinweist. Und der »Antichrist« ist nur eine besondere Bestätigung dieser meiner Ansicht.*

Es ist nicht ohne Interesse zu bemerken, daß der flache Gedanke einiger gelehrter Zeitgenossen diese erstaunliche Verwandtschaft gerade so wahrgenommen hat, wie sie auf

---

* Rudolf Steiner, Briefe II, Dornach 1953, S. 181.

der Oberfläche erscheint. Man erklärte Rudolf Steiner für einen Nietzscheaner (so z.B. hat es der bekannte Ferdinand Tönnies verstanden). Wahr aber wäre gerade das Umgekehrte: Nicht Steiner war ein Nietzscheaner, sondern Nietzsche ein unbewußter Steinerianer, dem es nicht gelang, den letzten Schritt vom *Nichts* zum *All* zu tun.

Ich fasse das Gesagte zusammen. Die Synthese beider Denker in der »Philosophie der Freiheit« ist die Steigerung dieser Denker, ihre Intensivierung bis zu ihrer Verschmelzung im *Purpur*, der – erinnern wir daran – »teils actu, teils potentia alle anderen Farben [man lese: Weltanschauungen] enthält«. Man vollziehe den ganzen Prozeß in sich nach: Rudolf Steiner, ohne etwas von Nietzsche zu wissen, beschäftigt sich mit Goethe und denkt sein *Gelb* weiter bis zu den *roten* Schattierungen des *Orange*. Als er dann die Werke Nietzsches kennenlernt, findet er darin gerade die Ideenwelt des bis zum Ende durchdachten Goethe. Man darf wohl von einer Metamorphose Goethes in Nietzsche reden, aber in einem solchen Nietzsche, der keine Möglichkeit mehr hat, irrsinnig zu werden. Denn die Trennung dieser beiden Typen der Geistigkeit, Goethe und Nietzsche, wirkte katastrophal in der Zukunft. Man sollte in die Nacht gehen – das war das Gebot des Zeitimpulses –, aber die Nacht drohte mit Wahnsinn, und wir sehen seinen Rachen bei fast allen Bahnbrechern des Zeitalters des Bösen, die tapfer genug waren, diese Aufgabe auf sich zu nehmen; man denke nur an den Wahnsinn Hölderlins, den Selbstmord Kleists, den Säuferwahn Poes, die Umnachtung Schumanns, die Idiotie Baudelaires, letztendlich den Zusammenbruch Nietzsches selbst. Die einzige Garantie vor dem Wahnsinn war Goethe, aber dieser verzichtete schlechterdings darauf, in die Nacht zu gehen. Nun tut er das in Rudolf Steiner – Goethe, der aus seinem Weimarer Wohlergehen gerissen und direkt in die Einsamkeit von Sils-Maria übertragen wird, um von da aus die Welt mit der Bereitschaft zu erschüttern, in die Hölle der Nietzscheschen Problematik so abzusteigen, als ginge es noch immer um jene prachtvolle »Metamorphose der Pflanzen«. Mir fällt auch ein anderes Bild ein: Die »Genealogie der Moral« und »Götzendämmerung«, die gerade deshalb ihren Verfasser nicht um den Verstand bringen, weil sie so geschrieben sind, als käme es auf jenen Schafsschädel an, den Goethe auf den Dünen des Lido gefunden und der Goethe mit der Wirbeltheorie des Schädels beschenkt hat.

Das war es, was in der »Philosophie der Freiheit« zur Gänze erreicht wurde. Von nun an konnte man sicher in die konkrete Erforschung der Geisteswelt eintreten.

Das Problem der Anthroposophie im Licht der vor-anthroposophischen Werke Rudolf Steiners

Mein Thema hätte auch radikaler und wesentlicher formuliert werden können: »Die Wiederbelebung der Anthroposophie aus den vor-anthroposophischen Werken Rudolf Steiners«. Um diese Formulierung ganz normal und ohne jegliche Paradoxie auffassen zu können, gilt es vor allem, einen entscheidensten Punkt ins klare zu bringen, nämlich: Worin liegt die Eigenart, ja die Einzigartigkeit der Anthroposophie, wie sie von Rudolf Steiner gedacht und geplant wurde? Es ist dies, meines Erachtens, die allerwichtigste Frage, von deren Erörterung nicht nur das Verständnis der heutigen Entstellung des anthroposophischen Impulses abhängt, sondern auch die Möglichkeit seines künftigen Wieder-zu-sich-Kommens. Nun fordert diese Fragestellung ihren entsprechenden geschichtlichen Hintergrund; das will besagen, daß das Problem im Bereich der Geschichte richtiggestellt und verstanden werden muß.

Historisch betrachtet kann man imgrunde zwei parallel nebeneinander laufende Linien beobachten, die nicht nur voneinander gesondert, sondern sich auch einigermaßen feindlich zur Erscheinung traten. Ich meine die Linie des streng wissenschaftlichen, philosophischen Erkennens und die des mystischen, okkulten Wissens. Freilich wäre es höchst künstlich und wirklichkeitswidrig, hier eine absolute Wasserscheide festzustellen. Noch in den ersten nachchristlichen Jahrhunderten war gerade das Gegenteil zu beobachten, als die okkult gerichtete, mystisch orientierte Philosophie eher als die Norm denn die Ausnahme galt. Ich spreche aber von der *Tendenz* der Trennung beider Linien, die sich seit dem Beginn der Neuzeit immer stärker und maßgebender zeigte. Es ist hier gar nicht der Ort, die Ursachen dieser Tendenz eingehend zu enthüllen; ich bräuchte beispielsweise nur eine Ursache hervorzuheben, die meines Erachtens als die verhängnisvollste in der ganzen neueuropäischen Geistesgeschichte gelten kann. Gemeint ist die zunehmende Institutionalisierung des Wissens, die Erscheinung der sogenannten Fachmänner, *Fachmannschaft* fast möchte ich sagen, auf dem Podium der Geistesgeschichte Europas, wonach das geistige Leben sich allmählich und unwiderruflich in verschiedenen Fächern unterbringen läßt, deren Verbindlichkeit, ja eben Allgemeingültigkeit von nun an keineswegs mehr von der persönlichen Begabung eines gelehrten Mannes abhängt, sondern ganz und gar dem Ausweis durch ein notariell beglaubigtes Universitätsdiplom. Schon Pascal hat im 17. Jahrhundert diese widernatürliche Situation zutreffend diagnostiziert, die es einem Mathematiker unmöglich macht, ohne das Diplom des Mathematikers als solcher zu gelten. Man spricht heute viel über die *wissenschaftliche* oder etwa *politische* oder etwa *soziale* Revolution, die der Beginn der Neuzeit in Europa entfesselte, man verschweigt aber immer noch die wichtigste und verhängnisvollste aller dieser Revolutionen, nämlich die *bürokratische* Revolution. Rationalismus ist die Bürokratie des Wissens und Erkennens. Derselbe Pascal hat das nicht nur festgestellt, sondern auch gründlich entlarvt. Ich erlaube mir, eine bezeichnende Stelle aus seinen unsterblichen »Gedanken« anzuführen, die diese spitzbübische rationalistische Machination in aller Klarheit entwaffnet: »Dies Geheimnis«, so Pascal, »haben unsere Amtspersonen wohl begriffen, ihr Pelzwerk, in das sie sich wie ausgestopfte Katzen hüllen, die Paläste, in denen sie urteilen, die Wappenlilien, kurz dieser ganze erhabene Schein ist durchaus notwendig, denn hätten die Ärzte nicht ihre langen vorn geknöpften Röcke und die absatzlosen Pantoffeln und hätten die Rechtsgelehrten nicht die viereckigen Hüte und zu weite vierteilige Gewänder, so würden sie niemals die Menschen, die dieser eindrucksvollen Schau nicht widerstehen können, dupiert haben«.*

Diese allgemeine Formalisierung des geistigen Lebens hat nun jene oben erwähnte Trennung der philosophisch-

---

* Blaise Pascal, Gedanken, Stuttgart 1987, S. 41.

wissenschaftlichen Erkenntnis von der traditionell überlieferten okkulten Gnosis endgültig vollzogen. Wie dem auch sei, es erschien schon im 19. Jahrhundert, besonders in der zweiten Hälfte dieses Jahrhunderts, ganz unanständig, diese beiden getrennten Gebiete irgendwie wiedervereinigen zu wollen. Es war – ich glaube es sagen zu dürfen – fast juristisch verboten: man erlaubte es mitunter nur *cum grano salis*, als eine Art geistiges Abführmittel, ja bloß launenhafte Possenreißerei; gewiß ist aber, daß ein Okkultismus treibender Philosoph oder Wissenschaftler seinen Kollegen als ein Sonderling erscheinen mußte. Das Umgekehrte, also ein wissenschaftlich gesinnter Okkultist, schien schlechterdings unvorstellbar, vorausgesetzt, es sollte sich um echte Wissenschaftlichkeit handeln und nicht um jene pseudowissenschaftliche Koketterie, die sich etwa mit Spiritismus beschäftigt, um sensationssüchtige Leser auf solche Weise übers Ohr zu hauen.

Fügen wir noch einen wesentlichen Aspekt hinzu: Beide Linien, getrennt und isoliert in ihrer Entwicklung, waren so natürlicherweise zur Entartung verurteilt. Philosophie und Wissenschaft, von ihren okkulten esoterischen Wurzeln abgeschnitten, verloren allmählich ihre Lebenskraft und ureigene Bestimmung: Kantianismus und Positivismus – so sahen die letzten kläglichen Konsequenzen dieser Entartung aus. Was den Okkultismus betrifft, so ging es ihm größtenteils um ein plumpes Allwissen, das einem allenthalben mittelmäßigen Liebhaber vorgaukeln konnte, er besitze mehr Erkenntnisse über die Welt als irgendein Hegel, nur deswegen, weil er ein paar billige Bücher mit sanskritischen Termini technici gelesen hat, Hegel aber keines. Bildhaft und in genetischen Gleichnissen gesagt: Die neuzeitliche Philosophie erinnerte gleichsam an jene alte Parabel über den verlorenen Sohn, der sich schon so zu benehmen pflegte, als hätte er gar keinen Vater mehr und sei nur künstlich und gentechnologisch gezeugt. Umgekehrt war der neuzeitliche Okkultismus einem sozusagen unverlierbaren Sohn zu vergleichen, der, in seinem Vaterhaus sitzend und dumm, wie er war, glaubte, sich alle Weisheit der Welt mit einem Schlag aneignen zu können, kraft lesender Ausbeutung fremder Bücher und des verbindlich alltäglichen Geschwätzes über bedeutende okkulte Themen.

Dem Gesagten bleibt nur noch hinzuzufügen, daß jeder normale und sich seiner Urgeburt irgendwie bewußte Mensch eine tiefe und unüberwindbare Verachtung diesen beiden geschilderten Sackgassen der Erkenntnis gegenüber empfinden sollte.

Wollen wir auf diesem Hintergrund daran denken, welch unerhörte historische Bedeutung die Erscheinung des *jungen* Rudolf Steiner hatte. Nun, es steht mir klar vor Augen, wie trivial und totgeredet diese Behauptung im anthroposophischen Milieu klingen mag; doch bin ich zu gleicher Zeit gezwungen, an ein höchst radikales, ja fast verzweifeltes spätes Bekenntnis Rudolf Steiners zu erinnern, um jene Behauptung völlig zu enttrivialisieren. Er hat es, zum Glück seiner Anhänger, in einem privaten Gespräch geäußert, so daß es einem jeden von uns ganz freisteht, es gelegentlich auch außer Acht zu lassen. »Wenn nur ein halber Mensch«, so lautet dieses tragische Bekenntnis, »das aufnehmen wird, was ich zu geben habe, werde ich meine Mission erfüllt sehen«.* Ja, gerade so, direkt und gnadenlos. So heraklitisch, so nietzscheanisch, so katastrophisch konnte auch Herr Doktor Steiner sein. *Ein halber Mensch!*... Erinnern wir uns: In jenem alten Streit zwischen dem biblischen Gerechten und dem biblischen Richter ging es noch um wenigstens *zehn* Menschen... So hat sich die menschliche Arithmetik vermindert! Doch ist selbst ein halber Mensch immer noch eine *Größe*, und für mich wäre die ganze Anthroposophie keine Stunde Mühe wert, wenn dieses tragische Bekenntnis ihres Begründers – ob nun privat und folglich verschweigenswert geäußert oder nicht – ihr nicht als Schwelle, ja als Hüter ihrer Schwelle eingeprägt wäre.

Ich kehre zu meiner Frage nach der Bedeutung des *jungen* Rudolf Steiner zurück. Nun besteht das Unerhörteste darin, daß dieser Jüngling, der als Student noch das be-

---

* Margarita Woloschin, Die grüne Schlange, Stuttgart 1956, S. 214.

wältigt hat, demgegenüber sich auch die ehrwürdigsten Professoren ganz ohnmächtig fühlten – den ganzen *naturwissenschaftlichen* Goethe, zumal im Zusammenhang mit den aktuellsten Problemen der modernen Naturwissenschaft, Philosophie und Kulturkritik –, ja daß dieser Jüngling ein ganz besonderer Wunderjüngling war, ganz im Gegensatz zu dem, was man sich darunter in solchen Fällen vorzustellen pflegt. Grob, doch in aller Bestimmtheit gesagt: Wenn er von Geburt an ungewöhnlich begabt war, so keineswegs in dieser Richtung, sondern gerade in der gegensätzlichen. Denn es handelt sich hier um einen *geborenen Okkultisten*, und zudem von solcher Kraft, daß ihm gegenüber der traditionelle Okkultismus bloß als eine harmlose Übung erscheinen konnte. Es ist dies eine Tatsache, und von dieser Tatsache ausgehend beabsichtige ich, die ganze Größe und die ganze Tragik dieses Schicksals darzulegen. Es gibt ein Buch, vielleicht das schönste unter allen von ihm geschriebenen, »Mein Lebensgang« oder, wie ich es für mich zu nennen pflege, die »Philosophie der Freiheit«, autobiographisch dargestellt. Ich finde es außerordentlich symptomatisch und symbolisch, daß das irdische Ende dieses Lebens hier mit dessen Anfang *stilistisch* in Einklang steht. Denn aus rein stilistischer Sicht läßt sich »Mein Lebensgang« eben mit den vor-anthroposophischen Schriften seines Verfassers vergleichen, und mir scheint es von tiefer Bedeutung, daß das Buch unvollendet geblieben ist, mehr noch, daß die Darstellung gerade an jenem Lebenspunkt unterbrochen wurde, an dem die öffentlich okkulte, eigentlich *theosophische* Periode Steiners einsetzt. Ja, diese beiden Bücher, die »Philosophie der Freiheit« und »Mein Lebensgang«, die ich die *einsamsten* Bücher auf der Welt nennen möchte, übrigens ohne daß diese Einsamkeit die kleinste Spur romantischer Verzweiflung oder Selbstdarstellung trüge; so eine heitere, uneuphoristische, sachliche und nüchterne Einsamkeit... Bezeichnend ist, daß sich manche Zeitgenossen von diesem Buch enttäuscht fühlten: so z.B. jener berühmte und okkult unbescheidene Hermann Graf von Keyserling, der in seinem späteren Erinnerungsbuch ganz aufrichtig gestand,* er könne Steiner dieses Buch (»Mein Lebensgang«) nicht verzeihen. Gewiß erwartete er von diesem Buch bestimmte okkulte Sensationen: der größte okkulte Meister der Neuzeit, also Steiner, sollte, laut Keyserling, auf dem Sterbebett seine okkulte Vorgeschichte erzählen, ja die okkulten Geheimnisse seiner eigenen Seele mitteilen. Stattdessen hat er sich damit zufriedengegeben, seinen rein *weltlichen* Werdegang darzustellen und mehr über die Philosophie als über die Geheimlehre zu schreiben. Dieses Stück Beurteilung kann ich nur als ein extremes, ja ein ultraradikales Mißverständnis bezeichnen. Freilich muß ich mit alledem gestehen, daß eine solche Forderung, wie die des Grafen Keyserling, im traditionellen Sinne ganz angebracht sein mag; es gibt ja die Gesetze des okkulten Genres, denen zufolge ein Okkultist solchen Gepräges seinen Lebensgang eben aus okkulter Sicht schildern soll, in der Art, wie es Edouard Schuré in seinem Vorwort zur französischen Ausgabe von »Das Christentum als mystische Tatsache« getan hat. Das Bild Rudolf Steiners in diesem Vorwort entspricht vollauf dem geheimnisvollen okkulten Genre; hier ist alles zu finden, was für einen okkulten *Bestseller* erforderlich ist: der geheime und unnennbare Meister, der Drache, dessen Zähne ganz bestimmt auszureißen sind usw. Nun, was »Mein Lebensgang« angeht, so sind die Verehrer Schurés vielleicht geneigt, sich das ganze Buch so zu erklären, als handle es sich nicht um Selbstentdeckung, sondern um Selbstverdeckung, in dem Sinne, daß das Karma Rudolf Steiners es ihm angeblich nicht gestattete, sein okkultes *Who is who* zu enthüllen.

Es gibt aber keine widrigere, schwachsinnigere, theosophischere, unanthroposophischere Illusion! Wenn dieses Buch etwas bedeutet, ja einfach etwas *ist*, so ist es nichts als gerade *Selbstentdeckung im reinen okkulten Sinne*, nur daß dieser okkulte Sinn ganz anders zu verstehen ist, als es irgendeine okkulte Tradition fordern kann. Ja, es ist Okkul-

---

* Hermann Graf von Keyserling, Reise durch die Zeit, I Ursprünge und Entfaltungen, Liechtenstein 1948, S. 22.

tismus reinsten Wassers, doch kann man in aller Gewißheit sagen, es gab noch nie einen solchen Okkultismus auf Erden!

Ich betone es wieder und wieder, um verschiedene Mißverständnisse zu vermeiden: Indem ich es behaupte, meine ich nicht die anthroposophischen Werke Steiners – das hieße ja bloß, offene Türen kurzerhand einzurennen! –, sondern eben die noch-nicht-anthroposophischen, vor-anthroposophischen, in denen das Wort »Okkultismus« selbst fehlt und noch keine Spur von traditionellen okkulten Vorstellungen und Meinungen zu bemerken ist. Es ging also um etwas schwindelerregend Neues und Bahnbrechendes: eine neue Esoterik aus rein philosophisch-wissenschaftlicher Sicht zu begründen, in der Philosophie und Wissenschaft selbst zu jener allerletzten, radikal durchdachten Schwelle ihrer eigenen Prämissen gebracht werden, hinter der ihnen nichts anderes mehr bleibt, als sich rein *organisch* und *frei* in einen Okkultismus zu verwandeln. In diesem Sinne halte ich es für besonders wichtig, die »Philosophie der Freiheit« als Hüter dieser neuen Schwelle zu bezeichnen. Ja, der alte *gabrielische* Hüter taugte für diese Aufgabe nicht mehr; die Zeit forderte den neuen *michaelischen* Hüter, und es war gerade diesem Buch bestimmt, ein solcher zu werden.

Man kann ja nicht ohne Zittern jene Seiten in »Mein Lebensgang« lesen, wo der qualvolle innere Kampf zu ahnen ist, der sich im Seelischen dieses jungen einsamen Märtyrers abspielte. Lassen wir uns nicht täuschen: Er war wirklich Märtyrer, dieser staunenswerte junge Assistent des Erzengels Michael, dessen paracelsischen Herrenblick vielleicht nur der Pinsel eines Rembrandt zu bewältigen imstande gewesen wäre. Doch nichts Posaunenhaftes in diesem Märtyrertum, nichts von der Wagnerschen Szenik und vom Nietzscheschen Schrei! Dieses Leben war ja lauter Kluft und Abgrund, dessen hundertster Teil schon genug gewesen wäre, Hunderte von Romantikern und Dekadenten in schönen Jamben und Anapesten zum Heulen zu veranlassen. Aber seltsam: Für ihn war dieser Abgrund, dieser, wenn Sie wollen, Böhmesche *Ungrund* nimmer etwas Mystisches oder Poetisch-Pathologisches – immer etwas Technisches und Ingenieurhaftes; sein erster Gedanke vor dem Abgrund: Hier ist eine neue Brücke zu schlagen! Und – kein Merkmal eines unheilbaren, nie dagewesenen Leidens, als wäre auf diesem Antlitz immer folgendes zu lesen: »Ich habe gar keine Zeit fürs Leiden: also vorwärts!« Wir aber, erschütterte und vermutlich, ja hoffentlich dankbare Nachkommen, die wir sind, wir haben eine Unmenge Zeit, um dieses *fremde* und immer noch *um unseretwillen* erduldete Leiden nachzufühlen zu versuchen. Nur ein einziges Beispiel, denn dieses Thema ist unerschöpflich: Denken wir einmal darüber nach, wie schwierig, wie unbeschreiblich peinlich es für jeden *gewöhnlichen, normalen* Menschen ist, eine okkulte Erziehung durchzumachen (im Sinne der Beschreibungen, die »Wie erlangt man Erkenntnisse höherer Welten?« eingeprägt sind) und wirklich okkulte Fähigkeiten in sich auskristallisieren zu lassen. Man pflegt – und nicht umsonst – in dieser Hinsicht von einem Kama-Loka zu sprechen. Stellen wir uns nun etwas radikal Umgekehrtes vor, nämlich, wie unbeschreiblich qualvoll es für einen *ungewöhnlich normalen* Menschen ist, den gegensätzlichen Weg zu überwinden! Denn Rudolf Steiner war eben *ungewöhnlich normal*. Ich wiederhole: *ein geborener Okkultist*, der von klein auf im Okkulten, Übersinnlichen so zuhause war wie wir im Sinnlichen. Nun bestand sein Problem eben darin, Erkenntnisse *niederer* Welten zu erlangen: ein umgedrehtes Stück Kama-Loka, wo es darum ging, sich die *sinnlichen* Organe zu bilden! Ja, sich in gewissem Sinne von dem alten mächtigsten Okkultismus zu befreien, um sich das ekelhafte materialistische Weltbild eines Maxwell oder eines Ernst Haeckel anzueignen. Ich biete nun allen Ernstes an, sich etwa einen Meister Eckhart vorzustellen, der sich entschlossen hätte, ohne seine Meister-Eckhartschaft im tiefsten zu verraten, bei einem Ernst Mach als Lehrling zu verweilen – was für ein wildes, unvorstellbares Bild! Und doch – eine Wirklichkeit, die für unsere ganze Zukunft eine entscheidende Bedeutung hat, ja eigentlich schon hatte! Historisch fällt mir höchstens Aristoteles ein, der eine solche Analogie einigermaßen ertragen könnte: Aristoteles, der den seligen platonischen Himmel, wo er eigentlich *primus inter pares*, der erste unter Gleichen war, verlassen hat, um sein Genie der verfluchten, sündhaften, dunklen Erde in Dienst zu stellen! Ich bin aber genötigt, noch ein wenig im Konjunktiv zu verweilen: Denken wir einmal daran, was eigentlich geschehen wäre, hätte Rudolf Steiner dieses sein erstes Opfer nicht gebracht und es seiner ureigenen okkulten Kraft überlassen, sich auf alte Weise durchzusetzen? Er wäre zweifelsohne der Begründer der Theosophischen Gesellschaft geworden, die in diesem Fall wenigstens solider und ernsthafter ausgesehen hätte als unter Blavatsky, dieser höchst extravaganten okkulten Jungfrau mit ihren Hokuspokussen. Als ein Gegenbild des Geschilderten erscheint mir die aktive Begründung dieser Gesellschaft 1875 und ihre weitere Verbreitung – eine Tatsache, die symptomatisch mit der gleichzeitigen okkulten »*Abdankung*« des jungen Steiner in Dissonanz steht. Ich sehe alle Einwendungen voraus, daß die Sache so eindeutig nicht zu nehmen wäre usw. Ich verstehe all das, gestehe aber zugleich, daß das Problem wirklich auch andere Seiten hat, und zwar positive, wovon Rudolf Steiner selbst noch mehrmals gesprochen hat. Gut, aber ich kann gar nicht, in aller Grobheit gesagt, mit einem Mund eine mehrstimmige Partitur simultan verlautbaren. Mein jetziges Thema fordert gerade jene Stimme, die ich gewählt habe, und klingt sie dem traditionellen Okkultismus gegenüber etwas hart und unhöflich, so folgt daraus noch keineswegs, ich sei ein Stockantiokkultist und hätte keine Chancen, mich mit einem theosophischen Kollegen aus Kalkutta oder etwa New York gelegentlich zu verständigen.

Also gerade damals, als Rudolf Steiner die alte okkulte Tradition in sich aufhob, um einem ganz neuen Okkultismus, man könnte sagen *michaelischen* Okkultismus, den Weg zu ebnen, gerade damals wurde auch die Theosophische Gesellschaft gegründet, deren Mission eben darin bestand, die alte okkulte Tradition wiederzubeleben. Wir behalten dieses Gegenspiel; das einzige, das es hier zu beachten gilt, läßt sich folgendermaßen erklären: Gegen Ende des 19. Jahrhunderts, das mit dem Ende des sogenannten Kali Juga zusammenfiel, hat die menschliche Entwicklung ihren niedrigsten geistigen Punkt erreicht. Ich will damit sagen, daß die Suche nach dem Okkulten, die damals fast zu einer Mode wurde, keineswegs Luxus oder etwa Laune eines übersättigten Geistes war, sondern etwas tief Innerliches und Unentbehrliches. Stellen wir uns die ganze Situation nach einer vielleicht einfachen, jedoch höchst exakten Analogie vor: Wie ein Arzt seinem allzu trotzigen Patienten etwas Entscheidendes und Endgültiges, zumal in direkter Form, zu verschreiben gezwungen sein kann, so bestand nun die Notwendigkeit, etwas Ähnliches der ganzen Menschheit zu verschreiben. Der Arzt sagt z.B. im einen Fall: Sie sollten das Rauchen endgültig aufgeben, sonst kann das in allerkürzester Zeit lebensgefährlich werden; oder: Sie sollten das und das einnehmen; das übrige bleibt dem Patienten selbst überlassen. Nun lautete die scharfe geistige Diagnose der Zeit ungefähr so: Sie müssen den Stau des Materialismus überwinden und sich vom Geistigen, Übersinnlichen befruchten lassen, sonst sind Sie unverbesserlich auf dem Weg zum Idiotismus und Kretinismus! Schon Thomas Hobbes sprach im 17. Jahrhundert den hoffnungslosen Gedanken aus, die Menschheit sei im ganzen potentiell verrückt und diese Verrücktheit könne eines Tages Wirklichkeit werden. Und schon Eduard von Hartmann hat gegen Ende des 19. Jahrhunderts diese Hobbessche Diagnose radikal verschärft, indem er behauptete, das letzte Ziel der Menschheit bestünde darin, sich einem planetaren Selbstmord entgegenzuerziehen. Das waren die zwangsläufigen Inspirationen einer total materialistischen Gesinnung: wo die Materie totalitär wird, bleibt nur, zum Defätisten des Lebens zu werden. Selbstvernichtung gerät zur letzten Manifestation des deprimierten Geistes: Ich bin immer noch stark und autonom genug, diese Diktatur der Materie durch freiwilligen Selbstmord zu verhindern.

Kein Zweifel, das Geistige sollte um jeden Preis gefunden werden. Die Frage war nur, wie, auf welche Weise? Die neu begründete Theosophie bot eine eindeutige Antwort: Die Frage nach dem »Wie«, so die Theosophen, ist sinnlos; es gibt nur ein einziges »Wie«, das für alle Zeiten gültig ist, die alte östlich-buddhistische Weisheit, in der ja alles zu finden ist. Man muß diese nur durch die Bekanntschaft mit der einschlägigen Literatur in sich beleben lassen. Ja, das war die Antwort der Theosophen, imgrunde nur ein derber Spott über Jahrtausende menschlicher Entwicklung. Denken wir einmal über die psychologischen Konsequenzen dieser Entscheidung nach. Es stellt sich dabei heraus, man sei ja durchaus imstande, alle Weisheit auf einen Sitz zu gewinnen. Also weg mit der Bildung, mit dem Denken und Erkennen: Man lese nur die Schriften einer Blavatsky, eines Leadbeater oder eines Vivekananda, und man überholt damit die ganze Geschichte des Geistes mit ihren Aristoteles, Leibniz und Hegel! Glauben Sie mir, ich habe in meinem Leben ziemlich viele Theosophen, auch anthroposophisch verkappte Theosophen kennengelernt und kann mit aller Verantwortung sagen: da war keiner, der sich nicht über Fichte oder Hegel (natürlich ungelesen) stellte. Ich habe das jahrelang erduldet, jung und unerfahren, der ich war; endlich verstand ich, daß diese Theosophie nichts anderes ist als die boshafteste Form der geistigen Schmarotzerei, eine Art Asyl für alle geistig Minderwertigen, die mit ihrer Hilfe eine bedenkliche Möglichkeit bekommen, ihre Minderwertigkeit hochmütig und arrogant zur Schau zu tragen. Ich sagte mir schon damals: Wenn das Okkultismus ist, so würde ich es jedenfalls vorziehen, ein redlicher Materialist zu sein, als mich auf solch beschämende Weise für einen Weisen auszugeben.

Eine andere Frage blieb dabei offen, eine Frage, tief in der geschichtlichen Entwicklung veranlagt: Wenn die Entwicklung des Menschen sich so durchsetzen sollte, wie es die Geschichte zeigt, also geistig in der Richtung nach unten, bis zu einem solchen Eingehen, ja Hineinwachsen in die Materie, so ist vielleicht hier gerade die Aufgabe gestellt, den geistigen Exodus von diesem Punkt aus zu unternehmen, aus dem Materiellen selbst heraus. Eine zutiefst christliche Möglichkeit: keine buddhistische Befreiung von der Materie, sondern die Befreiung, ja schon die Erlösung von der Materie als solcher. Aber wie, mit welcher Kraft, in welcher Art? Eines war klar: Die totale Herrschaft des Materiellen konnte nur die totale Entleerung bedeuten. Friedrich Nietzsche war vielleicht der erste, der die geistigen Folgen dieser Entleerung bis zu der Schwelle radikal durchdacht hat, wo nur blieb, entweder *Übermensch* oder *Untermensch* zu werden, keinesfalls aber mehr *Mensch* im alten klassischen Sinne. Imgrunde war der *Gott-ist-tot*-Schrei Nietzsches und seine Vision des aufsteigenden Nihilismus nichts anderes als die radikal durchdachte geistige Konsequenz der ganzen naturwissenschaftlichen Weltanschauung. Man sollte ja mimosenhaft empfindlich sein und katastrophal redlich, um die ganze moralisch-psychologische Grundlage des herrschenden Materialismus zu erkennen zu wagen. Ein braver Naturwissenschaftler konnte ja immer noch sechs Tage Frösche sezieren und die ganze Natur auf lauter Atome reduzieren und am siebenten, dem Feiertag, feierlich und harmlos, als sei nichts geschehen, mit Frau und Kindern die Kirche besuchen. »Dumm bis zur Heiligkeit«, so pflegt man in Rußland zu sagen. Nietzsche, dessen Erscheinung für den jungen Steiner fast an eine Offenbarung grenzte – es erhielt sich die Antwort Steiners auf die Frage eines Fragebogens: »Wer möchtest Du wohl sein, wenn nicht Du?« – »Friedrich Nietzsche vor dem Wahnsinn« –, Nietzsche ließ sich vollauf von dieser materialistischen Infektion anstecken und konnte der völligen Umnachtung nicht mehr entgehen. Die psychologisch-induktive Entdeckung Nietzsches: Es beginnt das Zeitalter des Nichts! Alles ist entgeistigt, entgöttert, entleert, enticht und erlaubt; alle bisherigen Werte – Glaube, Moral, Kunst, Erkenntnis – sind vollkommen entwertet. Gott ist tot, Moral ist Lüge und Ressentiment, Sokrates war Rachitiker, wir sind ekelhaft. Was tun? Der letzte Sturm und Drang Nietzsches – kein Pessimist zu werden, den Menschen in sich zu einem

Übermenschen zu züchten – war zwar unsäglich schön, wie eine Beethovensche Symphonie, doch zu gleicher Zeit ohnmächtig und verdammt. Er versuchte in seiner Art, diesem allumfassenden Nichts einen total stilisierten Heroismus gegenüberzustellen: ein einsamer vergessener Spartaner, der die ewige Tatsache *Thermopylä* diesem neuen und siegreichen Zug des *Arabismus* gegenüber mit katastrophaler Kraft bewahrt hat. »*Wanderer, halte vor diesem heiligen Grab an und neige deinen Kopf. Hier liegt der edelste Fürst der Erkenntnis, der in einem ungleichen Kampf mit dem kommenden Nichts heldenhaft gefallen ist.*«

Nun ist es uns beschieden, das darauffolgende Mysterium des Geistes Nietzsches in Rudolf Steiner weiterzuverfolgen. Man erinnere sich noch einmal an jenen Fragebogen, der von Rudolf Steiner nach dem Wahnsinn Nietzsches beantwortet wurde: »Wer möchtest Du wohl sein, wenn nicht Du?« – »Friedrich Nietzsche vor dem Wahnsinn.« Diese Antwort scheint mir unvollständig: Nicht bloß vor dem Wahnsinn, sondern auf eine totale Weise *ohne* Wahnsinn. Also ein solcher Friedrich Nietzsche, der keine Möglichkeit mehr hätte, wahnsinnig zu werden, ein immer noch in die Nacht gehender, doch bereits *unumnachtbarer* Nietzsche! Vorausgesetzt, Bücher könnten gewissermaßen als Individualitäten betrachtet werden, darf man sagen, die »Philosophie der Freiheit« ist ein im lauter Nichts eine ganze Welt moralischer Intuitionen findender Nietzsche. Und mehr noch: Das gilt keinesfalls nur für Nietzsche allein, für den historischen Nietzsche. Denn *wir alle*, von einem gewissen geschichtlichen Punkt an, *sind Nietzsche*, in dem Sinne, daß wir alle, zumeist ohne es zu wissen, zu einer unheimlichen *Prüfung durch das Nichts* verurteilt sind, und Nietzsche selbst war nur der erste in der Reihe, ja der Erstling, der providentiell geopfert werden sollte. Lassen wir uns von den narkotischen Etiketten nicht verführen: die Zeit der Etikette, da einer ganz sicher gläubiger Christ sein konnte und ein anderer ebenso sicher Atheist, ist unumkehrbar vorbei. Das Zeitalter des Nichts, *unser* Zeitalter hat mit diesen nomenklaturischen Kindereien nichts mehr zu tun. Man kann ja heute immer noch von alten Vorstellungen ausgehen, Christ, Atheist, Buddhist, Mohammedaner, Materialist, Spiritualist, ja Anthroposoph oder Theosoph, ganz egal: niemandem ist es heute gegeben, die Begegnung mit dem Nichts zu umgehen, ja die Prüfung im Nichts nicht abzulegen, und da kann es gelegentlich sein, daß es einem angeblichen Atheisten und Gottlosen gelingen wird, diese Versuchung mit Ehre zu bestehen und das Menschliche in sich zu bewahren, während ein angeblich Gläubiger, von einem »*Okkultisten*« gar nicht erst zu reden, bloß außerstande sein wird, sich an den Namen seines Gottes zu erinnern!

Das ist aber die »Philosophie der Freiheit«, schon nicht mehr als Buch, sondern als Wirklichkeit. Ein neuer Exodus aus dem Ägypten des Nihilismus, ganz egal ob des materialistischen oder des heuchlerisch spiritualistischen. Eine mächtige, ruhige Stimme über der totalen Wüste des Menschendaseins: Mensch, gib acht! Es kommt endlich die schwierigste Stunde deiner Volljährigkeit. Bisher warst du minderjährig und deshalb unfrei, gebunden, abhängig. Du standst unter sicherer Vormundschaft, welchen Namen sie auch immer getragen haben mag: Gott, Kirche, Moral, Glaube, Wissen, Sitten, Traditionen. Jetzt ist alles entwertet und zum Nichs geworden. Jetzt bist du endgültig dir selbst überlassen. Jetzt bist du frei. Suche nicht irgendeinen Halt außerhalb deiner selbst. Dort herrscht nur totale Leere. Du stehst jetzt in Freiheit, das aber bedeutet, du stehst im Nichts. Frei von allem, aber dennoch frei. Es steht dir also frei, deine letzte Wahl zu treffen. Niemand wird dich verurteilen. Du kannst dir sagen: Ich bin frei, also lebe die Schweinerei. Du kannst dir aber auch sagen: Ich bin frei, folglich will ich rechtschaffen sein. Oder immer mehr und mehr: Jetzt bin ich frei geworden und stehe hier als einziger, der noch entscheiden kann. Die Götter fühlen sich ohnmächtig gegenüber diesem Nichts; jetzt hängt das Schicksal der Götter selbst allein von mir ab. Ich bin frei, folglich kann ich verkünden: Es gibt keine Götter, kein Ich, keine Pflicht. Bin ich aber nicht ebenso frei, mich an meine Urgeburt zu erinnern, daran, daß ich selbst göttlichen Ursprungs bin und daß das in mir und durch mich Geschehene keineswegs nur meine private Angelegenheit, sondern ein Teilchen des Weltprozesses ist? Die Natur, die mich geschaffen und nun zu diesem meinem Freiheitsbewußtsein gebracht hat, fährt immer noch fort, sich durch mich weiterzuentwickeln, so daß nun alles von mir abhängt, ob diese Entwicklung weitergehen oder in mir ihre Sackgasse finden soll. Nun wird mir ganz klar, daß Frei-Sein verantwortlich zu sein heißt. Je freier, desto verantwortlicher; verantwortlich vor der Welt, denn die *Wirklichkeit* meiner Freiheit ist durch die *Wissenschaft* dieser Freiheit bedingt, so daß ich, frei, der ich bin, nicht aus Unwissen frei zu handeln habe, sondern wissentlich, und ich weiß nun, daß diese meine Freiheit keineswegs *solipsistisch* ist, sondern mit dem ganzen Weltall verbunden. Das ganze Weltall scheint eine Geisel meiner Freiheit zu sein. Deshalb kehre ich von diesem *Alles-ist-erlaubt*-Punkt zum Bewußtsein meiner Pflicht zurück, aber nicht mehr im alten Kantschen Sinne, sondern ganz neu: Ja, endlich bin ich frei, meiner Pflicht eigenwillig, aus meinem eigenen Wollen nachzukommen.

Nur auf solche Weise ist jener angebliche Widerspruch Rudolf Steiners ins klare zu bringen, der auch noch offensichtlich manchen Anthroposophen in Verlegenheit bringt. Bekannt ist jene unsäglich schöne Stelle aus der »Philosophie der Freiheit«, wo Rudolf Steiner der Kantschen moralischen Pflicht seine freie moralische Phantasie gegenüberstellt. Doch bekannt ist auch jene spätere Antwort Steiners auf die Frage: »Was ist Anthroposophie?« Dreimal hat Rudolf Steiner ein und dasselbe wiederholt: »Pflichterfüllung, Pflichterfüllung, Pflichterfüllung.« Nun vergleicht man diese beiden Stellen und sagt verwirrt: »Ist das denn kein Widerspruch?« Darin versteckt sich eine sehr gefährliche Tendenz: Es scheint gerade zu einer Mode geworden zu sein, Rudolf Steiner auf frischer Tat verschiedener angeblicher Widersprüche überführen zu wollen. Wissen Sie denn, woher eigentlich diese Tendenz stammt? Ja, ganze Bibliotheken wurden einst geschrieben, um die gleiche Prozedur am Beispiel der Heiligen Schrift zu üben, indem man die Widersprüche Jesu Christi sammelte und wollüstig glaubte, der wissenschaftliche Atheismus werde dadurch wahr und unwiderlegbar. Ein Voltaire, ein Baron von Holbach, ein jeder materialistische Auswurf des 18. Jahrhunderts würde dazu leichten Herzens und ganz zufrieden seine komplimentierende Hand reichen. Hier aber kann ich mich keineswegs enthalten, eine schöne Luther-Stelle anzuführen, zumal in der Darstellung Rudolf Steiners: »Es kann«, so hat Steiner einmal bemerkt, »jemand z.B. auftreten und eine ganze Menge schreiben über Widersprüche, die ich verbrochen haben soll in meinen verschiedenen Schriften, und über allerlei andere Dinge. Man könnte heute zwar daran erinnern, daß Luther eine ganze Menge, nicht ein paar Dutzend, sondern Hunderte und Hunderte von Widersprüchen nachgewiesen worden sind. Er hat darauf nur geantwortet: Die Esel reden von Widersprüchen in meinen Schriften. Wenn sie sich nur einmal die Mühe gäben, eines von den Dingen, das den andern zu widersprechen scheint, begreifen zu wollen!«*

Zurück zum unmittelbaren Thema: Eigentlich war das, was in der »Philosophie der Freiheit« vom Standpunkt der *praktischen* Vernunft aus behandelt wurde, in der Schrift »Wahrheit und Wissenschaft« schon rein philosophisch, aus erkenntniskritischer Sicht entwickelt. Ich halte es für besonders wichtig, folgendes zu wiederholen: Die *Wirklichkeit* der Freiheit sollte hier unmittelbar von der *Wissenschaft* der Freiheit vorausbestimmt werden, und zwar nicht nur innerhalb des Textes der »Philosophie der Freiheit« selbst, sondern auch durch einen ganz besonderen Text, dessen Untertitel weitsichtig als »*Vorspiel* zu einer ›Philosophie der Freiheit‹« bezeichnet wurde. Dieses epochemachende Büchlein »Wahrheit und Wissenschaft« scheint imgrunde

---

* Rudolf Steiner, Das Streben nach irdischer Vollkommenheit als materialistische Illusion – Notwendigkeit und Gefahren der Verkündigung geisteswissenschaftlicher Wahrheiten, Vortrag vom 1. Oktober 1917 in Dornach, GA 177, S. 54.

nichts anderes zu sein als eine erkenntniskritische Probe oder Vorprüfung der »Philosophie der Freiheit« auf dem Gebiet der traditionell philosophischen, ja rein gnoseologischen Fragestellungen. Eigentlich hat sich hier in einer scheinbar neutralen, theoretischen Form die ganze Problematik des späteren, noch vor dem Wahnsinn befindlichen Nietzsche abgespielt. Was Nietzsche die Heraufkunft des Nihilismus in Maßstäben der europäischen Geschichte genannt hat, vollzieht sich hier innerhalb der rein erkenntnistheoretischen Problematik. Wollen wir uns einmal daran erinnern: Das Buch setzt mit einem Willen zum *Nichts* ein – der Erkennende reduziert all sein Wissen, alle seine Urteile und Meinungen, eigentlich den ganzen Inhalt seines erkennenden Bewußtseins auf einen *Nullpunkt des Bewußtseins*, so daß das einzige Urteil, das hier noch gültig bleiben kann, von rein deskriptivem Charakter ist: »*Es gibt nichts.*« Gut, aber was ist das denn anderes, wenn nicht jener unheimliche Nihilismus, dessen wütende Anfälle einen Nietzsche um den Verstand gebracht haben! Ein diesmal durchaus gewollter, durchweg kontrollierbarer Nihilismus, die allererste und allerletzte Vorbedingung menschlicher Freiheit. Denn man kann alle Weisheit der Welt in sich tragen, in diesem Sinne das weiseste Kamel oder etwa der weiseste Esel sein, je nach Geschmack, doch eines bleibt bei all dieser Last hartnäckig unzulänglich: frei zu sein. Um frei zu sein, frei zu werden, muß man erst befreit sein, befreit werden von allem, was man bisher an Wissen, Moral, Religion, Tradition usw. in sich trug. Das ist jene Stufe dieser neuen Einweihung, die Nietzsche als »Jenseits von Gut und Böse« bezeichnet hat. Jenseits von allem Wissen, von aller Parteizugehörigkeit, befreit so gut vom Materialismus wie vom Idealismus, von atheistischen wie auch von spiritualistischen Überzeugungen. Die Schriften eines Meister Eckhart, eines Jakob Böhme, eines – es sei gestattet, diesen Namen schon hier zu erwähnen, denn früher oder später soll er sowieso erwähnt werden – eines Steiner sind dann so leer, stumm und bedeutungslos wie die eines Charles Darwin oder etwa eines Sigmund Freud. Ja selbst die Heilige

Schrift erscheint dann neutralisiert und wie ausgelöscht. Man sagt sich selbst: Genug! Jetzt bin ich hinreichend reif, mich in meinem Erkennen nicht mehr führen zu lassen. Jetzt bin ich reif, mich in meinem Erkennen nicht mehr von verschiedenen Wahrheiten, ob spirituellen oder gegenteiligen Charakters, vergewaltigen zu lassen. Denn es gibt nichts Schlimmeres als die Wahrheit, die vergewaltigt und zur Anbetung zwingt. Jetzt bin ich von all dem frei, und mir steht nun bevor, aus diesem Nullpunkt meiner Freiheit all das, was ich abgelehnt habe, neu wiederzuentdecken, wiederzubeleben, wiederzuerschaffen. Denn – ich zitiere den entscheidenden Satz Rudolf Steiners aus der Fußnote zu Goethes Naturwissenschaftlichen Schriften –: »*Das Wahre ist immer nur das individuell Wahre bedeutender Menschen.*« Und hier muß ich fast schreien: Halt! Achtung! Keinen Schritt weiter, ohne es einzuverleiben! Das ist *die* Anthroposophie! Das ist jene einzige Prüfung, die man vor dem Erzengel Michael ablegen muß, wenn man sein Mitarbeiter werden will und nicht ein immer noch seinen alten bequemen Gott kniend anbetender Heuchler und Feigling, vor einem Gott, der keine Ohren für solches Gebet mehr hat. Das ist die Anthroposophie! Das Wahre ist immer nur das individuell Wahre bedeutender Menschen! Folglich auch das anthroposophisch Wahre! Nun sagen wir es ganz bestimmt: Der Fall Rudolf Steiner war gerade ein solch wahrer. Möge ein jeder seiner Anhänger sich fragen: Ob *mein* eigener Fall auch ein solcher ist? Ist *meine* Anthroposophie individuell? Bin ich selbst, Anthroposoph, der ich zu sein geglaubt, bedeutend? Nun kann die Antwort auf diese Fragen nur in dem Fall positiv geraten, wenn man hinreichend Mut hat, jene Prüfung durch das Nichts, die die vor-anthroposophischen Schriften Rudolf Steiners schildern, selbst, in eigener Person, auf eigne Faust zu erleben! Wenn man bereit ist, bedeutend zu sein! Das könnte ja wortwörtlich im Nietzscheschen »Zarathustra« stehen: Oh, meine Brüder, seid Ihr schon bereit, bedeutend zu sein? Denn die Bedeutsamkeit eines Menschen hängt heute nicht von seinen alten Tugenden ab, sondern allein von seiner Bereitschaft, den

Nihilismus aus eigener Erfahrung wiederzugeben, den Weg Nietzsches in Steinerscher Weise, doch auf eigenen geistigen Füßen zu gehen, folglich ohne dabei wahnsinnig zu werden – damit nur hundertfach gesünder, individueller, ja bedeutender.

Wenn nicht, so wird man sich sicher an die folgenden Zeilen des Angelus Silesius erinnern:

> Das Kreuz auf Golgatha kann dich nicht von dem Bösen,
> Wo es nicht auch in dir wird aufgericht', erlösen.

Das bedeutet für unser Thema: Der ganze auswendig gelernte Steiner wird dich nicht zu einem Anthroposophen machen, wenn du selbst in deinem Innern seine Schriften nicht nachschaffen wirst. Sonst bleibst du, der du bist, bloß Schmarotzer, unverbesserlicher Bewunderer von Madame Blavatsky und Colonel Olcott, der du dich für einen eifrigen Steinerianer ausgibst, um die Sache Steiners von innen zu verderben!

Und nun vielleicht der tragischste Schluß im Werdegang der Anthroposophie, der Ur-Anthroposophie möchte ich fast sagen, wie er dem Schicksal Rudolf Steiners eingeprägt war. Für mich, nachdem ich diesen vor-anthroposophischen Weg Steiners verfolgt habe und ihn skizzenhaft darzustellen versuchte, unterliegt es keinem Zweifel, daß der Übergang zur Anthroposophie ganz organisch und kontinuierlich von Steiner geplant worden war. D.h. die Lebenswelt der »Philosophie der Freiheit«, imgrunde aller früheren Werke Steiners, bedurfte nur einer Modulation, nur einer gewissen Steigerung, um sich in die anthroposophisch orientierte Geisteswissenschaft, eigentlich in einen neuen Okkultismus zu transformieren. Einen Okkultismus, der nichts anderes sein sollte, ja sein *wollte*, als die weitergedachte *deutsche* Philosophie, der Goetheanismus des 20. Jahrhunderts. Ich wiederhole: So war es geplant, so war es gewollt. So aber geschah es nicht. Vielleicht wagt noch irgendwann ein wirklich befreiter, ja *von* Steiner und *für* die Sache Steiners befreiter Anthroposoph, diese erschütternde Tragödie Steiners in Worte zu bilden, diese Tragödie, die zu

Beginn des Jahrhunderts sein inneres Leben zerriß. Ich rede von dem Eintritt Steiners in die Theosophische Gesellschaft und dem Versuch, seine Mission von dort aus zu erfüllen. Dieses Ereignis hat wie eine Explosion gewirkt: Merkwürdig, aber es war ganz unerwartet, nicht nur für die »weltlichen« Kenner Steiners, sondern auch für die Theosophen selbst. Nun fragten sich die ersten: Wie kann er, Philosoph, Wissenschaftler, Goetheaner, Nietzscheaner, der Freund Mackays und Weltmann, sich mit dieser bedenklichen, aus baren buddho-brahmanischen Süßigkeiten bestehenden Sekte verbinden? Und es fragten sich auch die zweiten: Was hat dieser Wissenschaftler und Philosoph, Verehrer Ernst Haeckels mit der Theosophie gemein?

Diese Frage freilich hat Rudolf Steiner beantwortet, ruhig und sachlich, genau in dem Grade, wie es objektiverweise erforderlich war. Die Theosophische Gesellschaft war ja objektiv der einzige Ort, wo man wirklich Interesse zeigte, das Okkult-Geistige wahrzunehmen. Man hatte nun keine Wahl, das zu Sagende mußte ja um jeden Preis gesagt werden. Es war das Schicksal unserer Kultur, daß nur der Theosophische Kreis hinreichend Bereitschaft und Hellhörigkeit besaß, solche kosmisch-menschliche Verkündigung zu vernehmen.

War es nicht die Tragödie der Zeit, daß selbst die allerersten, die allerbesten, die erlesensten Geister des Zeitalters ganz außerstande waren, »Wahrheit und Wissenschaft« und die »Philosophie der Freiheit« aufzunehmen? Man sehe nur, welche Menge berühmter philosophischer Schulen und Strömungen, welche gloriose Namen an Denkern sich allein in Deutschland an der Grenze der beiden Jahrhunderte begegnen! Und kein einziges Echo, kein einziger Nachklang! Selbst Eduard von Hartmann, dieser von Steiner so geschätzte Riese, zeigt sich wie ein Zwerg in seinen Marginalien, die er an die Ränder des von ihm gelesenen Exemplars der »Philosophie der Freiheit« geschrieben hat. Die Situation scheint doppelt merkwürdig, wenn man diese philosophische Reaktion oder eher die Abwesenheit aller Reaktion mit derjenigen vergleicht, die die Werke Nietzsches zu gleicher Zeit verursacht haben! Dieser betäubende Lärm um Nietzsche und jenes betäubende Schweigen um Steiner – wie ist das zu verstehen? Denn es geht beide Male um ein und dieselbe Problematik, die des Nihilismus, der Umwertung aller Werte, des Schaffens einer neuen Kultur. Ich glaube, die Antwort auf diese Frage im Nu finden zu können. Es war nötig, die Aufmerksamkeit auf sich zu lenken, extravagant zu sein, ja zuletzt verrückt zu werden. Der unglückliche Nietzsche hat seinen postumen Ruhm mit seinem geistigen Zusammenbruch bezahlt; und das hielt man für ganz normal in dieser Konsumpsychologie des Wahrnehmens. Daß das riesenhafte Interesse an Nietzsche völlig verloschen wäre, wenn es Nietzsche gelungen wäre, Sieger seiner eigenen Philosophie zu sein, das zeigt das Beispiel Steiners wohl in aller Bestimmtheit. Der gebildete Pöbel mag nur den gefallenen Helden, höchstens den schreienden; für Steiner bleibt man bis jetzt allzu kurzbeinig, kurzsichtig, kurzgeistig.

Was war das aber, dieses Hineinwachsen einer »Philosophie der Freiheit« ins theosophische Fleisch? Ich muß hier gestehen, meine erste Bekanntschaft mit dem Buch »Theosophie« und den zu jener Zeit gehaltenen Vorträgen war zunächst nicht ganz problemlos. Ich war ja unvorbereitet, das Problem so zu greifen, wie es es eigentlich verdiente. Diese Mischung aus Fichtes Geist mit bedenklichen okkulten Zeitschriften aus Wien und Bombay hat mich verblüfft. Es kostete mir wirklich nicht wenig Mühe, mich an Begriffe wie »Astralleib« oder »Chakram« oder was sonst noch zu gewöhnen. Erst dann fühlte ich, welche ungeheure Transformation, Transfiguration dieses ursprünglich bedenklichen Rohstoffes ins reine Erkenntnislicht hier stattgefunden hat! Wirklich habe ich das als Heldentat eines Herakles erlebt, eines sich freiwillig in Sklaverei begebenden Herakles! Und plötzlich ging es mir auf: das war immer dieselbe Philosophie der Freiheit, die ihren eigenen Weg, diesmal aber nicht immanent, sondern *notgedrungen* außerhalb ihrer Intentionen, ging. Und doch: was für ein schöner und sicherer Schritt ist das!

Keiner, der das zu fühlen in der Lage ist, wird es bezweifeln: diese unglaubliche Leistung – eigentlich die Entlastung der Theosophie von ihrer unerträglichen Vergangenheit und die Verwandlung des orientalisch-theosophischen Augiasstalls in das erschütternde christliche Mysterium Mitteleuropas – hat der Anthroposoph Rudolf Steiner bewundernswert erledigt! Es bleibt nur zu fragen, und gerade diese Frage, ja diese verhängnisvolle Frage gewinnt nun die entscheidende Bedeutung für die Anthroposophie im ganzen: Wie vielen weiteren Anthroposophen gelang es und gelingt es immer noch, diese schwierigste Aufgabe zu bewältigen?

Und noch ein *postscriptum*: Der vereitelte Versuch Rudolf Steiners, eine reine Esoterik aus philosophischen Grundlagen zu entwickeln, blieb nicht unwiederholt. Die europäische Philosophie hat zu Beginn des 20. Jahrhunderts einzelne prachtvolle Ansätze demonstriert, die ganz in dieser Richtung konzipiert und zum Teil auch verwirklicht worden sind. Ich erwähne nur die Phänomenologie Edmund Husserls, deren Verwandtschaft, ja *Wahl*verwandtschaft mit den vor-anthroposophischen Werken Steiners verblüffend ist, insbesondere wenn man in Betracht zieht, daß Husserl selbst keine blasse Ahnung von diesen Werken hatte. Oder die furchtlosen und einzigartigen Schriften Max Schelers, dessen philosophisches Schaffen Rudolf Steiner, laut eigenem Bekenntnis, immer verfolgte und den er »genial« genannt hat. Daraus sind, meines Erachtens, mindestens drei Folgerungen zu ziehen! Erstens: diese weiteren Versuche beweisen zweifelsohne, daß der von Steiner skizzierte Weg keineswegs subjektiv ist, sondern den tiefsten Bedürfnissen der Zeit entspricht. Zweitens: es waren eben die Nicht-Anthroposophen, die diese imgrunde einzig anthroposophische Schneise schlugen. Und drittens: die Anthroposophen beschäftigten sich derweil mit allerlei denkbaren, nur nicht mit diesen Dingen. Der Rest blieb Schweigen.

»Untergängster« des Abendlands

Die deutsche konservative Revolution –
Geschichte eines Mißverständnisses

Ist das Wort »Die Sieger schreiben die Geschichte« richtig, so unterliegt es keinem Zweifel, daß es gerade die Deutschen waren (gemeint ist nicht die deutsche Herkunft, sondern der deutsche Geist), die mit der deutschen Geschichtsschreibung des 20. Jahrhunderts am wenigsten zu tun hatten. Man sagt, die Sieger würden nicht verurteilt, und läßt die Kehrseite dieser Regel außer acht, nach welcher es eben die Besiegten sind, die dem Gericht unterliegen. Keine Umstände mit den Besiegten! *vae victis* – so lautet das uralte Gebrüll einer *bestia trionfante*, gülig bis heute, trotz der Potemkinschen Tarnung mit aller Art von *bill of rights* und *droits de l'homme*.

Man sagt uns: So ist die Sache in der Politik beschaffen; Politik jedoch ist immer nur Realpolitik – vorausgesetzt, daß unter »real« notwendigerweise »barbarisch« zu verstehen ist. Aber so sieht die Sache auch im Bereich des Geisteslebens aus, wo jenes Vae-victis-Prinzip nicht minder, wenn nicht sogar noch lauter widerhallt. Machen wir uns klar, wer der Sieger, wer der Besiegte war, am Beispiel der deutschen *konservativen Revolution*, wohl einer der tragischsten Seiten der Geistesgeschichte Deutschlands in den ersten Jahrzehnten des 20. Jahrhunderts. Vielleicht ist es für den deutschen Leser nicht ganz ohne Interesse zu wissen, was ein Fremdling davon denkt. Vielleicht waltet hier eine gesteigerte Ironie, die gerade einem Fremdling dieses Thema zuteil werden läßt? Das Staunenswerte liegt darin, daß ich mich in diesem Fall nur deshalb als Schriftsteller an die Arbeit mache, weil es mir nicht gelungen ist, Leser zu werden; will sagen, ich war gezwungen, gerade über das zu schreiben, was zu lesen ich nicht imstande war. Demnach muß meine Antwort der Logik folgen: Niemand wollte die Wahrheit über die konservative Revolution sagen, also muß ich selbst es tun.

Zuerst aber fassen wir kurz die von Buch zu Buch umherschweifende *Unwahrheit* oder mindestens *Halbwahrheit* über die konservative Revolution zusammen. Man stelle sich nur die Empörung des Fremdlings vor (dem allerdings jene spezifisch deutsche Besessenheit nicht fremd ist, die Logik nicht über das Gehirn, sondern das Gehör nachzuprüfen), als er dieser literarisch-publizistischen Abrechnung im Genre der Tragödie folgen und die peinliche Dissonanz zwischen der Logik der Urteile und der Musik der Wahrnehmungen erleben mußte, wo der Verstand eines verstand und das Ohr anderes hörte. Logisch kommt alles höchst einfach und eindeutig daher: Die deutsche konservative Revolution erscheint, erstens, als eine extrem *rechte* Bewegung, zweitens als eine extrem *nationalistische* Bewegung, drittens als die ideologische Vorläuferin des *Nationalsozialismus* (die kursiv gesetzten Wörter sind *sui generis* Tabu-Wörter, magisch-polizeiliche Mittel, die den Gedanken paralysieren, eine Art innerliches »Eingang verboten«). So erscheint es im Bereich der Urteile, und die Urteilskraft hat hier gar nichts zu erwidern. Aber seltsam: Das Ohr weigert sich, das Gesagte wahrzunehmen; hinter den Vogelscheuchen *rechts, nationalistisch, nationalsozialistisch* usw. vernimmt das Ohr schmerzhafte Notrufe, etwa von Schumannscher Tonart und -weise, einen musikalischen Zusammenbruch, der von der Urteilskraft kein Vorurteil, sondern das Ur-Teil fordert. *Rechts*, ja, *nationalistisch*, ja, aber um Gottes willen, wann geschah es, daß wir zu verstehen verlernten, indem wir das Verstehen den ideologischen *Autodafés* zum Opfer brachten!

Nun, was mich anbelangt, so ziehe ich dem ideologischen Verständnis (man lese: Stempeln) das musikalische vor. Man mag es für Naivität halten, aber deutsch schreibend meine ich ein deutsches Ohr, dieses vielleicht labyrinthischste und orchestralste Ohr der Welt, ein eigentliches *subjectum agens* der ganzen deutschen Geschichte (man erinnere sich an das schöne Wort Herders – oder Leibniz'?: »Deutschland wurde durch Gesänge reformiert«). Und lese ich (ob ihn die Deutschen noch lesen?) etwa *Oswald Speng-*

ler, diesen vielleicht *rechtesten* und *konservativsten* unter den Propagandisten der konservativen Revolution, und dann noch das wenige, was in Deutschland über ihn jetzt geschrieben wird, so fühle ich mich in einem solchen Labyrinth, daß ich nicht an Logik, sondern vielmehr an Enharmonik gemahnt werde. Für die Diplomphilosophen ist er Belletrist (was in ihrer Sprache einem Schimpfwort gleicht), für die liberalen Vertreter des Fortschritts: Ultrafaschist, für die Marxisten: »ein trivialer Sauhund« (so Walter Benjamin),* für die Nazis (in den 30er Jahren): ein kläglicher Defätist. Unter Hitler war er *non grata* (fast verboten). Nach Hitler blieb er *non grata* in beiden Deutschländern (ich habe mich nicht verschrieben): die gelehrten Schmarotzer aus der DDR stießen ihn in die BRD ab (als einen Verteidiger des Raubkapitals), offensichtlich aber freuten sich auch die *Raubkapitalisten* gar nicht über ein solches Geschenk – kein anderer als der Bundesminister des Innern, Gerhard Schröder, hielt es 1954 für nötig, in einer öffentlichen Rede vor den schädlichen Einflüssen der Lehre Spenglers zu warnen. Auf Verständnissuche wandte ich mich verzweifelt den Anthroposophen zu, begegnete aber nur vorwurfsvollem Kopfschütteln: »Lesen Sie mal, was Doktor Steiner über ihn gesagt hat ...« Kurz, eine durchgängige totale *Ideologie* bei einem Maximum an Jurisprudenz und einem Minimum an ... Musik. Doch bin ich keinesfalls im Begriff zu kapitulieren; ich tauche aus dieser Sintflut der Ideologie auf und finde noch Zeit aufzuschreien: »Aber meine Herrschaften! Zum Teufel alle Ideologie! Hören Sie nur, wie er über den ägyptischen Stil, die gotische Baukunst, das Braun von Rembrandt und Beethoven schreibt! Das ist doch ein ... Tristan reinsten Wassers in der Sprachdimension!« Man unterbricht mich aber: »Lassen Sie doch dieses Ästhetentum. Er ist ... rechts, ultrareaktionär usw.«

Mir fällt plötzlich ein bitterer Aphorismus Ernst Jüngers (auch einer der *Rechten* und *Reaktionären*) ein: »Das Zeit-

---

* Zitiert nach W. Kraft, Über Benjamin, in: Zur Aktualität Walter Benjamins, Frankfurt/M. 1972, S. 66.

alter der Humanität ist das Zeitalter, in dem die Menschen selten geworden sind.«* Und nun ertappe ich mich bei dem Gedanken, daß man mich dann eben zu den ... Vertretern des deutschen (ja) Nationalismus rechnen kann (die Nachfahren werden vielleicht unsere Zeit, nämlich die zweite Hälfte dieses Jahrhunderts, als ein *Zeitalter der Aufklebung* bezeichnen). Ich fühle mich genötigt, sofort einen Vorbehalt zu machen: Ich bin ja einverstanden mit allen auf die konservative Revolution angebrachten Aufklebern. Nur möchte ich bemerken, daß diese letzteren immer bloß ein *Was* beschreiben, das heißt das unfruchtbarste und langweiligste aller Dinge. Das einzige, woran mir liegt, besteht darin, die Aufmerksamkeit auf das *Wie* der konservativen Revolution und – last, not least – auf deren *Wer* zu lenken, vorausgesetzt, daß es nur so möglich sein wird, den Druck des im allgemeinen richtigen, aber ziemlich unmenschlichen *Was* zu mildern.

Der Schlüssel zum menschlichen Verständnis der konservativen Revolution liegt meines Erachtens in der Wahl des Betrachtungszeitpunkts. Man stempelt sie mit ideologischen Aufklebern nur darum, weil man auf sie zurückblickt, d.h. vom Standpunkt des heutigen Tages aus, *ex post facto* des letzten Weltkriegs und der Greueltaten des Nationalsozialismus. Indes, die Angemessenheit der historischen Forschung setzt eine umgekehrte Einstellung voraus – auf die Ereignisse nicht retrospektivisch, sondern perspektivisch zu blicken, als wären sie noch nicht eingetreten; ist der Historiker, um ein treffendes Wort Friedrich Schlegels zu gebrauchen, der rückwärts gewandte Prophet, so besteht Geschichtsschreibung eigentlich darin, das *Perfekt* aus dem *Plusquamperfekt* als eine Art *Zukunft* zu erraten. Nimmt man eine solche Einstellung ernst, so lösen sich die Etiketten sofort auf, und dem Auge erscheint das Phänomen selbst in seiner geschichtlich reinen, werdenden Gestalt. Nun läßt sich die konservative Revolution im ganzen auf eine Reihe klarer und prägnanter Formulierungen zurück-

* Zitiert nach M. Meyer, Ernst Jünger, München 1990, S. 337.

führen. Es handelt sich um einen Kampf der Weltanschauungen, insbesondere mit der daraus folgenden rein praktischen Wirkung der Weltherrschaft. Daß die Welt von der Idee beherrscht wird (unabhängig davon, was ein materialistisch gesinnter Dingsda darüber denkt, dessen Materie nichts als eine *fixe* Idee ist), ist evident. Die Frage ist nun: von was für einer Idee? Moeller van den Bruck hat 1906 das ganze Problem auf eine prägnante Formel gebracht: *Die Welt gehört dem Helden, nicht dem Händler.* Gemeint war: Deutschland, nicht England, zunächst aber in einem ausschließlich geistigen Zusammenhang. Nach dem Ausbruch des Ersten Weltkriegs wurde die Frage auf das äußerste verschärft: Dieser Krieg selbst schien eine höchst materielle Verkörperung des Todeskampfes der Weltanschauungen zu sein, die ihre Ansprüche auf die Weltherrschaft geltend gemacht haben. Man muß nun eines in Betracht ziehen: Diese sogenannte konservative Revolution war keineswegs ein Produkt des Zeitalters, ergab sich aber aus dem ganzen Lauf der deutschen Geistesgeschichte der Neuzeit. Für mich ist z.B. der erste »konservative Revolutionär« im erwähnten Sinne, mit Verlaub zu sagen, ... *Leibniz* – ich meine seinen Briefwechsel mit dem Newtonianer *Clarke*, in dem die ursprünglich deutsche Idee von *Wissenschaft* als *geschaffenes Wissen* wohl zum ersten Mal mit der englischen *science* im Sinne eines positivistisch erworbenen Wissens zusammenstieß. Für denjenigen, der Ohren hat zu hören, wurden hier nicht die entferntesten Probleme der Metaphysik, sondern Weltschicksale gelöst, nämlich: Ob die Welt ein individuelles Schaffen oder ein entpersönlichter Konsummechanismus sein soll. Im übrigen könnte ich noch vor dieser Leibniz-Clarke-Antinomie bei der *Paracelsus-Bacon*-Kontroverse stehenbleiben, diesem vielleicht allerersten Konflikt der deutschen mit den englischen Weltanschauungstypen, dem echten Kampf um die *Methode*, in dem dem Paracelsischen »Die Methode – das bin ich« das Baconsche »Die Methode ist eine Reihe objektivierter Prozeduren« entgegenstand. So sieht der *Anfang* der deutschen konservativen Revolution aus – ihre erste Erscheinung und ... erste Niederlage. Ihre zweite (oder schon dritte) Manifestation sehe ich im *Goethe-Newton*schen Kampf ums Licht; ich behaupte, so paradox es auch klingen mag, daß sich die deutsche Idee, eigentlich das Deutschtum, hier in einem viel reineren und wirklichkeitsgemäßeren Sinne geäußert hat als etwa in den zündenden Reden Fichtes.

Es versteht sich von selbst, daß hier von Nationalismus kaum zu reden ist: Keinem fällt es ein, Paracelsus, Leibniz oder Goethe deutsche Nationalisten zu nennen, obwohl sich die deutsche *Nation* nie deutlicher als bei ihnen zum Ausdruck gebracht hat. Man stelle sich doch vor: auf Grund dieser Ideen und entsprechend der rein englischen Logik *post hoc, ergo propter hoc* (nachher, also: wegen) hätte sich irgendein ... resp. Hitler im 16., 18. oder 19. Jahrhundert verwirklichen wollen! Das war nicht der Fall; zu bloß politischen Konsequenzen war das Problem noch nicht gereift. Die ersten, das Wesen der Frage entstellenden Symptome begannen erst zur Zeit Nietzsches zutagezutreten; jedenfalls berührte seine Losung *Keine amerikanische Zukunft!* schon die politische Sphäre. Es ist besonders zu beachten, daß von nun an das beginnt, was man die *politische Deformation* des rein geistigen, weltanschaulichen Problems nennen kann, und solcherart bekam die deutsche Idee, die sich in Paracelsus, Leibniz, Goethe *universell* verwirklicht hat, allmählich eine gefährlich nationale Färbung, bis hin zu den selbstironischen Äußerungen eines *Rembrandt-Deutschen* (Julius Langbehn) oder etwa den »Grundlagen...« von H. St. Chamberlain. Nun waren es Politiker, die den Kampf der geistigen Prinzipien leicht interpretieren konnten. Ein Henry VIII. hat kaum je von Paracelsus gehört; die englischen Whigs und Tories hatten mit Leibniz wenig zu tun; was Goethe betrifft, so war er für die Politiker höchstens als Werther-Verfasser von Interesse. Man höre jedoch, bis zu welchem Grad ihr Interesse schon für Nietzsche gestiegen war: »Einer der Gründe, warum wir an diesem Kriege teilnehmen, ist der, daß wir die Welt, den Fortschritt und die Kultur davor bewahren müssen, der Philosophie Nietzsches zum Opfer zu fallen.«* So Lord Cromer, der ehemalige Organisator Ägyptens, im englischen »Spectator« während des Ersten Weltkriegs. Man verstehe doch zuletzt die weltgeschichtliche Mission der *Entente cordiale!*

Es ist leicht zu bemerken, daß diese politische Polarisierung des Problems notwendig *beidseitig* werden mußte, so daß jede metaphysische Interpretation ungehemmt in die Tonart des *Nationalismus* glitt. Imgrunde *wurde* das, was man heute »die konservative Revolution« zu nennen pflegt, zu einer *nationalistischen* Interpretation des ursprünglich *universellen* Problems der Geistesmission Deutschlands – man vergesse aber nicht: Es war nur die allgemeine Wirklichkeitspolitisierung, die sie dazu genötigt hat. Hätte *Werner Sombart* sein Sprengbuch »Händler und Helden« im Zeitalter der Befreiungskriege geschrieben, so wäre sein Name auf der Liste der deutschen Patrioten, etwa neben Fichte, Jahn und anderen, erschienen; 1915 datiert, verdammte es seinen Verfasser zu einem unentschuldbaren Nationalismus. Und legte *Walther Rathenau* die zunehmende *Entgermanisierung* der Welt als Wurzel allen Übels aus, so nahm diese rein Goethesche Idee unwiderruflich eine deutsch-nationalistische und bald auch eine rassistische Wendung. Zweifelsohne waren die *Händler* allenthalben klüger als die *Helden:* Der *Held* fordert immer nur die Bühne und immer nur Wagnersche Leitmotive – die deutsche *universelle* Idee hat sich solcherart zur totalen Niederlage verurteilt, indem sie sich in Gestalt einer »konservativen Revolution« der bedenklichen Ästhetik des Heldentums unterordnen ließ und auf die Geschäftsregeln Verzicht leistete; vielleicht war es nur auf diese Weise möglich, mit ihr fertig zu werden, nämlich: sie zu einem rabiaten Nationalismus verführend (statt: »Heute hört uns Deutschland, morgen die ganze Welt« vielmehr: »Heute gehört uns Deutschland, morgen die ganze Welt«), ihre praktischen Greueltaten systematisch propagierend und ihr den

* Zitiert nach E. Bertram, Nietzsche. Versuch einer Mythologie, Bonn ^{9}1985, S. 375.

Schandfleck jener magischen Wörter *rechts, nationalistisch, reaktionär* aufdrückend.

Postscriptum eines Anthroposophen: Eine höchst gefährliche, obwohl ganz richtig formulierte Opposition: Händler und Helden. Die Lösung des Problems kann aber keineswegs in dieser ahrimanisch-luziferischen Alternative liegen, in der einem *prosaischen* Bösen ein anderes – *poetisches* – Böse entgegengestellt wird. Held sein heißt (unter den Umständen unserer Zeit), nur Momentaufnahme zu sein, nichts weiter. Der Held verachtet den Händler. Der Händler verachtet den Helden nicht, er sperrt ihn bloß in eine Videokassette ein, um seine Heldentaten (mit einem verbindlichen Heldentod) in Mußestunden nach den schwierigen Geschäften zu genießen. Die Lösung läßt sich in der rätselhaften Formel Paulus' finden, diesem vielleicht ersten praktischen Gebot einer »Philosophie der Freiheit«: »Obwohl ich also frei und von keinem abhängig bin, habe ich mich zum Sklaven aller gemacht, um möglichst viele für Christus zu gewinnen. Wenn ich mit Juden zu tun habe, lebe ich wie ein Jude, um sie zu gewinnen ... Wenn ich mit Menschen zu tun habe, deren Glaube noch schwach ist, werde ich wie sie, um sie zu gewinnen. Ich stelle mich *ALLEN* gleich, um wenigstens *EINIGE* zu retten.« (I. Kor. 9, 19–22) Das war es, woran es der konservativen Revolution mangelte: Sie hat nicht verstanden, daß sie, insofern sie es mit Händlern zu tun hat, wie ein Händler leben muß, um sie zu gewinnen und *sich* (ja das Unhändlerische in ihr) zu retten. »Stahlgewitter«, die über die Pax Britannica hereinstürzen – das ist doch immer noch eine Ästhetik, in der es alles gibt, außer Reife und folglich auch Geist. Der Geist verachtet das Geschäft nicht, er muß selbst zum Geschäft werden, um das Geschäft zu reinigen und zu retten. Und bekannte etwa Goethe in einem Brief: »Sie sehen, daß auch mich der Kaufmannsgeist anweht«, so war es nur die paulinische Taktik des gereiften Geistes, der sich so sehr unabhängig fühlt, daß es ihm ganz frei steht, je nach Umständen *Händler* wie *Held* zu sein und noch etwas *Drittes* weit über dies beides hinaus.

Ein mißlungener Thermidorianer – Oswald Spengler

»Politik im höchsten Sinne ist Leben und Leben ist Politik.«*
In diesem offen hervorbrechenden Bekenntnis Oswald Spenglers spricht sich eine ureigene und innerliche Leidenschaft aus. Man müßte wirklich einen seltsamen ästhetischen Geschmack besitzen, um im Verfasser des »Untergangs des Abendlandes« einen »*mißlungenen Schriftsteller*« zu sehen, wie es einige moderne Kritiker meinen: Man mag sagen, was man nur will, aber in dieser Hinsicht ist ihm im höchsten Maße alles gelungen; und will man doch von einem Mißerfolg, mehr noch, einem Zusammenbruch der Spenglerschen Selbstverwirklichung sprechen, so muß man zweifellos das Hauptaugenmerk gerade auf seine Verstrikkungen in die *Politik* richten. Jenes Gleichheitszeichen, das er selbst zwischen Politik und Leben setzte, scheint gar nicht so zufällig: ihm jedenfalls galt von klein auf seine Hauptleidenschaft. »Nonsens meines Lebens«, sagte er später.** »Von Kind an die Sucht, Napoleon zu sein, großer Politiker, Staatsmann, die Landkarte ändern.« Diese ursprüngliche *Anmeldung* zur Politik ist auf ihre Art und Weise auch im »Untergang des Abendlandes« zu spüren, der von vornherein als ein *tractatus politicus* geplant war und erst im Prozeß der Überlegungen zu einer Philosophie der Geschichte geriet. Man könnte sogar behaupten, der »Untergang des Abendlandes« sei *verdrängte und sublimierte Politik*, zudem im gröbsten psychoanalytischen Sinne dieses Klischees, woraus sich leicht folgern läßt, daß es gerade das *politisch Unbewußte* war, das in der Spenglerschen Seele die Rolle der berüchtigten *Libido* spielte. Zuletzt hatte seine Angst vor dem Beruf, vor jeder Art des »Hinaus-

---

* Oswald Spengler, Der Untergang des Abendlandes, Bd. 2, München 1924, S. 417.
** Zitiert nach J. Naeher, Oswald Spengler, Reinbek 1984, S. 28.

müssens«, sei es nun in Gestalt eines Schriftstellers, Dichters oder etwa eines Gelehrten, ihren Ursprung gerade im Selbstgefühl des Politikers, der den Bücherwurm in sich verachtete und geduldig auf seine Sternstunde wartete. So einerseits. Andererseits trat auf und wirkte der »*Musiker*« Spengler, ein von Geburt an zu *Geschmack* und *Stil* verdammter Mann, ein Kapellmeister Kreisler, der zwar von Napoleon begeistert war, doch sein zauberhaftes Kämmerlein nie gegen alle Reiche der Welt in all ihrer Größe und Schönheit eingetauscht hätte. Dieser »*Musiker*« hat nun den »*Politiker*« um den Finger gewickelt, indem er den politischen Traktat den genialen metaphysischen Improvisationen zum Opfer brachte, aber der »*Politiker*« hat es seinerseits nicht versäumt, sich mit der ein Jahr nach dem Erscheinen des ersten Bandes des »Untergangs« veröffentlichten Schrift »Preußentum und Sozialismus« zu revanchieren.

Die Bedeutung dieses kleinen Buches ist nicht hoch genug einzuschätzen; jedenfalls hat Spengler selbst mit ihm den Beginn der nationalen Bewegung im Weimarer Deutschland datiert. Wie dem auch sei, aber damit begann das politische Engagement Spenglers, nicht ohne sichtliche Ansprüche an die Rolle des geistigen Führers der sogenannten »konservativen Revolution«. Nun trat der Verfasser des »Untergangs des Abendlandes« mit politischen Veröffentlichungen und Vorträgen auf und knüpfte Verbindungen mit einflußreichen Politikern und Industriellen an. In diese Zeit gehört auch seine Bekanntschaft mit Moeller van den Bruck, diesem vielleicht bedeutendsten Ideologen des rechten konservativen Flügels. Es wäre freilich überzogen, von Spengler irgendwelche direkte politische Taten zu erwarten – man denke an den Seelenzustand eines Pascal in der Rolle des Senators, als welchen ihn, alle Gesetze des Geschmacks und Genres mißachtend, Napoleon bei sich haben wollte –, das politische Engagement beschränkte sich bei ihm zumeist auf das Flüstern eines Inspirators und Intriganten: Er wartete auf *seinen* Diktator und Führer. Weimar, diese unerhörte Erniedrigung Deutschlands, schien ihm ein einziger Sumpf; nach der schändlichen Novemberrevolution von 1918 erinnerte die gesamte Situation an die Epoche des Directoire zwischen dem Fall der Jakobiner und dem Aufstieg Napoleons. Es kam auf eine Sättigung des politischen Vakuums an, das für Spengler und die Doktrinäre der rechten konservativen Richtung (wie etwa Carl Schmitt) in der parlamentarischen Verfassung verkörpert war. In diese Zeit gehören auch die ersten Kontakte Spenglers mit den sogenannten »*Völkischen*«. Sein Verhältnis zu ihnen ist von Anfang an dominant negativ; schon im September 1923 zeigt er sich beunruhigt über die Umtriebe Hitlers und Ludendorffs und bittet General Seeckt, das Möglichste für die nationale Rettung zu tun.

Hinter diesem politischen Engagement verbarg sich eine konkrete politische oder besser: metaphysisch-politische Weltanschauung, die imgrunde alle Gemeinplätze nationalistischer Zeitstimmung widerspiegelte. Drei Hauptkerne sind hier hervorzuheben, nämlich *Anglophobie, Pan-Germanismus* und zuletzt *Messianismus*. Die Ansichten Spenglers darüber lassen sich scharf differenzieren, so daß man von der konservativen Revolution im allgemeinen sprechen sollte, deren Ideen durch ihn, wenn nicht einen originalen, so jedenfalls den glänzendsten Ausdruck gefunden haben. Es handelt sich um das gesamte Weltanschauungsbild des deutschen Nationalismus oder, nach der bekannten Formel, um die »deutsche Idee von 1914«, an deren Quellen (abgesehen von den zündenden Reden Fichtes und der in jedem Sinne anderen und unvergleichlichen Situation von 1813) folgende Gestalten zu finden waren: Julius Langbehn, der Verfasser der anonym veröffentlichten und sensationellen Schrift »Rembrandt als Erzieher«, Paul de Lagarde, der bekannte Orientalist aus Göttingen und Verfasser der berühmt gewordenen »Deutschen Schriften«, Houston Stewart Chamberlain, der Kulturhistoriker und Rassentheoretiker, Verfasser der einflußreichen »Grundlagen des 19. Jahrhunderts«, und zuletzt – wie die Faust aufs Auge – Friedrich Nietzsche. Es ist nicht möglich, die Verwandtschaft dieser Namen, manchmal mehr als bedenklich, hier näher zu analysieren; es genügt zu sagen, daß nur direkte Gewalt am Kontext und die gröbste Auffassung der Texte eine solche Verwandtschaft von Nietzsches Gedanken mit der unverantwortlich agitatorischen Schönrednerei des Rembrandt-Buches »von einem Deutschen« (wie es sein Titelblatt verkündigt) herbeiführen können. Auf jeden Fall hing alles von der Auslegung ab: Gerade in der Losung Nietzsches »*Keine amerikanische Zukunft!*« fanden die konservativen Doktrinäre ihre grundlegende Formel. Der Weltkrieg zog alle Bilanzen: es ging um den Todeskampf zweier Arten der Geistigkeit – der deutschen und der englischen. Die Reaktion schien in einem Augenblick allgemeinnational: von Plakaten mit Inschriften »Gott strafe England« bis zu den exaltierten Äußerungen ehrwürdiger Kulturträger aller Spielarten, von Reichstagsabgeordneten bis zu einem an seinem Unbekanntsein leidenden Adolf Hitler, der am Tag der Kriegserklärung unter der begeisterten Masse auf dem Münchener Odeonsplatz stand und Gott für die Möglichkeit dankte, solches erleben zu dürfen.

Das Schema der Situation ließ sich auf die radikale Gegenüberstellung zweier Prinzipien zurückführen, die in rein metaphysischer Art interpretiert wurden: der englische Merkantilismus und der deutsche Heroismus. Die Formel hatte schon 1906 Moeller van den Bruck entdeckt: »Die Welt gehört dem Helden, nicht dem Händler.« Für Walther Rathenau, den künftigen Außenminister und ersten Märtyrer des nationalsozialistischen Terrors, lag die Hauptursache der Weltkrise in der *Entgermanisierung* der Welt, seiner Meinung nach gleichbedeutend mit der Mechanisierung des Lebens. Max Scheler veröffentlichte 1915 das Buch »Das Genie des Krieges und der deutsche Krieg«, dessen beide letzte Kapitel »Los von England« und »Zur Psychologie des englischen Ethos und des cant« überschrieben sind und dessen Anhang sarkastisch die »Kategorien des englischen Denkens« aufzählt. Nach Werner Sombart, dessen Buchtitel »Händler und Helden« unmittelbar der Moellerschen Formel folgt, liegt das Deutschtum in der Synthese von Potsdam und Weimar: Faust und Zarathustra mit einer

Beethovenschen Partitur in den Schützengräben. Man versteht, daß in dieser Konfrontation die einzige Chance in dem entsprechend interpretierten Mythologem des nietzscheanischen »*Übermenschen*« lag – diesmal schon als eines »rechten Flügeladjutanten«, nach dem sich der ganze exaltierte Messianismus des Zeitalters richtete: vom »neuen preußischen Stil« des Moeller van den Bruck bis zu der planetarisch-heldenhaften Gestalt des »Arbeiters« in den vom harten Soldaten-Lyrismus berauschten Utopien Ernst Jüngers und Ernst Niekischs. Spengler hat diese Hoffnungen zu einer Prognose des kommenden Zeitalters des Cäsarismus verallgemeinert.

Imgrunde war auch das Buch »Preußentum und Sozialismus«, das im ganzen auf den Antinomien des englischen und deutschen (preußischen) Geistes fußte, nur eine Verallgemeinerung; hier, laut Spengler, sind der *Wikingergeist*, der die persönliche Unabhängigkeit kultiviert, und der *Ordensgeist* mit seinem Kult der überpersönlichen Allgemeinheit einander gegenübergestellt. Es handelt sich in der Tat um den Gegensatz zwischen dem englischen *Kapitalismus* und dem deutschen *Sozialismus*, also um Prinzipien, die einerseits auf der persönlichen Ethik des Glücks und Erfolgs, des Reichtums, Klassenbewußtseins, Utilitarismus, andererseits aber auf der Ethik der Pflicht, des Ranges, Standesbewußtseins und ihrer selbstlosen Entsagung zugunsten des Gemeingefühls und der Aufgabe gründen – in summa: auf dem Pirateninstinkt eines Inselbewohners, der unter dem Deckmantel des »*Freihandels*« Raub und Konkurrentenvernichtung betreibt, und auf dem autoritären Instinkt einer asketischen Selbstunterordnung unter den Staat. Der preußische Sozialismus steht, nach Spengler, nicht nur dem englischen Kapitalismus, sondern auch dem Marxismus gegenüber, welch letzterer, sich sozialistisch stellend, nichts anderes als der Kapitalismus der Arbeiterklasse ist. »Marx«, so Spengler, »denkt rein englisch. Sein Zweiklassensystem ist aus der Lage eines Händlervolkes gezogen, das seine Landwirtschaft eben dem Handel aufopferte und das nie eine staatliche Beamtenschaft mit ausgeprägtem [preußischem] Standesbewußtsein besessen hatte. Es gibt hier nur noch ›Bourgeois‹ und ›Proletarier‹, *Subjekte und Objekte des Geschäfts*, Räuber und Beraubte, ganz wickingermäßig.«* Er fährt fort: »Aber auch die Moral von Marx ist englischen Ursprungs. Der Marxismus verrät in jedem Satze, daß er aus einer theologischen und nicht aus einer politischen Denkweise stammt. Seine ökonomische Theorie ist erst die Folge eines ethischen Grundgefühls, und die materialistische Geschichtsauffassung bildet nur das Schlußkapitel einer Philosophie, deren Wurzeln bis zur englischen Revolution mit ihrer seitdem für das englische Denken verbindlich gebliebenen Bibelstimmung zurückreichen... Die Worte Sozialismus und Kapitalismus bezeichnen das Gute und Böse dieser irreligiösen Religion. Der Bourgeois ist der Teufel, der Lohnarbeiter der Engel einer neuen Mythologie, und man braucht sich nur ein wenig in das vulgäre Pathos des kommunistischen Manifests zu vertiefen, um das independentische Christentum hinter der Maske zu erkennen.« Nun hängt die endgültige Lösung des Schicksals der westlichen Menschheit ganz vom furchtbaren ungleichen Kampf dieser Prinzipien ab. Die Weimarer Republik verkörpert in der Optik Spenglers das »innere England«, »die unsichtbare englische Armee, die Napoleon seit Jena auf deutschem Boden zurückgelassen hat«, ja bloß einen »Sumpf«, in den die britischen Politiker Deutschland hineingezogen haben, in der Hoffnung, es einer liberaldemokratischen Schablone unterzuordnen. Indes: »Es gibt heute kein zweites Volk, das des Führers so bedürftig ist, um etwas zu sein, um auch nur an sich glauben zu können, aber auch keines, das einem großen Führer so viel sein kann.«** Das ist 1927 geschrieben, also rund sechs Jahre vor dem Erscheinen eines solchen Führers. Behalten wir das in Erinnerung, aber enthalten wir uns auch einer hastigen, vorschnellen Beurteilung; die menschliche Geschichte ist ja viel komplizierter, als es den Liebhabern verschiedener Eti-

---

* Oswald Spengler, Politische Schriften, München 1932, S. 75 ff.
** Oswald Spengler, Reden und Aufsätze, München 1937, S. 134.

ketten scheinen mag. Es ist wahr, daß das deutsche Volk bald einen Führer bekommen hat, aber wahr ist auch, daß sich das Schicksal der deutschen »konservativen Revolution« mit dem Machtantritt des Nationalsozialismus nicht ohne tückische und tragische Ironie vollzog: Vor die Wahl zwischen der demokratischen »Herrschaft der Minderwertigen« (nach der Formel Edgar Julius Jungs) und der autoritären Macht gestellt, widersetzten sich diese »*linken Leute von rechts*« (um eine andere schöne Formel von Otto-Ernst Schüddekopf zu gebrauchen) von Anfang an dem Regime und verzichteten darauf, in diesem ihre eigene Kreatur anzuerkennen.

Das neue (und schon letzte) Buch Spenglers, »Jahre der Entscheidung«, das 1933 bereits nach der Machtergreifung veröffentlicht wurde, verallgemeinert auch in diesem Fall die Situation mit entschlossener Feindseligkeit gegenüber den neuen Machthabern. Das war das letzte Wort, das diesem berühmten Vorboten des »Untergangs des Abendlandes« auszusprechen bestimmt war. Hier tritt noch einmal das Thema des Untergangs des Abendlandes auf, diesmal übrigens nicht in philosophischer Interpretation wie einst, sondern als politische Konsequenz des Geschehenen, also von der Vergangenheit in die Gegenwart gewendet und schon nicht mehr als allmähliches Erlöschen, sondern als bevorstehender Zusammenbruch. Man könnte einmal versuchen, den Hauptinhalt dieses Buches in Form kurzer Kriegsberichte darzustellen. Sein wie ein Notruf heulendes Leitmotiv: »Wir sind in das *Zeitalter der Weltkriege* eingetreten.«* Die Idee des alten Europa, die von Metternich sorgfältig gepflegt und von Bismarck schon mit Mühen gestützt wurde, ist unumkehrbar zerfallen; Europa – ein wahrer »*cauchemar des coalitions*«, Chaos und Zerfall – hörte nach dem Krieg auf, als Ganzes zu existieren; gerade dieses Europa wurde in diesem Krieg besiegt, in dem es weder Sieger noch Besiegte gab. Der Tod näherte sich über zwei Richtun-

---

* Oswald Spengler, Jahre der Entscheidung, 1. Teil: Deutschland und die weltgeschichtliche Entwicklung, München 1933, S. 16.

gen: waagrecht (im Kampf der Nationen) und senkrecht (in den Revolutionen); die von Nietzsche vorhergesehene Umwertung aller Werte wurde zur Tatsache unter dem Zeichen der totalen Verflachung und Demoralisierung des europäischen Lebens, das auf die traditionellen, streng reglementierten Formen politischer und geistiger Ordnung zugunsten abstrakt menschenfreundlicher Ideen über die allgemeine Gleichheit verzichtete. Das ist das schreckliche Endergebnis der »*weißen Revolution*«, die der Europäer in seinem eigenen Haus vollbracht hat und die eine neue, diesmal »*farbige Revolution*« unvermeidlich nach sich zog – die endgültige Entführung Europas durch die farbigen Rassen. Das ist die Bedeutung Versailles', dem sich die europäische Welt selbst zum Opfer brachte – sein Ergebnis der Sieg der farbigen Welt. »Dieser Krieg war eine Niederlage der weißen Rassen, und der Friede von 1918 war der erste große Triumph der farbigen Welt: Es ist ein Symbol, daß sie im Genfer ›Völkerbund‹ – der nichts ist als das elende Symbol für schmachvolle Dinge – heute über die Streitfragen der weißen Staaten untereinander mitreden darf... Sie fühlten ihre gemeinsame Stärke und die Schwäche der andern; sie begannen die Weißen zu verachten wie einst Jugurtha das mächtige Rom. Nicht Deutschland, das *Abendland* hat den Weltkrieg verloren, als es die Achtung der Farbigen verlor... Die weißen Herrenvölker sind von ihrem einstigen Rang herabgestiegen. Sie verhandeln heute, wo sie gestern befahlen, und werden morgen schmeicheln müssen, um verhandeln zu dürfen.«* Ich kann ja nur erraten, wie diese Sätze einem Deutschen im Ohr klingen müssen, aber ich kann auch mit Sicherheit sagen, daß sie in Rußland schon vor Spengler im Schwange waren. Es wäre schon hinreichend, Alexander Blok zu erwähnen, vielleicht nur sein 1918 geschriebenes Gedicht »Die Skythen« – mit der schrecklichen Vision des künftigen wütenden Hunnen, der eine Pferdeherde in die Kirche treibt und das »*Fleisch der weißen Brüder brät*«. Oder etwa Andrej

---

* Ibid., S. 150 f.

Belyj – eine mehr als nur interessante Analogie, weil es sich um einen Anthroposophen handelt, der fast fünfzehn Jahre vor dem Erscheinen von Spenglers Buch in Dornach folgende Zeilen niederschrieb: »Fassen wir unsere nächste Aufgabe nicht, so wird die Mulattengestalt Europas aus einer schokoladen-zitronenhaften zu einer bronzefarbenschwarzen; und aus der leichten Larve des raffinierten Cake-walk-Lebens fletscht uns plötzlich eine Negerfratze ihre Zähne entgegen: es wird ein Tomahawk geschwenkt. Der Neger ist schon unter uns: bleiben wir fest ... Arier.«*
Bezeichnend, daß, indem Spengler diese Worte wiederholt, der Tomahawk schon aus Rußland geschwenkt wird. Mit dem Sieg des Bolschewismus wird sich Rußland endgültig über seine Farbe klar werden. »*Asien*«, so Spengler, »*erobert Rußland zurück*, nachdem ›Europa‹ es durch Peter den Großen annektiert hatte«.** Bezeichnend auch, daß die epochemachenden Ereignisse der »*weißen*« und »*farbigen*« Revolution, die in der Dimension Europas auf Jahrzehnte, wenn nicht Jahrhunderte ausgedehnt werden, in Rußland in ein einziges Jahr zusammengepreßt sind: gehört die März-Revolution, laut Spengler, in den Rang der »*weißen*« (der Sieg des gemeinen europäischen Liberalismus über die autoritäre Struktur des Staates), so erweist sich die Oktober-Revolution schon als »*farbig*« (der Triumph des asiatischen Prinzips).

»Deutschland in Gefahr« – so lautete der Titel eines Vortrags, den Spengler 1930 in Hamburg gehalten hat. Sind wir denn heute in der Lage, diese tragische Situation ganz unparteiisch und immanent zu erfassen? Deutschland, von allen Seiten bedroht: vom Abendland her vom Händlergeist, vom Morgenland her vom tatarischen Geist – lesen wir einmal diese schlagende Charakterisierung des Bolschewismus: »Ein tatarischer Absolutismus, der die Welt aufwiegelt und ausbeutet, ohne auf Grenzen zu achten, es seien denn die der Vorsicht, verschmitzt, grausam, mit dem

---

* Andrej Belyj, Krisis des Lebens, Berlin 1923 (russ.), S. 49.
** Oswald Spengler, Jahre der Entscheidung, loc. cit., S. 43.

Mord als alltäglichem Mittel der Verwaltung, jeden Augenblick vor der Möglichkeit, einen Dschingiskhan auftreten zu sehen, der Asien und Europa aufrollt.«* Die Angst vor einem solchen Rußland wird hier auf eine unzweideutige Formel gebracht: Im Gespräch mit einem Mitarbeiter des Svenska Dagbladed hat Spengler sich am 9. November 1924 so geäußert: »Die Lage in Rußland ist seit Lenins Tode höchst unklar ... Soviel glaube ich sagen zu dürfen, daß Westeuropa stets auf unbehagliche Überraschungen vorbereitet sein muß.«**

Fassen wir die ganze Situation noch einmal zusammen: Deutschland, in die Sackgasse zwischen die beiden Gefahren eines westlichen *ökonomischen* Kommunismus und eines östlichen *politischen* Kommunismus getrieben, mußte seine Wahl treffen: Darf es sich bewahren, also *deutsch* bleiben, oder ist es dazu verurteilt, zu einem *satten* oder einem *hungrigen* (beidemal *undeutschen*) Anhängsel der beiden es bedrängenden Supermächte zu werden? Vor diesem Hintergrund kann man verstehen, warum wohl Oswald Spengler bei der Reichspräsidentenwahl 1932 seine Stimme für Adolf Hitler abgegeben hat. Die Motive dafür sind im Licht seines eindeutig negativen Verhältnisses zu den Nazis kaum anders zu interpretieren. »Hitler ist ein Dummkopf«, sagte er damals zu seiner Schwester, »aber die Bewegung muß man unterstützen.«*** Es war die Angst, die totale und ausweglose Angst vor dem größeren und sich vom Westen wie vom Osten heranwälzenden internationalen Bösen, die ihn zwang, diesem geringeren, wie ihm schien, nationalen Bösen den Vorzug zu geben. Kurz vor den Reichstagswahlen traf er Hitler bei den Wagner-Festspielen in Bayreuth und unterhielt sich mit ihm anderthalb Stunden. »Nach einer ausgiebigen Debatte«, erinnert sich ein Augenzeuge, »die lediglich die gegenseitige Abneigung deutlich gemacht

---

* Ibid., S. 44.
** Zitiert nach A. U. Koktanek, Oswald Spengler in seiner Zeit, München 1968, S. 267.
*** Ibid., S. 427.

hatte, schieden sie verfeindet voneinander. Hitler kritisierte an Spengler die konservative Grundhaltung und das Verkennen der Bedeutung der Rassenfrage, während Spengler nur ganz unverhohlen seiner Verachtung über Hitler Ausdruck verlieh.«* Er hätte sich ja jenes Wortes entsinnen können, das Moeller van den Bruck einst im Gespräch mit seinem Mitarbeiter Rudolf Pechel über den noch wenig bekannten Hitler fallen ließ: »Pechel, der Kerl begreift's nie!« Zu dieser Zeit hat sich Goebbels zweimal mit der Bitte an Spengler gewandt, das Regime öffentlich zu unterstützen, und zweimal mußte der Philosoph dem Minister seine Absage erteilen. Das war schon genug, um eine scharfe Hetze zu organisieren. Überall in der Presse wurde nun der ehemalige praeceptor Germaniae als »Untergangsmelodramatiker«, »ein nörgelnder Intellektueller«, »ein verstaubtes Gehirn« usw. qualifiziert. Bald darauf folgte der Beschluß, Spengler zur Persona non grata zu erklären. Offiziell hieß es so: »Es ist unerwünscht, die Diskussionen über Spengler fortzusetzen. Die Regierung bittet, von diesem Manne keinerlei Notiz mehr zu nehmen.« Kein geringerer als Adolf Hitler selbst hat übrigens dieses Verbot einmal nicht beachtet, am 1. Mai 1935 auf dem Tempelhofer Feld vor einundhalb Millionen Menschen: »Ein Schriftsteller faßte die Eindrücke dieser Zeit [vor 1933] zusammen in einem Buch, das er betitelte: ›Untergang des Abendlandes‹. Soll also das wirklich das Ende unserer Geschichte und damit unserer Völker sein? Nein! ... Nicht Untergang des Abendlandes muß es heißen, sondern Wiederauferstehung der Völker dieses Abendlandes!«**

Es ertönten auch befremdete Stimmen: »Es ist mir mitgeteilt worden«, so schrieb die überalterte Elisabeth Förster-Nietzsche in einem Brief an Spengler, »daß Sie sich gegenüber dem Dritten Reich und seinem Führer energisch ablehnend verhalten ... Aber gerade das ist mir nicht recht

---

* Zitiert nach D. Felken, Oswald Spengler, konservativer Denker zwischen Kaiserreich und Diktatur, München 1988, S. 194.
** Ibid., S. 231.

begreiflich. Bringt nicht unser innig verehrter Führer für das Dritte Reich die gleichen Ideale und Wertschätzungen, die Sie in ›Preußentum und Sozialismus‹ ausgesprochen haben? Und wodurch ist nun Ihr starker Widerspruch entstanden?«* Diese Frage ließ sich keinesfalls mehr umgehen. Erstaunenswert, daß selbst der Ton der Spenglerschen Angriffe auf die Nationalsozialisten viel schärfer und rasender ist als der mancher weitbekannter Antifaschisten. Um diesen »Aufstand der Unbegabten« zu schildern, mußte er sein Wörterbuch eines Nietzscheaners gründlich plündern; es reicht schon hin, nur ein Exempel typisch nietzscheschen Bombenwerfens anzuführen, um zu zeigen, was hier in bezug auf die Nationalsozialisten vollbracht wurde: »plump, brutal, geschwätzig, inferior, abergläubisch, korrupt, unsauber, niggerhaft, Berufsverbrecher, Psychopathen, Idioten, Parteihorde, undeutsch, Geisteskranke, Denunzianten, Diebe, Mörder, Faulpelze, Perverse, Trunkenbolde, Krüppel, Schafsgesichter«.** Weiterhin eine Personenliste mit dem »Prolet-Arier« Hitler an der Spitze: »Der eine läuft hinter Lustknaben, der zweite hinter der Morphiumspritze her, der dritte kann nicht laufen, weil er Klumpfüße hat.«*** Dazwischen kommen aber auch einige besonnenere Bemerkungen vor, die diesen leidenschaftlich gekränkten Ton besser und tiefer deuten lassen. Ein Beispiel für viele: »An den sogenannten ›Ideen‹ des Nationalsozialismus ist vieles richtig – weil sie nicht von seinen Maulhelden stammen. Sie sind z.T. von mir (Preußentum und Sozialismus), z.T. viel älter, schon aus der Bismarckzeit, schon von Friedrich Wilhelm I. Aber wenn man einen Schimpansen ans Klavier setzt, um Beethoven zu spielen, wird er nur die Tasten zerschlagen und die Noten zerreissen. Sie haben die Ideen nicht begriffen – dazu muß man etwas im Schädel... Sie haben sie zertreten, beschimpft, verdorben, zu pöbelhaften

---

* Oswald Spengler, Briefe 1913–1936, München 1963, S. 749.
** Zitiert nach G. Merlio, Oswald Spengler, temoin de son temps, Stuttgart 1982, S. 899.
*** Ibid., S. 900.

Phrasen herabgewürdigt.«* Der Ton der Empörung steht über allem Zweifel, wie auch ihr Charakter: So kann nur ein Komponist sich über die vulgäre und falsche Ausführung seines Werkes entrüsten.

Kein Zweifel: die Geschichte dieses Lebens ist die einer langen und qualvollen Niederlage. Nachdem wir sie kurz und knapp zu verfolgen versuchten, bleibt uns, einige Bilanzen aufzustellen. Aber hüten wir uns, eilige Schlüsse aus dem Geschilderten zu ziehen! Vergessen wir nicht, daß die Geschichte sich in der Uhrzeigerrichtung vollzieht und daß man keine besondere Weisheit dazu braucht, sie im Rückwärtsgang zu be- und verurteilen. Man sagt zwar, die besten Gedanken kämen hinterher, doch würde ich mich wenigstens davor hüten, diese als die »besten« zu bezeichnen; besser wäre, von den »abgelaufenen« zu sprechen. Es wurde fast Tradition (in Deutschland hat sie besondere Macht), die Ereignisse der jüngsten deutschen Geschichte – zwischen dem Ende des Ersten Weltkriegs und dem Machtantritt Hitlers – mit juristischer Eindeutigkeit zu behandeln, als ginge es immer noch um eine Fortsetzung der Nürnberger Prozesse, diesmal aber im Bereich des geistigen Lebens. In dem Vorwort zum 1980 erschienenen Sammelband »Spengler heute« mit sechs Essays von verschiedenen – deutschen wie ausländischen – Autoren bemerkt Hermann Lübbe nicht ohne sachlich begründete Selbstverständlichkeit, der Ton der deutschen Autoren sei ungleich kritischer als der ihrer ausländischen Kollegen, die sich im Verhältnis zu Spengler von dieser Eindeutigkeit und Einseitigkeit freihalten können. Gut, ich meinerseits habe also alle Gründe, in der Rolle eines »*ausländischen Kollegen*« aufzutreten und mit einer *sancta simplicitas* Nuancen zu berühren, die hier im Nachkriegs-Deutschland keineswegs zum guten Ton gehören. Es kann freilich daraus nicht folgen, mich deutschen Nationalisten zuzurechnen oder wenigstens für einen »*Spenglerianer*« zu halten. Um damit mit einem Schlage abzurechnen, kann ich nur bekennen, daß

---

* Ibid., S. 907.

das Negative, das für mich jedenfalls Unannehmbare der ganzen Spenglerschen Philosophie oder, breiter genommen, der Weltanschauung der konservativen Revolution mich gar nicht daran hindern kann, das Beste daraus zu ziehen und gerade das zu gewinnen, was dort zu gewinnen ist. Ja, Spengler als Kunsthistoriker oder als Meister der Sprache, dem es fast gelungen ist, ein vollkommenes Seitenstück des Tristan in Worte zu bringen, erscheint mir auch heute noch unübertroffen und einzigartig. Heute aber handelt es sich um einen anderen Spengler, den oben geschilderten, und mir bleibt jetzt, das Gesagte auf meine Art zusammenzufassen.

Hüten wir uns zuerst nochmals davor, allgemeingültige und Binsenwahrheiten auch auf diesem, ja ziemlich gefährlichen Gebiet zu wiederholen. Die Herrschaft der Etikette erreicht in der Gegenwart ihren Höhepunkt, und ich handle kaum gegen die Wahrheit, wenn ich sage, daß sie auch in der Anthroposophie an Bedeutung gewinnt. Die Beziehung mancher Anthroposophen zu Spengler läßt sich ungefähr so beschreiben: Nein, er predigt den Untergang Europas, woran ich als Anthroposoph, der ich bin, nicht glaube. Gut, aber wissen wir denn, wie leicht es ist, auf diese Weise in eine Patsche zu geraten? Ich beschränke mich nur auf ein einziges, doch ziemlich skandalöses Beispiel: »Ich bin kein Anhänger von Oswald Spengler! Ich glaube nicht an den Untergang des Abendlandes. Nein, ich halte es für meinen mir von der Vorsehung gestellten Auftrag, dazu beizutragen, daß er verhindert wird.«* Es geht hier um eine kleine, wenn auch tückische Denkaufgabe, denn ich biete nun an, den Urheber dieses Zitats auf eigene Gefahr zu erraten. Wem denn gehört es? Gewiß doch ist eines: Seinem Inhalt nach (wohl mit entsprechenden Stilverbesserungen) könnte es von einem beliebigen aufrechten Zeitgenossen, auch von einem Anthroposophen zum Ausdruck gebracht worden sein. Ich sollte hier dennoch ganz unwillkürlich um eine sozusagen unverschuldete Entschuldigung bitten, weil die

---

* Zitiert nach D. Felken, loc. cit., S. 23 f.

Entlarvung des Inkognitos in diesem Zusammenhang mit gewissen Überraschungen verbunden ist. Kein anderer als Adolf Hitler hat das gesagt, der sich seinerseits – was auch ziemlich kennzeichnend ist – keine Zeit genommen hat, das Buch Spenglers zu lesen; so wenigstens laut Spengler, der diesen Sachverhalt einmal in einen guten Witz verpackt hat: »Der Untergang des Abendlandes – das Buch, von dem der Führer den ganzen Titel gelesen hat.« Nun, was mich anbelangt, so würde ich, falls vor die Wahl gestellt, ohne Zögern diesen alten Spenglerschen Untergang jenem Aufgang des Abendlands vorziehen, obwohl ich es lieber hätte, vor keine solche Wahl gestellt zu werden.

Letztendlich könnte ich die ganze Situation mit einem Vergleich erläutern. Man stelle sich nur vor, was entstünde, wenn die Chirurgen der ganzen Welt so arbeiteten wie die philosophischen Kritiker. Wäre es dann eine Übertreibung zu sagen, daß infolge dessen der Letalitätsstand gigantisch steigen würde? Ich hoffe, nun richtig verstanden zu werden, wenn ich sage, daß heute eine solche symbolische, ja man möchte fast sagen geistige Sterblichkeit gerade auf dem Gebiet analytischen Denkens ihren Höhepunkt erreicht hat. Und sagt man etwa: Ah! Oswald Spengler, der ist doch ein direkter Vorläufer des Nationalsozialismus! – so scheint dies eine leicht ableitbare Wahrheit, zugleich doch eine ziemlich grobe Chirurgie. Man sammelt eine gewaltige Kollektion jeglichen Zitatenguts und glaubt, es sei schon genug, vernichtende Urteile zu fällen. Ja, der einzige, leidenschaftliche Traum dieses Mannes, sofern er das Gebiet der Metaphysik verließ und sich vollauf der Politik hingab, war das Warten auf einen *Führer, seinen* Führer – ich habe oben schon eine solche Stelle zitiert, ich könnte deren Zahl verhundertfachen. Dies ist das aufdringliche Leitmotiv des Politikers Spengler – ich zitiere noch eine Stelle: »Sich als Material für große Führer erziehen, in stolzer Erziehung, zu unpersönlicher Aufopferung bereit, das ist auch eine deutsche Tugend.«* Schrecklich! Ja, aber man vergesse doch

---

* Oswald Spengler, Politische Schriften, loc. cit., S. 155 f.

nicht, wann und unter welchen Umständen das gesagt wurde. Die ganze Tragik der deutschen konservativen Revolution tritt hier zutage: die Tragik der *ureigen deutschen Idee*, der es zustieß, sich bereits nicht mehr in Anwesenheit eines Goethe, sondern eines Bismarck und der Realpolitik zu verwirklichen. Es war vielleicht die einzige Möglichkeit, mit dieser Idee fertig zu werden, nämlich sie in die Politik einzubeziehen, ja sie zu politisieren. Denjenigen, die hinsichtlich Spengler immer bereit sind, aufgrund eilig ausgewählter Zitate endgültige Urteile zu fällen, würde ich raten, auch folgende Zitate zu berücksichtigen: »Ich möchte«, so sagt dieser »Menschenfeind« einmal, »nicht ohne Goethe, ohne Shakespeare, ohne die alten Architekturen leben... Bach und Mozart gehen mir über alles.«* Und noch ein verblüffendes Zitat aus der Jugendzeit: »Ich habe ein so starkes Bedürfnis, jemand zu verehren, und nicht nur Goethe und Shakespeare, Größen der Vergangenheit, sondern Mitlebende. Was ist meine Jugend, meine innere Entwicklung verdorben worden, weil ich niemand wußte, vor dem ich Achtung haben konnte.« Nicht wahr, das klingt schon wie im vollen Einverständnis mit einer bekannten Stelle aus »Wie erlangt man Erkenntnisse der höheren Welten?«** Der Eindruck ist, es sei dieser Nachkomme echter deutscher Philosophie in eine ganz fremde Welt geraten, ohne daß ihm dabei die innere Kraft ausreichte, aus sich selbst einen Ausweg zu finden. Der Traum von einem Führer – man bemerke wohl: nicht nach, sondern *vor* 1933 – war nur der letzte verzweifelte Versuch, eine starke Persönlichkeit, ja überhaupt das Individuelle direkt an der Schwelle dieses anbrechenden Verschwindens alles Individuellen heraufzubeschwören, selbst wenn es schon nicht mehr in Gestalt eines Goethe oder eines Mozart auftreten sollte, sondern in der Maske eines brutalen Cäsarismus. Denken wir einmal daran: Ein Mann, der kürzlich noch gestanden hatte, er

---

* Oswald Spengler, Reden und Aufsätze, loc. cit., S. 77.
** Rudolf Steiner, Wie erlangt man Erkenntnisse der höheren Welten? Dornach 1981, S. 15 f. (gemeint ist der *Pfad der Verehrung*).

könne nicht ohne Goethe, ohne Shakespeare leben, entschließt sich jetzt, folgende Zeile zu schreiben: »Zu einem Goethe werden wir Deutschen es nicht mehr bringen, aber zu einem Cäsar.« Ein gefährliches Spiel? Wohl möglich. Aber vergessen wir nicht, mit welcher Verzweiflung dieser erhoffte Cäsar von seinem Vorboten empfangen wurde. Er wünschte – ja rein nietzeanisch – alles oder nichts, das hieß: entweder Goethe oder ... bloß Hindenburg. Das Mittelmäßige wirkte wie Gift. Das war die Tragödie einer ganzen Generation von mißratenen Erben der deutschen Idee, die stark genug waren, allen kläglichen Ersatz zu verschmähen, und zugleich zu schwach, um deren mächtige Fortentwicklung, wie sie in Rudolf Steiner personifiziert war, zu erkennen. Selbstverständlich blieb ihnen nur, den Untergang zu lobpreisen und ihre verräterischen Tränen um die verschwundene Kultur zu verbergen. So wenigstens glaubten sie, uns hinters Licht führen zu können, und wir müssen ja gestehen, daß es ihnen auch in nicht bescheidenem Maße gelungen ist.

Unvorhersagbare Vergangenheit des Ostens

Schicksale der sowjetischen Intelligenz

Die gegenwärtigen Ereignisse zeigen den endgültigen Zerfall des letzten blutigen Monsters, einst UdSSR genannt. Dieses riesenhafte Imperium, das mehr als 70 Jahre lang über das Leben Hunderter von Millionen Menschen herrschte, so daß in der ganzen Weltgeschichte kaum Analogien zu finden sind, allenfalls in den halbmythischen östlichen Imperien der Frühzeit, stürzt nun in vollkommenes Chaos, dessen beiden Pole – Vergangenheit wie Zukunft – gleichermaßen dunkel, furchtbar und unvorhersehbar erscheinen. Das Schicksal der Intelligenz im Sowjetland – das besagt nicht nur Vergangenheit, sondern auch Zukunft, genauer gesagt, es liegt jetzt im Vergangenen und *kann* nur Zukunft werden, wenn diese Vergangenheit von uns völlig eingesehen wird. Die allererste Bedingung, sich in diesem Chaos nicht zu verlieren, besteht darin, daß wir uns dieser Vergangenheit bewußt werden; dafür bedarf es vorab einer sicheren Methode oder vielmehr eines sicheren Ausgangspunkts, vielleicht jenes Stützpunkts, von dem aus diese Vergangenheit wenn nicht umzuwälzen, so jedenfalls umzudeuten ist.

Die allererste Aufgabe besteht darin, sich über den Maßstab der *inneren* Verluste klar zu werden, was, meiner Meinung nach, das Schwierigste ist. Der Zustand der sowjetischen Intelligenz heute, nachdem dieser höllische Alp (gemeint ist die kommunistische Regierung) vergangen ist, scheint dem Zustand eines Gefangenen ähnlich, der sich jauchzend befreit fühlt, ohne daß ihm schon die wirkliche Situation verständlich wäre; denn das Schrecklichste ist unverändert und unberührt. Man wirft die Fesseln ab und man spürt nicht, daß diese Befreiung sich nur äußerlich vollzieht, daß es sich nicht nur um diese äußeren Fesseln handeln kann, sondern vor allem um die inneren. Nun möchte ich sagen, daß der Bolschewismus nicht nur eine soziale, politische, ökonomische usw., sondern auch eine ökologische Katastrophe war, nämlich eine einzigartige *Utopie der künstlichen Menschenzucht*, und wenn ich meine, daß es notwendig ist, sich über den Maßstab der inneren Verluste klar zu werden, so bedeutet das, die folgende Frage zu beantworten: Ob jene Utopie verwirklicht war, und wenn ja, in welchem Maße? Die Historiker glauben, die Antwort darauf in den Archiven gefunden zu haben. Ihre Logik läßt aber außer acht, daß alles, was geschah, gerade mit und in dem Menschen geschah und daß der Schlüssel dazu nur im Innern zu suchen ist. Der sowjetische Intelligenzler ist, ohne es zu wissen, ein typischer *homo sovjeticus*, insbesondere wenn er den erwähnten *homo* theoretisch verspottet und »entlarvt«. Das ist das Problem, dessen Genealogie, und sei es nur im allgemeinen, ich darzustellen versuche.

Man hat es mit einem Experiment zu tun, das sich als »die Möglichkeit des Unmöglichen« bezeichnen läßt. Denn Stalin begehrte das Unmögliche. Instinktiv ahnte er, daß das Unmögliche im Rahmen der russischen Geschichte möglicher erscheint als das Mögliche selbst. Diese Geschichte bot ihm auffallende Beispiele an. Es unterlag ihm keinem Zweifel, daß die Größe Peter des Großen nur in seiner Orientierung auf das Unmögliche gelang; er verstand zugleich das Gegenteil, daß, woran Alexander II. zugrundeging, der entgegengesetzten Haltung entsprang, nämlich dem Bestreben, sich innerhalb des Möglichen, *europäisch* Möglichen zu bewegen. Kurz, es bestand die ganze Erfahrung, die er sich aus der Geschichte Rußlands angeeignet hat, eben darin, daß die Muse *Klio* demjenigen gewogen scheint, der ihr als Gewaltmensch gegenübertritt. Das Beispiel Peters war ihm lehrreich: Konnte man mit Prügelstrafen für den falschen Gebrauch der deutschen Modalverben anfangen und das ganze Land zur Aufklärung *zwingen*, so beweist das, daß das Gebiet des Möglichen hier wahrlich *unbegrenzt* ist. Daraus folgte das erste Stalinsche *apriori*, das man etwa so formulieren könnte: In diesem Land ist alles *erlaubt*, weil alles *möglich* ist, unter der Bedingung, daß die Methode der Verwirklichung die unbegrenzte Gewalt sein muß. Davon sollte man ausgehen, um die ganze Einzigartigkeit dieses Experiments zu erfassen.

Setzt man voraus, daß es sich zunächst um den Kampf um die absolute Macht handelte, so versteht es sich von selbst, daß das erste Ziel Stalins die Beseitigung aller Hindernisse und Hemmungen sein mußte. Um seine Allmacht zu bestätigen, mußte er mit dem Volk (das er immer als Masse wahrgenommen hat) in unmittelbaren Kontakt kommen, was bedeutete: alle *Vermittler* loszuwerden. Abgesehen von den politischen Nebenbuhlern blieb ihm nur eine Kraft, die ihm den Zugang zur Masse versperrte und die er um jeden Preis beseitigen mußte: die Intelligenz.

Am Ende der 20er Jahre schien die politische Situation schon mehr oder weniger klar. Sie bestand darin, die Nebenbuhler bloß *physisch* zu vernichten. Das Problem der Intelligenz war aber viel komplizierter. Stalin wußte, daß das Problem diesmal keineswegs nur mit physischen Mitteln und auf dem physischen Plan zu lösen ist: Die physische Beseitigung der Intelligenz erwies sich als Illusion dort, wo das Wichtigste, die *Idee* der Intelligenz als solche, die Intelligenzija selbst war. Was die physische Beseitigung betrifft, so nahm diese stufenweise fast apokalyptische Maßstäbe an: Nicht ohne Schauder ist jenen Hekatomben zu gedenken, die von Anfang an dem Bolschewismus eine fast heidnisch-religiöse Bedeutung verliehen, so daß mit der demographischen Explosion nicht nur der Erde, sondern auch dem Jenseits eine Übervölkerung drohte. Die *Idee* aber – sagen wir es noch einmal – blieb unversehrt. Stalin wußte, daß diesem schwachen Geschlecht von Himmlischen gegenüber jede Art von Gemetzel völlig sinnlos ist; was ihn besonders beunruhigte, war irgendein angeborener *Antibiologismus*, eine, fast möchte ich sagen *militante Lebensunfähigkeit* des Intelligenzlers. Er konnte hier kaum ernstlich mit dem Leben als eine Art Köder rechnen. Sein Instinkt eines Seminaristen-Halbgelehrten soufflierte ihm wohl, daß das Leben diesmal keineswegs Gebrauchswert hat. Wer weiß, vielleicht waren ihm von jung auf diese Schillerschen Zeilen aus »Die Braut von Messina« nicht unbekannt:

Dies *eine* fühl ich und erkenn es klar:
Das Leben ist der Güter höchstes *nicht*.

Gewiß war er mit seiner flachen Anthropologie des Menschen als »überlebendes Tier« nicht imstande, dies zu verstehen, aber andererseits, als wachsamer Jäger, der er war, konnte er es auch nicht mißachten. Das einzige, was er ganz bestimmt verstand, war die Notwendigkeit, die physische Einwirkung mit der metaphysischen zu kombinieren.

Die zärtliche Beziehung Stalins zur *Dialektik* ist weithin bekannt. Die Dialektik, wie er sie faßte und deutete, schien ihm ein theoretisches Wunder, mit dem er den *Terror theoretisch* rechtfertigen und begründen konnte. Man stelle sich nur vor, vom Standpunkt der Dialektik, also logisch, im Grunde, a priori, war jeder sowjetische Mensch zum Tode durch Erschießen verurteilt, denn war er nach der *These* rechtgläubiger Kommunist (man lese: Stalinist-Leninist), so wurde er nach der *Antithese* sicherlich Trotzkist, wenn er davon auch keine blasse Ahnung haben konnte. Insbesondere zu betonen, daß das Opfer gleichsam mechanisch (und immer noch dialektisch) keinerlei Möglichkeit mehr hatte, sich zu rechtfertigen, und wie in der Mausefalle saß. Beharrte man dagegen auf der *These*, so war notwendig die *Antithese* zu verneinen, was aber dem Antidialektiker folglich einbrachte – man drehe und wende sich, wie man will –, Trotzkist zu sein. Zweifellos besaß Stalin eine gewisse mediumistische Fähigkeit zum Humor: unvoraussehbar waren die Situationen, in denen ihm jäh zum Scherzen war.

Mit dieser Pathodialektik kam in Stalin eine andere Leidenschaft gut überein: die bis ins Transzendente getriebene Geschwindigkeit. Das wahnsinnige Tempo der Fristen, eine fast sportsmäßige Auffassung von *der Zeit selbst*, wonach z.B. der *fünfjährige* Zeitraum in vier Jahren unterzubringen ist (man denke an jene typisch sowjetische Losung: »Verwirklichen wir den Fünfjahresplan in vier Jahren!«), hat am allerwenigsten ökonomische Zwecke verfolgt. Stalin konnte nicht übersehen, daß das zu einer Art wirtschaftlichen Selbstmord führt, aber seine Rechnung war die des *Politi-*

kers. Die Formel der Macht lautete: die Massen und ER, ER und die Massen; um aber diese Formel anwenden zu können, bedurfte es zweier Vorbedingungen: der unendlichen Dynamik der Massen einerseits und der unendlichen Statik Stalins, Statuenhaftigkeit des »Führers« andererseits. Die Massen mußten um jeden Preis dynamisiert werden; Dynamik aber bedeutete hier vor allem Flüssigkeit, Vergänglichkeit, Einmaligkeit, Unumkehrbarkeit, letztendlich Gespensterhaftigkeit der erstarrten Gestalt des »*Vaters*« gegenüber, der in diesem verweilten schönen Augenblick die Ewigkeit selbst personifizierte.

Theoretisch mag Stalin dieses Mythologem der allgemeinen Militärpflicht irgendwoher entlehnt haben (sei es – nicht ohne tückische Ironie – von demselben Trotzki), aber in der Tat war es seine innigste Schöpfung, denn niemandem war es bis dahin gelungen, es so phantastisch umzusetzen. Was am Ausgang des Weimarer Deutschland der Traum der National-Romantiker wie Ernst Jünger oder Ernst Niekisch war – jene hart lyrische Utopie vom *Arbeiter-Soldaten* und der *totalen Mobilmachung* –, hier ist er zur Verhaltensnorm Hunderter von Millionen geworden. Das Volk als Heer gedacht, folglich immer marschbereit, immer auf Gewaltmärschen: ein beständiger Marsch über den Saint-Gothard, der in seiner Alltäglichkeit schon aufgehört hat, unüberwindbar zu erscheinen. Das Volk als Heer, folglich: mit regelmäßigen Menschenverlusten, denn die Armee ist undenkbar ohne Verluste; folglich: gehorsam und resigniert, wie es sich dem Soldaten geziemt; kurz, immer in Form sein, genauer, in Militärform sein, vom ersten Mann des Staates (man denke an den ständigen Soldatenmantel Stalins) bis zur Stachanow-Bewegung und den alltäglichen Zeitungen, die den Stil der Kriegsberichte imitierten. Um was für eine Wirtschaft konnte es sich unter den Verhältnissen der *totalen Front* handeln, wo selbst das Wort »Front« zu einer geläufigen Metapher wurde, von der Wirtschaftsfront bis zur ideologischen? Nun ist bis heute immer wieder zu lesen, Stalin hätte durch die ungeheuren Repressionen und massenweisen Hinrichtungen die Sowjetarmee enthauptet; gut, aber man vergesse doch nicht, daß dabei nur von einem europäischen Äquivalent für Armee die Rede ist, mit dem nicht viel Umstände zu machen waren dort, wo als einzige Wirklichkeit der nomadenhafte Mythos von einer allgemeinen und unbefristeten Volksarmee galt, nur dazu gezüchtet, immer anzugreifen und ungeheure Verluste zu erleiden. Dieses zu einer totalen Kriegsmaschine gewordene Volk (»Brüder und Schwestern« – so hat er es damals genannt) hat den Krieg für Stalin gewonnen; die mächtige Armee Hitlers war diesem unmenschlich schmerzensreichen und a priori mobilen Element gegenüber immer noch ein traditionelles und rationelles Spielzeug.

Dieser absolute Kontakt mit den Massen (die, wie bekannt, der marxistischen Theorie als Triebkraft der Geschichte galten) forderte die einschneidensten Maßnahmen der Intelligenz gegenüber. Es handelte sich, selbstverständlich, nicht um die Aufhebung des Begriffs »Intelligenz« als solchen – das stünde mit der marxistischen Doktrin und der sozialen Tarnung des Experiments im Widerspruch –, sondern um dessen radikalste *Umgestaltung*. Im Kampf gegen die Oppositionäre beschränkte sich die Frage auf rein politische Ambitionen; hier aber kam es auf das Problem der *geistigen Leitung* an. Man mußte dem Kaiser nicht nur geben, was des Kaisers ist, sondern auch... was Gottes ist. Die Intelligenz, schon ihrer Urgeburt nach mit dem Volk so verbunden wie das Ich-Bewußtsein mit dem dunklen unbewußten Organismus, trat gleichsam instinktiv als ein Schutzschild auf und, mehr noch, als die potentielle oder manchmal auch aktuelle Kraft des Bewußtwerdens des Organismus selbst. Man versteht, daß der Kampf um die Macht, der politisch in der gespannten und doch trivialsten Situation der »Schlägerei um den Stuhl« ans Licht kam (wie Stalin selbst es in einem Privatgespräch geäußert hat), hier, im Zusammenstoß mit der Intelligenz, fast zu einem mythischen Kampf ums »Ich« wurde.

Die bloß physischen Einwirkungsmöglichkeiten blieben hier unzulänglich. Mit orwellschem Spürsinn begriff Stalin, daß die Bemühungen der Knochenbrecher auf die Knochen beschränkt bleiben mußten, als ob er die alte Geschichte vom sizilischen Tyrannen Phalaris kennte, der einen großen Kupferstier besaß, in den man die Philosophen-Stoiker trieb und dessen Bauch man dann so lange erhitzte, bis dieser zu heulen begann. Nun, es war diesem roten Phalaris so oder so bekannt, daß sich dieses bizarre Völkchen, Intelligenz genannt, sogar im Bauche jenes Phalarisschen Stiers noch selig fühlen würde. Die bloße Physik gab keine Garantien, physisch war es nur möglich, den Intelligenzler körperlich zu vernichten, ohne daß damit die Sphäre des Geistes im geringsten tangiert worden wäre. Der Geist blieb unfaßbar selig, selbst im höllischen Feuer.

Die Lösung Stalins reifte nach allen Regeln der Panzerschrankknacker. Diese eigensinnigen Helden von Intelligenzlern sollten vor allem von ihrem Nährboden gelöst werden. Stalin drückte auf die einzig nötigen Tasten: z.B. auf die dunkle bäurische Mißgunst gegenüber den »Gebildeten« (die nächste Taste – die instinktive Ehrfurcht vor dem »Wissen« – zog man nicht in Betracht). So einerseits. Andererseits förderte er den theoretischen Kult der Massen (dem Glaubensartikel des Marxismus entsprechend: Persönlichkeit ist nichts, Masse ist alles). Die ganze Propaganda-Maschine wurde angeworfen, den Massen einen Überwertigkeitskomplex einzuflößen, als wären sie der Gradmesser aller Werte. Vor diesem Hintergrund sollte der Intelligenzler selbstverständlich als Schmarotzer erscheinen; imgrunde wirkte hier das populäre *image* des Blutsaugers, der sich an den Arbeiter-und-Bauern-Plakathals warf. Kurz: dort, wo die physische Arbeit *alles* bedeutete – bis zur Vermenschlichung des Affen –, geriet deren Mangel oder mangelnde Leistung automatisch zur allerschlimmsten Sünde. Dem Intelligenzler blieb nur, dem Arbeiter um jeden Preis ähnlich zu werden, sich also als »Proletarier geistiger Arbeit« zu betrachten.

Stalin, der erfahrene dialektische Intrigant, der er war, wirkte meisterhaft, indem er diese von je her komplizierte Psychologie der Beziehung zwischen Intelligenz und Volk weiter verwirrte. Noch ein fehlerloses Tastendrücken: der angeborene metaphysische Schuldkomplex des russischen Intelligenzlers seinem Volk gegenüber und der aus ihm folgende Ausbruch an Minderwertigkeitsgefühlen. Denn so gestalteten sich die Schicksale dieser Intelligenz: Keine Universität und keine europäische Anerkennung verlieh Vorrechte dort, wo das Anrecht des Volkes begann, dieses Beschützers allerletzter Wahrheit und (so Dostojewski) »Gottträgers«. Vielleicht war diese verklärte Absurdität im russischen Intelligenzler-Selbstbewußtsein nirgendwo stärker ausgeprägt als in jener ungeheuren *sancta simplicitas* Tolstois, wonach der »Bauernknabe Fedjka« in seiner »Schriftstellerei« nicht nur Goethe, sondern auch Tolstoi selbst übertrifft – ich wiederhole: die verklärte Absurdität, die ebensogut Quelle größter Glückseligkeit wie auch größten Verderbens war. Gerade dieser »Bauernknabe« (diesmal als »Pionier« oder einer unter Millionen Namenloser, vor Hunger und Kälte zugrundegegangen) ist in den Händen Stalins zu einer Trumpfkarte geworden, mit der er diese himmlische und alltäglich unerfahrene Seele betrog.

Nur insofern der Geist selbst »arbeiten« mußte, um nicht als Schmarotzer des ihn ernährenden Leibes zu gelten, konnte man sich um seinen »Arbeitsplatz« sorgen. Ich muß gestehen, daß es fast unmöglich ist, das zu beschreiben, sogar sich vorzustellen, wie wenn man einen urzeitlichen Mythos oder nächtlichen Alptraum mit den Mitteln alltäglicher Sprache darstellen wollte. Unter den Verhältnissen des allgemeinen Paßsystems und des mathematisch fehlerlosen Formalismus der Meldepflicht und vor dem Hintergrund der durchgängigen Kollektivierung des gesamten Lebens – vom Heim und den Lebensintimitäten bis zu Kunst und Wissenschaft – hätte alle Trägheit (nach alter Weise) individueller Selbstbestimmung höchst seltsam und verdächtig erscheinen müssen. Gestern warst du Schriftsteller, Dichter, Musiker, Künstler, auf eigenes Risiko, ein sich selbst Überlassener; heute aber wirst du notwendig zu einem *Mitglied* des schöpferischen Vereins, was bedeutet: deine Wertigkeit hängt jetzt keineswegs von deinen Fähigkeiten ab, sondern allein und ausschließlich von deiner Mitgliedsbescheinigung; andernfalls könnte sich das Interesse an deinem Werk auf die bloße Kompetenz der Polizei beschränken. Man stelle sich doch die höllische Logik dieser Erfindung vor: Dort, wo es Kollektive gibt, gibt es auch die Leitung des Kollektivs, und dort, wo es die Leitung des Kollektivs gibt, gibt es auch einen geradlinigen *Druck* von oben, d.h. seitens einer *höheren* Leitung. In summa: man stimmt *pro* und *contra* ab, man hat ja diese humane Möglichkeit, *pro* und *contra* abzustimmen; das Witzigste aber bestand nun darin, daß ein *contra* schon als ein *contra* gegen den Willen des Kollektivs (man lese: des Volkes) galt, das immer einstimmig *pro* ist. Man verfolge nun die nächste Metamorphose dieses Mythos: Ein privates *contra* personifizierte sich sofort in einen direkten *Kontrahenten* (nach der Logik: ist man gegen, so ist man ... Gegner), so daß man, indem man etwa *gegen* die eindeutig widersinnige Schätzung eines Poems von Maxim Gorki (das, Stalins Meinung nach, stärker ist als Goethes »Faust«) oder *gegen* die Hinrichtung des Adels war, im Nu schon zu einem *Gegner* der Weltrevolution werden konnte.

Mir fällt in diesem Zusammenhang eine Definition ein, die von *Max Scheler* stammt. Max Scheler hat einmal den Menschen als den *Neinsagenkönner* bezeichnet. »Mit dem Tiere verglichen, das immer ›Ja‹ zum Wirklichsein sagt – auch da noch, wo es verabscheut und flieht –, ist *der Mensch der ›Neinsagenkönner‹, der ›Asket des Lebens‹,* der ewige Protestant gegen alle bloße Wirklichkeit.«* Nun hat die Stalinsche Anthropologie einen diametral entgegengesetzten Typus Mensch gestaltet: den von Geburt an *Nurjasagenkönner.* Und – was besonders hervorzuheben ist – es war gerade dem Intelligenzler (aber dem radikal umgestalteten) bestimmt, das allererste und leuchtende Vorbild dieser widermenschlichen Anthropologie zu werden.

Freilich war die Eigenart der metaphysischen Einwirkung um den ununterbrochenen Terror ergänzt worden.

---

* Max Scheler, Liebe und Erkenntnis, Bern 1970, S. 73.

Gegen Ende der 20er Jahre gehören die *obligatorischen Exile* zur Lebensform des Intelligenzlers. Es wäre nicht ohne Interesse, die Lächerlichkeit der Anschuldigungen nachzuzeichnen; heute ist man geneigt, letztere als einen Beweis für den Rechtsprimitivismus anzusehen, mir scheint aber, daß die Gründe dafür tiefere und weitreichendere waren. Die Lächerlichkeit der Anschuldigung sollte die Natürlichkeit, die Selbstverständlichkeit des Geschehens betonen. Ich möchte sagen, daß das *quid juris* hier durch ein *quid facti* begründet war, das schon keinem Zweifel mehr unterlag, so daß die gewöhnlichste Frage: »Weshalb ist der Dingsda verhaftet?« schon mechanisch so beantwortet werden mußte: »Weil er Intelligenzler ist.« Nun mußte diese Antwort zu einer Gewohnheit, einem Reflex in der Art der Speichelabsonderung werden; ein für allemal sollte man beherzigen, daß man, wie es gerade kommt und wo es auch immer sein mag, verhaftet werden konnte. Didaktisch und im Stil der künftigen Antiutopie Orwells gesagt: Alle Menschen sind vor dem Gesetze gleich, die Intelligenzler aber sind gleicher ...

Zuerst erschien das als eine Art rein prophylaktische Desinfektionsprozedur: die Frist der Verbannung war anfangs nicht lang und setzte Wiederkehr und neue Exile voraus. Es war zugleich eine rein politisch-didaktische Prozedur mit folgenden Stufen: Erstens, man mußte sich daran gewöhnen, daß man schuldig ist, nur weil man zur Intelligenz gehört. Zweitens, die Strafaktion selbst bewirkte Besserung durch Zwangsarbeit, denn es war undenkbar, im Land der allgemeinen Arbeitspflicht zu leben und bloß Intelligenzler, also Parasit zu bleiben. Drittens, man mußte sich allmählich darauf vorbereiten, jeden Augenblick – tags und nachts – verhaftet und verbannt zu werden. Ich bin der Meinung, daß dies außer allem andern eine Art *angewandter* dialektischer Materialismus war, eine rein empirische Prüfung und Bestätigung jenes marxistischen Dogmas, wonach die Materie das Primäre, der Geist aber das Sekundäre ist. Daß das für eine gewisse Art Alltagsmensch so ist, unterlag keinem Zweifel; das Ziel Stalins aber bestand darin, dies gerade am Beispiel der Intelligenz, d.h. des Geistes selbst zu beweisen. Man stelle sich auch vor, was diese höllische Dialektik von ständiger Verbannung und Wiederkehr wirklich bedeutete. Zunächst konnte es scheinen, als ob es sich immer noch um die *These* der »Freiheit« und die *Antithese* der »Unfreiheit« handelte – geographisch genommen: Moskau z.B. heißt Freiheit, Sibirien aber Unfreiheit. In der Tat aber gab es hier keinen Gegensatz mehr, denn die sogenannte »Freiheit« war nicht nur keine Antithese zur »Unfreiheit«, sondern schlechterdings ihr *Synonym*. Der Verbannte kehrte zurück, um in eine tückisch erdachte Falle zu geraten: in die Not, *Platz* für sich zu finden, am Platze zu *sein*, denn als Schmarotzer, als Abtrünniger, der er schien, sollte er sich ganz *lebensuntüchtig* fühlen. Die Alternative klang hart und schonungslos: Willst du ein tüchtiges Mitglied der Gesellschaft sein, strebst du danach, deinen Platz in unserer sozialistischen, marxistisch-leninistischen Wirklichkeit zu finden, so mußt du dich deines eigenen *Ich* entledigen und ein *Nurjasagenkönner* werden. Wenn nicht, so hast du keinen Platz in diesem Volk, das sicherlich seiner hellen Zukunft entgegensieht; selbst Sibirien ist ein Luxus für dich, folglich bleibt dir nur, nicht zu sein, also vernichtet zu werden. Wenn aber ja, so bist du unsereiner und verdienst alle irdischen Güter: prachtvolle Wohnungen, paradiesische Ferienheime, Prämien, Auslandsreisen, kurz ein hundertprozentig vitaminhaltiges Leben, in dem aber ein jedes Vitamin mit deiner eigenen *Ichheit* bezahlt werden muß.

Das war der beispiellose Akt einer pneumatologischen Lästerung, einer Art metaphysischer Verkommenheit der *Idee* selbst, nicht nur angesichts ihrer noch lebenden Träger, sondern auch aller Verstorbenen, Pawel Florenski und Gustav Spett nicht weniger als Dostojewski und Wladimir Solowjow.

Die Unumerziehbaren – seien sie gesegnet – wurden ausgerottet. Die riesigen Lücken füllten sich in aller Eile mit Novizen, entsprechend dem kommunistischen Prinzip: »Unersetzbare Menschen gibt es nicht.« Das ganze Land legte das Examen in Intelligenz der neuen Art extern ab. Bucharin hat noch 1925 seine sakramentale Phase beschrieben: »Wir werden die neuen Intelligenzler stempeln.« Und nicht ohne Interesse, daß die Regie Stalins notwendig Fröhlichkeit und Heiterkeit seitens der Opfer voraussetzte: das Leben, das mit knapper Not dem Tode entkommen ist, sollte sich obligatorisch als eine Art bunter Bühne verstehen. Man mußte sich kindisch freuen angesichts des Todes.

Letztendlich hat sich Stalin mit der Elementarkraft, dem heidnischen Verhängnis, aller Art *unchristlicher* Todesabarten, dem epikureisch gedachten natürlichen Lauf der Dinge identifiziert: der Terror verschlang die Menschen als Erdbeben, Pest, irrende Kugel. Sich darüber zu beklagen, sollte so widersinnig scheinen wie über einen Wirbelsturm oder einen zufällig herabgefallenen Stein. Nun erschien Stalin der Zufall als die Erscheinungsform des *Notwendigen* selbst: irgendein Weltwille mit seiner beständigen Tabakspfeife und grusinischen Aussprache, der der ihm todfeindlichen Geistigkeit den Fehdehandschuh hingeworfen hat: Ah, Sie sind also imstande, sich sogar im Bauche des Phalarisschen Stiers glücklich zu fühlen? Na schön! Fühlen Sie sich doch! (Darin, soviel ich verstehe, ist der lästerlichreizende Sinn der Plakate zu finden, die überall in dem gepeinigten Land ausgehängt worden waren: »Das Leben ist besser geworden, es wurde fröhlicher zu leben.« Diese Estradenfröhlichkeit bleibt vielleicht das unheimlichste Symbol der Zeit – eine Art *Requiem-Cancan*, den man nicht nur auf dem Golgatha der Volksseele drauflostanzte, sondern auch als Lebensstil, mehr noch Gedankenstil auffaßte.)

Es war – das Wort drängt sich schon von selbst auf – eine allgemeine Einweihung in den Stalinismus, die unter anderem einige notwendige Vorbedingungen einschloß: zuerst unendliche Dithyramben an dem »*Stiefvater unser*« vor dem Hintergrund des allgemeinen Volksjubels, dann mußte man notwendigerweise zu einem *Entlarver* werden (denn wer den Feind nicht entlarvt, ist selbst der Feind), und zuletzt war es das neue episch-folkloristische Genre der *Denunziation*, in welchem – vielleicht zum ersten Mal in der ganzen

Weltgeschichte – Millionen namenloser wie berühmter Rapsoden der Zeit sich schöpferisch geäußert haben.

An diesem Punkt angekommen, kann ich mich nicht enthalten, ein Beispiel für die europäische Reaktion auf das in der Sowjetunion Geschehene anzuführen. Karl Barth hat in einer öffentlichen Rede im Berner Münster im Jahr 1948 die geschilderte Lage so eingeschätzt: »Was in Sowjetrußland – es sei denn: mit sehr schmutzigen und blutigen Händen, in einer uns mit Recht empörenden Weise – angefaßt worden ist, das ist immerhin eine *konstruktive* Idee, immerhin die Lösung einer Frage, die auch für uns eine ernsthafte und brennende Frage ist und die wir mit unseren sauberen Händen nun doch noch lange nicht energisch genug angefaßt haben: *der sozialen Frage.*«* Derselbe Karl Barth, »der größte Theologe des Jahrhunderts«, wie man ihn zu nennen pflegte und vielleicht noch pflegt, erzählte am Todestag Stalins, am 5. März 1953, seinen Studenten, er habe seit Jahren und besonders in den letzten Wochen für Stalin gebetet. Ich frage nur: Zu welch einem »*theos*« hat nun dieser »größte *Theo*loge« gebetet? Im Munde eines sowjetischen, also gepeinigten, unzurechnungsfähigen Intelligenzlers klänge ein solches Gebet wenigstens menschlich verständlich; wenn aber ein europäischer Intelligenzler solchen Ranges alles oben Geschilderte als eine »konstruktive Idee« und »die Lösung der sozialen Frage« bezeichnet, so zwingt das diesmal vielleicht, über die Schicksale Europas selbst nachzudenken.

Nun war der umgestaltete (fast möchte man sagen *unge*staltete) stalinsche Intelligenzler schon vollendet. Ein immer und für immer äußerst gespannter Mensch, trotz der vielen und verschiedenartigen Prämien und Belohnungen, so daß diese chronische Spannung zu seiner *Lebensnorm* wurde. Was der Schmähung unterlag, das war der Typus des Intelligenzlers überhaupt. Von einem bestimmten Moment an repräsentierte er die ideelle Zielscheibe des Spotts:

---

* Karl Barth, Die Kirche zwischen Ost und West, in: Der Götze wackelt. Zeitkritische Aufsätze, Reden und Briefe, Berlin 1961, S. 137.

von den lächerlichen Tölpeln mit Ziegenbärten in den unzähligen Filmen der Zeit bis zu den sog. Tschastuschki (Schnaderhüpferln) und zotigen Anekdoten. Solcherart ist ein ganz neues *image* entstanden: der weltberühmte Professor, der als ein reiner Minderwertiger neben den krausköpfigen Traktoristen und weißzähnigen Melkerinnen erscheint. Jedenfalls war der Typus selbst a priori angeboten, wie auch die Regeln der Typisierung; es blieb nur noch dessen konkrete Fließbandpersonifikation...

Ich komme darauf zurück, womit ich angefangen habe. Es könnte zunächst scheinen, daß alles, was ich dargestellt habe, nur der Vergangenheit gilt und jetzt die Sache ganz anders beschaffen sei. Das ist aber nicht der Fall. Ich habe gerade über unsere heutige Lage gesprochen, denn die Leute, die heutzutage mit der Perestrojka beschäftigt zu sein glauben, die sich also für bare Intelligenzler halten, sind jener russischen Intelligenz imgrunde so wenig ähnlich wie das neue, rekonstruierte Straßenbild von Moskau oder Sankt Petersburg dem alten, ganz vergessenen. Man mag den Städten ihre alten Namen wiedergeben, man ist doch nicht imstande, ihren alten, verlorengegangenen Geist wiederzubeleben. Man gründet jetzt viele Gesellschaften, die noch gestern verboten waren; man glaubt, das ganze Problem bestehe darin, von außen frei zu sein, also vom Staat, von der Partei, von der Geheimpolizei; man vergißt die tiefsinnigste Warnung Nietzsches: Frei wovon? ja, aber *wofür*? Eine der bekanntesten Gesellschaften in der ehemaligen UdSSR heißt »Memorial«. Ich frage nur: Memorial, Denkmal wofür? Für Millionen schuldlos Ermordeter? Gut, aber ist ihr Geschick nicht beneidenswerter als unseres? Der ermordete Pawel Florenski... und wir, in denen mit Pawel Florenski das Verlangen nach ihm ermordet wurde, so daß man heute frei ist, alles noch gestern Verbotene zu lesen, aber keine Organe mehr hat, das Gelesene zu verstehen, zu erleben, sich anzueignen. Das ist das Problem der heutigen Intelligenz in der ehemaligen UdSSR; sie befindet sich jetzt im *Vakuum* und will das nicht bemerken. Ich kenne Menschen, Intelligenzler, die bereits nach dem gestrigen Tag

Sehnsucht haben. Die Situation läßt sich leicht deuten: weil gestern alles höchst *bequem* war, es gab Staat, Polizei, Partei, Zensur, Denunzianten, auf die man unwiderruflich die Schuld wälzen konnte. Heute aber sind alle diese Gespenster verschwunden, und man ist angesichts des ungeheuren Vakuums allein geblieben. Man ziehe nur in Betracht, daß die ganze Perestrojka nur von den *Journalisten* gelenkt wird; es wäre umsonst, wenigstens jetzt, hier tiefere und wesentlichere Wandlungen zu suchen. Man täusche sich nur nicht: Dieses geistige, soziale Vakuum kann nur deshalb von der Journalistik gefüllt werden, weil es noch keine Intelligenz im wahren und einzigen Sinne des Wortes gibt. Was hier besteht, ist nur jener sowjetische, vom Stalinismus geprägte *Ersatz*, der – ich wiederhole es – noch gestern, also unter dem äußeren offiziellen Druck, sein *image* bewahrte, aber heute nichts mehr zu tun hat, weil er imgrunde nichts hat, womit etwas anzufangen wäre. Ich verstehe wohl, wie hart und rücksichtslos es klingen mag, aber ich darf das nicht verschweigen: Was man heute Perestrojka nennt, ist *eine geistige Revolution mittels der Zeitungsmänner und Zeitungsverkäufer*, nichts weiter. Ich möchte nur ein Beispiel nennen: Vor kurzem sah ich eine Fernsehsendung, in der sich ein Kommunist und ein Geistlicher über das Thema Gott, Glaube usw. auseinandersetzten. Um die Wahrheit zu sagen, es war mir viel unerträglicher dem zweiten als dem ersten zuzuhören; mit dem ersten, also mit dem Kommunisten, war alles a priori klar, und seine Heucheleien empfand ich sogar als etwas Selbstverständliches. Der zweite – es war ein orthodoxer Priester – sprach imgrunde *dasselbe*, nur noch feierlicher und professioneller und eben deshalb ekelhafter. Kurz, es war wie eine sich drehende Medaille, und es kam natürlich nicht auf die Auseinandersetzung an, sondern nur auf eine Miteinandersetzung. Das Schrecklichste aber lag worin anders: Von Zeit zu Zeit riß der Bildstreifen ab, und statt dieser Diskussion erschienen Fragmente aus der bekannten amerikanischen Rockoper »Jesus Christ«, als wollte man damit sagen: Nun streiten sie sich über Gott, aber da *ist* der Gott, da *ist* die Wahrheit! Das ist es, was ich eine geistige Revolution mit Mitteln der Journalistik nenne: die ganz unvermeidliche Folge der Ausrottung der wirklichen Intelligenz und der Erscheinung einer neuen Pseudointelligenz. Daher diese allgemeine Tendenz, sich um jeden Preis Amerika gleichzustellen, dieses neu entstandene Vakuum in amerikanischer Weise zu füllen. Ich weiß aber: Rußland darf die Zukunft keineswegs amerikanisiert betreten. Das Mysterium Christi in broadwayscher Art ist nichts als ein Alp in der Heimat Solowjows, Dostojewskis und Andrej Belyjs. Damit ist auch ein neuer Prüfstein gegeben, den Intelligenzler vom Pseudointelligenzler zu unterscheiden; abhängig davon, ob er diesen Ungeist verhindert oder fördert.

Die gegenwärtige Lage in der ehemaligen Sowjetunion

Zuerst ist zuzugestehen, daß dieses Thema ganz ungewöhnlich ist und sogar ganz unwahrscheinlich erscheinen mag. Denn will man von der Lage sprechen, die jetzt innerhalb der Grenzen oder besser der Ungrenzen der riesenhaften Räume, einst UdSSR genannt, herrscht, so ist es, als wolle man ein Schauermärchen erzählen und den Leser zu der Einsicht bringen, daß es nun auf etwas Wirkliches ankomme. Deshalb kann man mit vollem Recht sagen, das Problem des Ostens, näher betrachtet des europäischen Ostens ist nicht nur ein rein praktisches Problem im Sinne wirtschaftlicher, politischer, sozialer, humanitärer und anderer Wirklichkeiten, sondern auch – und gerade diesen Punkt möchte ich besonders energisch hervorheben – ein Problem der *Erkenntnis*. Ja, der Osten muß vor allem erkannt und verstanden werden; für mich unterliegt er keinem Zweifel, daß die Verlagerung des Problems aus der Erkenntnis in die politischen und wirtschaftlichen Verhältnisse nicht nur unnütz, sondern auch gefährlich sein kann. Rußland, ja der ganze Umfang der Räume, die kürzlich noch UdSSR hießen, ist eine Sphinx, und die heutige Beziehung, ja das aktuelle Verhältnis des Westens dieser Sphinx gegenüber scheint mir in dieser Hinsicht allenthalben bedenklich. Man versucht, diese Sphinx zu nähren, denn sie ist keine gewöhnliche Sphinx, vielmehr eine hungrige; man schließt mit ihr verschiedene Verträge, denn – ich wiederhole – sie ist keine gewöhnliche Sphinx, sondern eine mit der Kernwaffe bewaffnete, oder man wendet sich bloß von ihr ab und glaubt, das Problem sei auch so zu lösen, ganz wie Kinder es tun, die etwas Unerwünschtes loswerden wollen: Sie schließen einfach die Augen und meinen selig, das schlechte Ding sei damit schon verschwunden. Nun, es ist aber ganz klar und eindeutig, daß das allererste, was man überhaupt von einer Sphinx sagen kann, ist, daß sie ein Fragesteller ist. Die Sphinx stellt ihre Frage, und die modernen Ödipusse antworten darauf mit humanitärer Hilfe und vergeblichen Versuchen, sie irgendwie zu sättigen, nochmals ganz so, wie Kinder es tun, indem sie im Tiergarten vor den Käfigen der Tiere stehen und diesen verschiedene Leckereien zuwerfen. Wahrlich ein rührendes Bildchen, fast möchte ich sagen Weltbildchen; aber seien wir vorsichtig. Zwar wurde einmal gesagt, daß die Welt ein Theater sei, doch meinte dies keinesfalls, sie solle in solchem Grade geschmacklos sein. Ja, die Sphinx wartet auf Antwort, auf Erkenntnis, mehr noch, auf eine immanente, entsprechende, wirklichkeitsgemäße Erkenntnis: die Dinge in ihrem inneren Wesen, von innen und folglich (für den Erkennenden) am eigenen Leibe zu erfahren. Die Welt aber entwöhnt sich leider immer mehr und mehr dieser Art Erkenntnis: der wahrheitswidrige Dämon des Komforts zersetzt nun, nachdem er das materielle Leben vergiftet hat, auch das geistige Leben, so daß der Erkennende zugunsten seiner eigenen Bequemlichkeit geneigt ist, ja schon im Begriff ist, das Erkennbare seiner eigenen bequemen Positur anzupassen und, gleich einem voreingenommenen Richter, nicht hinter der Wahrheit als solcher her ist, sondern hinter seinem Wohlergehen – war es etwas anderes, als sich z. B. das Sakrament der Beichte allein als der Druck des Beichtvaters auf das Beichtkind herausstellte, es nicht dasjenige, was *ist*, sondern dasjenige, was er hören will, aussprechen zu lassen? Als man einst, in düsteren Zeiten der spanischen Geschichte, den minderjährig gestorbenen Infanten bestattete, bemerkte man, daß der Knabe enthauptet im Sarg lag. Der Vater, der spanische König, hat die Situation in solcher Art erklärt, wie sie, soviel ich darüber urteilen kann, als ein vortreffliches Muster moderner philosophischer, soziologischer, ja beliebiger *Erkenntnis* gelten kann. »Der Sarg«, so sagte der Vater, »war zu klein, und damit der Infant darin untergebracht werden kann, war es nötig, den Knaben etwas zu kürzen«.

Wohlan, wenn ich heute all das lese, was im Westen in bezug auf den Osten geschrieben wird, oder bloß mit einem

Europäer darüber spreche, so beschleicht mich immer die peinliche Empfindung, wie leichtfertig doch Europa die Beteuerungen verschiedener Interpretatoren hinsichtlich unseres Enthauptetseins hingenommen hat. Lassen wir diese Interpretationen einfach beiseite: man blicke nur auf den Sarg, in den wir gelegt sind, klein kann man ihn keinesfalls nennen (er bedeckt ja ein Sechstel der Erde); und sehen wir dennoch enthauptet aus, so sollte man den Grund dafür auf irgendeinem anderen Weg suchen, selbst wenn dieser andere Weg sich für den unbeteiligten Betrachter als ziemlich unbequem erweist. Voltaire hat sich seinerzeit beklagt, von Leibniz bekäme er Migräne. Ich selbst habe vor kurzem bei einem weltberühmten Mathematiker das Bekenntnis gelesen, er habe mit der philosophischen Begründung der mathematischen Probleme nichts zu tun, weil er davon Kopfschmerzen bekäme. Das schreibt ein gelehrter Mann, Nobelpreisträger, der gerade mit seinem Kopf sein tägliches Brot (und sicher nicht nur Brot) verdient. Und diesen Kopf will er nun vor der Erkenntnis, also vor seiner Arbeitspflicht bewahren! Indes, es unterliegt keinem Zweifel, daß die von der Erkenntnis verursachte Migräne gewissermaßen ganz normal ist: erkennen heißt ja leiden, wenigstens an Kopfschmerzen; zwingt aber die Angst vor Migräne dazu, Erkenntnis zu vermeiden, so bleibt nur zu fragen: Wozu dann noch der Kopf?

Vor mir steht eine ganze Legion abschreckend unerkannter Symptome; ich nehme als Ausgangspunkt das Jahr 1945, das nicht nur unser Jahrhundert, sondern in einem gewissen Sinne auch unsere ganze Geschichte in zwei Teile spaltet, ganz nach folgender staunenswerter Formel Alexandr Solschenizyns: »*Von Adam an bis hin zum Jahr 1945*«. Was war denn los nach diesem verhängnisvollen Jahr, mit dem eigentlich der wahre »Untergang des Abendlandes« und zugleich der Auftritt der beiden Doppelgänger gleichen Ursprungs einsetzte – Amerikas und Sowjetrußlands? Mit einem Schlage wurden alle Fokusse verschoben, und die Wirklichkeit begann, die Erkenntnis übers Ohr zu hauen, so gut wie ein erfahrener Taschenspieler das lustbegierige

Publikum. Man verglich den Bolschewismus mit dem Nationalsozialismus aufgrund rein äußerer, scheinbar ähnlicher Merkmale pseudomorphologischer Verwandtschaft, und man ließ den einzig gebührenden Vergleich außer acht: mit dem Amerikanismus, selbst wenn äußerlich nichts, nach allem zu urteilen, dafür sprach. Das heißt: man ging von der *Analogie* aus und verkannte die *Homologie*, nämlich jenes Goethesche Erkenntnisprinzip des Lebendigen, dank dessen allein es möglich wird, den tieferen, wesentlichen Zusammenhang – weit über alle Art scheinbarer äußerer Ähnlichkeit hinaus – zu erfassen. Es ist bekannt, daß z. B. die Brustflossen der Fische und die Füße, Flügel, Läufe der landbewohnenden Wirbeltiere *homologe* Organe sind, wenn sie auch den leisesten Anschein der Ähnlichkeit verloren haben. Nun gut, ich halte jetzt schon für möglich, indem ich diese fruchtbare Methode auf das Gebiet der Geschichte übertrage, zu behaupten, daß der Bolschewismus und der Nationalsozialismus nur oberflächlich *analog* sind und daß es, im Gegenteil, eine tiefere *Homologie* gibt, die dem Bolschewismus und dem westlichen Liberalismus zugrunde liegt, obwohl man im ersten Fall von einer sichtlichen Ähnlichkeit und im zweiten Fall von deren völliger Absenz sprechen darf. Ich komme noch auf diese paradoxe Behauptung zurück, möchte jetzt aber die Aufmerksamkeit auf eine Reihe von Symptomen lenken, die sich im Weltorganismus nach 1945 entpuppt und im Laufe eines halben Jahrhunderts allmählich verbreitet haben.

Es fällt mir schwer, Worte zu finden, die das Geschehene charakterisieren könnten – so sehr wir selbst mit diesem Geschehen verwachsen sind, so sehr sind wir mit ihm ein und dasselbe geworden, bis zur elementaren Unfähigkeit, *uns in Staunen zu setzen*. Oft scheint es, die moderne Menschheit gleiche jener Menge in dem unsterblichen Märchen Andersens, die sich an den fehlenden Kleidern des Kaisers begeistert und doch selbst die differenziertesten Modeschattierungen diskutiert. Indes, es kommt nur auf einen einzigen Knaben, ja auf einen einzigen unbefleckten Kinderblick an, der fähig ist, diese ganze geschmacklose

Illusion im Nu – und *urphänomenologisch* – zu entlarven: Sie erinnern sich freilich an jenen einsamen Knaben in der Menge, der die Dinge ganz *wirklichkeitsgemäß* betrachtete, als ginge es um einen künftigen Anhänger Rudolf Steiners, und der nun erstaunt rief: »Der Kaiser ist doch ganz nackt!« – Ja was für eine unerwartete Reminiszenz an die *Offenbarung* Johannes': »Ihr sagt: ›Wir sind reich und gut versorgt; uns fehlt nichts.‹ Aber ihr wißt nicht, wie unglücklich und bejammernswert ihr seid. Ihr seid arm, nackt und blind.« (3, 17) Wohlan, nun versuche ich etwas von jenem Andersenschen Knaben in mir selbst zu beleben, und plötzlich fallen mir die nötigen Worte ein.

Ich sage: Etwas ungeheuer *Leichtsinniges* ist nach dem Jahr 1945 in die Welt gedrungen, irgendeine *pathologische Leichtsinnigkeit*. Die Schrecknisse des letzten Weltkrieges hatten ein wahnsinniges Streben nach Wohlstand zur Folge, doch ist es gut bekannt, daß der Zufluß an scheinbarem Wohlstand dem Abfluß an innerer Erkenntnisspannung direkt proportional ist, denn es steht doch geschrieben: »Wer viel weiß, hat viel Ärger.« (Prediger 1,18) Wir wissen es ja – davon bekommt man Migräne. Eine wahre *Sintflut an Leichtsinnigkeit* – so könnte man das in der *westlichen* Halbkugel im Laufe des vergangenen halben Jahrhunderts Geschehene charakterisieren, ich betone es: in der *westlichen*, denn umso schrecklicher reifte das Schicksal der *östlichen*. Man frage sich nur: Hat man es nicht schon ganz verlernt, *sich über etwas zu wundern*? Man denke nur daran, was man gewonnen und was man verloren hat. Man besitzt ja alle Arten von »bill of rights«, Deklaration der Rechte, ja ein wahres Füllhorn an Rechten; man hat sich leichten Herzens von den Vorurteilen (oder, modisch gesprochen, von den Komplexen) unserer Vorfahren in dem Grade befreit, daß man es für ganz normal hält, wenn eine – ich bitte um Verzeihung, aber ich versprach, nur *wirklichkeitsgemäß* zu reden –, ja wenn eine Dirne zur Parlamentarierin wird, wenn eine andere tollwütig gewordene Dirne auf der Bühne herumhüpft und sich nicht anders als »*Madonna*« nennt, und wir, klägliche Nachkömmlinge einstiger Kreuzritter, die wir sind, wir hüpfen unsererseits vor Jauchzen und sind dabei – ganz demokratisch – im Bilde, daß es in Dresden auch eine Madonna gibt, doch diesmal eine Sixtinische. Eine wahre Orgie an Rechten, ein Hexensabbat der Rechte, und alle – groß wie klein – kümmern sich nur um den eigenen Wohlstand, keiner aber darum, was er *für die Welt* zu tun hat. Kürzlich sah ich im Fernsehen den Empfang Gorbatschows in Japan. Das war so ein tolles Schauspiel, das sehr an die Konzerte der *Beatles* erinnert hat: Diesmal aber trat anstelle der Estradengötzen ein Politiker auf, dem es vollständig gelungen ist, eine virtuose chirurgische Operation, doch mit schmutzigen Händen, durchzuführen und die Welt, bis jetzt nur deren östlichen Teil, aber an dem westlichen soll es nicht liegen, an den Abgrund des totalen Zerfalls zu bringen. So empfing man ihn in Japan, vielleicht nicht ohne Ratendank für die versprochenen Flecken Erde. Ich weiß nicht, ob er auch in Deutschland so empfangen wurde, jenem Deutschland, dem er die Vereinigung geschenkt hat. Bei uns im Osten – ich kann Ihnen dies versichern – empfängt man ihn ganz gegensätzlich. Rußland hatte viele unwürdige, ja ganz negative Herrscher, doch nie einen solchen, der sich so systematisch zum Vorteil des Auslands und zum Nachteil des Inlands bemüht hat.

Als ein lebendiger Zeuge dessen, was sich im heutigen Schattendasein der ehemaligen UdSSR abspielt, kann ich nur folgendes sagen: Glauben sie nicht, was ihnen allzu begeisterte Landsleute zu erzählen pflegen, glauben sie nicht an jegliches Gerede, selbst wenn dieses ganz offiziellen Charakter trüge, glauben sie sogar sich selbst nicht, falls sie in eigener Person dorthin reisen und sich das Geschehen immer noch durch das potemkinsche Glas verschiedener Reisebüros ansehen sollten. Ich würde nur eine Variante zulassen: Fahren sie incognito dorthin, als einer, der sich aller seiner Privilegien eines »*weißen Herrenmenschen*« versagt und sich wenigstens drei Wochen lang im gegebenen Alltag ganz von innen verliert. Aber seien sie äußerst vorsichtig: Sie würden einen ganz sonderbaren Vergil brauchen, der sie durch die Kreise dieser Hölle geleiten könnte.

Schematisch gesagt: Rußland (denn die angebliche UdSSR war nichts anderes als ein internationaler Euphemismus für Rußland!) hat seit dem Oktober 1917 und bis zum heutigen Tage drei solcher Höllenkreise durchschritten; erstens: den leninistisch-stalinistischen, also ein wahres Gemetzel, ja ein Abschlachten des eigenen Volkes zugunsten eines anthropologischen Experiments der Aufzucht einer neuen Art Mensch – *homunculus sowjeticus*. Zweitens: den Breschnewschen Kreis, einen wahren Kater nach dem Blutbad: statt einer Diktatur der Angst die Diktatur des Bauchs, eine totale moralische Zersetzung, deren Kurs schon nicht mehr *persönlich*, also *namentlich*, sondern bloß noch *demographisch* zu bewerten war, was nur bedeutete, daß das Zeremoniell der Demoralisierung ganz anonym und gemeinsam verlief – imgrunde ging es um denselben Stalinismus, doch nach der Diagnose der Impotenz, also um den immer noch bedrohenden, doch schon kraftlosen Stalinismus. Und endlich drittens: den Gorbatschowschen und bereits Postgorbatschowschen Kreis, die Wiedergeburt des physisch wie moralisch bespuckten Landes in Gestalt eines amerikanischen Unternehmers und *businessman* – ja immer noch derselbe Bolschewismus, aber schon nicht mehr um einer Weltrevolution willen, sondern aus reiner Profitsucht; kurz, das englische 17. Jahrhundert mit seinen *merchant adventurers* geradewegs ins Ende des russischen 20. Jahrhunderts übertragen, und zudem mit der unschuldigsten Miene. Schrecklich, diese Metamorphose zu beobachten – wenn ein gestriger Hochschullehrer für Marxismus (und *post hoc, ergo propter hoc* ein KGB-Denunziant) heute zu einem Geschäftsmann, ja einem Kapitalisten wird, ohne daß dabei, im Augenblick des Übergangs, die leiseste Verwirrung auf seinem Gesicht zu bemerken wäre, oder wenn diese slawischen Bauernknaben halbnackt und mit bemalten Gesichtern nach den Tönen eines Rock'n'Roll auf der Bühne toben (ist es denn möglich, sich amerikanische Jungen vorzustellen, die die russischen Tschastuschki, d. h. Schnaderhüpferln, ganz selbstlos sängen?) – ich wiederhole, es ist schrecklich; schrecklich im Grunde und im Wesen; ein

Volk, dem gestern noch befohlen wurde, Kapitalisten auszurotten, und das immer froh im Begriff war, den ersten besten zu würgen, ja ein Volk, dem heute befohlen wird, sich selbst kapitalistisch umzugestalten, und das ganz gehorsam damit beginnt, sich die Nase vor aller Welt in ein Taschentuch zu putzen.

Das ist übrigens der Charakter der ganzen russischen Geschichte, und es gelingt uns kaum, deren heutige Windung ohne scharfen Rückblick auf ihre Gestalt als solche zu erfassen. Oswald Spengler hat, indem er das Ursymbol des Russentums suchte, dem russischen Landschaftsbild den Vorzug gegeben – dieser grenzenlosen Ebene und Horizontalen, die scheinbar das ganze Spezifikum des geschichtlichen Verhaltens dieser Nation bestimmt. Nun grenzt die Wahrheit dieser Einsicht an Unwahrheit, denn es war nur ein Aspekt des Ganzen, den Spengler fassen konnte und für das Ganze ausgab. Denn die Horizontale des Seelentums wurde hier immer von der Vertikale der Staatlichkeit durchkreuzt, mehr noch: je sichtbarer und anschaulicher die Horizontale hervortrat, desto mächtiger hat sie die von oben nach unten gerichtete amtlich-politische Vertikale mit ihrer auffallenden Prävalenz rein theokratischer Färbung durchschnitten. Bei Max Scheler habe ich einmal ein interessantes Geschichtchen über eine »Westlerin« russischer Geburt gelesen, die nach langjähriger Abwesenheit in ihre Heimat kommt und sich mit einer Bauersfrau unterhält.* Sie erzählt ihr, daß es dort, woher sie kommt, keinen Zaren gibt. »Ja, gibt es denn da auch keinen Gott?« fragt die Frau. »An Gott«, so die Antwort, »glauben die Menschen freilich auch da; aber Gott – das ist doch keine irdische Macht.« »Was«, so die Frau, »Gott ist keine irdische Macht? Aber wenn es so wäre – würde sich da dann nicht ein jeglicher *schämen*, einem anderen zu befehlen und mehr zu sein als er?« Diese Vertikale muß man immer vor Augen haben, wenn man die russische Geschichte zu verstehen sucht: Alles kommt *von oben*, das Gute wie auch das Böse, alle Art Beschlüsse, Re-

* Max Scheler, Die Stellung des Menschen im Kosmos, Bern 1975, S. 55.

formen, revolutionäre Umwandlungen, Progreß, Aufklärung, aber gleicherweise auch Regreß und Obskurantismus. Eine ganz seltsame Tatsache, aber wenn dieses Land seines eigenen Luther oder etwa seines eigenen Voltaire bedurfte, so war es sogar in diesem Fall nur den Zaren und Regierungen beschieden, auch diese Rolle zu übernehmen. Das Volk, wie es im Schlußakt einer der besten Tragödien Puschkins geschrieben steht, schwieg in sieben Sprachen. Oder – falls zur Verzweiflung gebracht – es rebellierte, und dann brach jene russische Revolte aus, die von demselben Puschkin als »dumpf und unsinnig gnadenlos« bezeichnet wurde. Im übrigen – ich wiederhole – kam alles *von oben*, und was besonders zu betonen wäre, in Form von *Annoncen*. Von Peter dem Großen an, der die *Aufklärung* annonciert hat, über Chruschstschow, nach dem die gegenwärtige Generation sowjetischer Menschen im Kommunismus leben sollte, und noch bis hin zu Gorbatschow, der auf gleiche Weise den Kapitalismus verkündet hat, zieht sich dieses ununterbrochene *Vonsinnengeraten* russischer Geschichte, das ihr gerade jenen Charakter verleiht, den die begabten Berichterstatter des Abendlands als das *»Rätsel der russischen Seele«* bezeichnet haben. Noch ein wildes Paradox, von dessen Verstehen vieles in der richtigen Beurteilung des heutigen Tages abhängt: Die russische Intelligenzija, dieses für das Abendland ganz untypische und dem Abendland wenig verständliche Phänomen des gesellschaftlichen Lebens, war von Geburt an ganz *regierungskonform*. Mereschkowski hat einmal den tiefen Gedanken zum Ausdruck gebracht, der erste russische Intelligenzler sei kein anderer als Zar Peter der Große. Man muß jedenfalls folgendes in Betracht ziehen: Diese regierungskonforme Intelligenzija – eigentlich Behörden und Bürokraten, die sich die Masken Luthers und Voltaires gezwungenermaßen aufsetzten – stieß zuerst auf den härtesten Widerstand der unteren Schichten; ich fühle mich zum Zweck der Erleichterung meiner Aufgabe genötigt, mir die Gleichnisse wieder zu Hilfe zu rufen: Man stelle sich nur die Lage einer beliebigen europäischen Universität seit dem 13. Jahrhundert vor, der etwa der Unterricht des Aristoteles *von oben*, also von den höchsten Instanzen aufgedrängt worden wäre, trotz des heftigen Widerstands der mittelalterlichen Doktoren. In Europa – wir wissen es – war gerade das Umgekehrte der Fall: Die Universität selbst schrieb von Anfang an den beiden Mächten, der kaiserlichen und der päpstlichen, ihre eigenen Bedingungen vor. Kommen z. B. Verbote in bezug auf Aristoteles von oben (man erinnere sich nur an das Pariser Konzil von 1209, an das Laterankonzil von 1215, an die Sonderbulle des Papstes Gregor IX. von 1231 und an die Aktionen Kardinals Jacques de Vitry), so sind parallel Gegenschläge der Universität zu beobachten, bis dahin, daß die Universität Toulouse – nicht ohne den Fehdehandschuh hinzuwerfen – ihre Eröffnung im Jahr 1229 mit der demonstrativen Eintragung des Aristoteles in den Lehrplan feierte und die Pariser Universität in demselben Jahr ihre eigenen Rechte sogar mit Waffen verteidigte, als Studenten gegen die königliche Polizei und wegen ihres Aristoteles bereit waren, auf Leben und Tod zu kämpfen, bis sich Ludwig der Heilige und Blanche de Castille endlich gezwungen sahen, feierlich die *Unabhängigkeit* zu verkünden. Das sind Tatsachen Europas – man stelle sie auf den Kopf, und man wird die Tatsachen russischer Geschichte erhalten, wo es einem selbstherrlichen Zaren immer frei stand, mit der Peitsche entweder *Aufklärung* oder *Obskurantismus* durchzusetzen, ganz nach Belieben. So war es auch mit dieser sensationellen Gorbatschowschen *Perestrojka* der Fall, als die Gesellschaft plötzlich von oben die Vorschrift erhielt: »Los vom Kommunismus! Es ist an der Zeit, Demokrat zu werden und Kapitalismus aufzubauen!« Und die Gesellschaft, ja diese moralisch ganz degradierte Masse der sowjetischen Homunkuli, inklusive der Intelligenzler, Schriftsteller, Dichter, Komponisten, Journalisten und anderen Berühmtheiten von der Obrigkeit Gnaden, hat darauf fast mit Feldwebelbereitschaft reagiert: Wohlan! Befehl ist Befehl! Genossen, wollen wir mal Demokraten werden!

Es wäre mir schmerzlich, wenn das Gesagte als verunglimpfend und diffamierend empfunden würde. Ich übe keine Kritik und sonne mich nicht im Spott; mein Ziel besteht darin, das Erlebte mehr oder weniger immanent darzulegen; und ist das Erlebte unerträglich, wohlan! So wäre es besser, die Augen zu schließen als dem Betrachter Diffamierung vorzuwerfen.

Das ist das Gesamtbild der heutigen Lage, die ich schon als einen totalen Zerfall bezeichnet habe. Dabei ist das Geschilderte nicht in der Tonart eines düsteren Pessimismus, sondern bloß als Diagnoseversuch aufzufassen. Pessimismus und Optimismus liegen außerhalb des Kreises meiner Interessen; ich versuche nur, die Situation zu beschreiben, und es ist nicht meine Schuld, daß diese Situation sich eher mit klinischen als mit normal prophylaktischen Begriffen schildern läßt.

Nun entsteht die Frage nach dem möglichen Los des Kranken. Steht es ihm bevor, den Geist aufzugeben, oder bleiben ihm irgendwelche Chancen auf Genesung? Um diese Frage zu beantworten, muß man sich nochmals der strukturellen Analyse des Charakters russischer Geschichte zuwenden, gesetzt, wir geben zu, alles Geschehene ist nicht zufällig, sondern durch wesentliche Zusammenhänge des Gesamtbildes bedingt.

Dieses Gesamtbild erlaubt uns nun, mit aller Bestimmtheit von zwei Haupttendenzen oder Triebkräften der Geschichte Rußlands zu sprechen. Es handelt sich einerseits um das Phänomen übermächtigster *Staatlichkeit*, das sich zugleich als *causa efficiens* und *causa finalis* dieser Geschichte bezeichnen läßt. Es hat das Ideal eines totalitären Staates, so eines absoluten Leviathans schon seit der Zeit der Moskauer Zaren und dann durch Jahrhunderte hindurch bis zum heutigen Tage fast den ganzen Gang der Geschichte Rußlands bedingt: ein schweres byzantinisch-tatarisches Erbe, das dieser Geschichte die peinliche erstickende Gestalt eines kalten Monstrums verleiht, dessen unersättlicher Bauch immer bereit war, Millionen menschlicher Leben und Schicksale zu verschlingen. Moskau – das dritte Rom; so hat es ein russischer Mönch im 17. Jahrhundert zum Ausdruck gebracht. Es war dabei ganz egal, welche Formen und welche äußerliche Orientierung dieser Prozeß annahm – sei es asiatisch-»*regressiv*« wie etwa unter Iwan dem Schrecklichen oder europäisch-»*progressiv*« wie unter Peter oder Alexander I. –, imgrunde blieb alles unverändert. Der Bolschewismus, der auf die radikalsten Umwandlungen Ansprüche erhoben hat, war in der Tat nichts anderes als die radikalste Steigerung eben derselben Tendenz, bis zu ihrer *reductio ad absurdum*; zieht man den verwirrenden Tarnanstrich marxistischer Dogmen weg, so zeigt sich die Kontinuität der Geschichte Rußlands in ihrer klarsten Form. Es kam also nur auf die Launen einzelner Herrscher an, die diesem Narrenschiff den einen oder anderen Kurs aufzwangen – entweder vorwärts nach *Europa* oder rückwärts nach *Asien*; beide Male aber mittels *grenzenloser Gewalt*, also durch gewaltsame Nötigung zur Aufklärung oder gewaltsame Nötigung zum Obskurantismus. Ein jeder Bürger des Landes sollte wissen: alles wird für ihn oben entschieden, ob er ein Muschik sein oder sich »*demokratisch*« stellen soll, ob es ihm zukommt, früh morgens Wodka oder etwa Kaffee zu trinken, Diderot oder gar nichts zu lesen, ja Kommunismus aufzubauen oder business zu treiben.

So ist es einerseits. Andererseits, wenn auch nicht so deutlich, dennoch nicht weniger ausgesprochen, die Tendenz zum christlichen Glauben, der trotz seiner Weltfremdheit während der gesamten geschichtlichen Entwicklung als stärkster Antipode zur Staatsidee auftrat und fortwirkte. Diese Alternative ist in folgenden bekannten Zeilen Wladimir Solowjows ausgedrückt:

> Oh Rußland! In höchstem Vorgefühl
> Bewegt dich ein stolzer Gedanke:
> Was für ein Osten du nun sein willst,
> Der Osten Xerxes' oder Christi?

Man muß aber bemerken, daß diese christliche Idee selbst, die in der Tat dem Leviathan der Staatlichkeit entgegenstand, stufenweise ziemlich seltsame Formen deutlich luziferisch gefärbter Versuchung annahm. Einzelne Fälle ausgenommen, ist diese Erwägung auf die Erscheinung als Ganze auszudehnen. Es handelt sich (direkt oder indirekt) um die Auserwählung des russischen Volkes, wobei sich das russische Christentum vorbehielt, unter den übrigen christlichen Konfessionen die einzig wahrheitsgetreue zu sein. Auch Dostojewski entging dieser typischen Verführung nicht: nach ihm ist das russische Volk das einzig erwählte Gottträger-Volk. Gemeint war: das Christentum ist überall in das Antichristentum entartet, allein Rußland ist es bestimmt, dessen wahre, ureigene Natur zu bewahren. Ich will das Gesagte nicht mit langen Beweisen untermauern, es wäre genug, die russische religiös-philosophische Literatur vom Beginn dieses Jahrhunderts flüchtig durchzublättern, wo diese Tendenz am prägnantesten zutage trat, um die aufgestellte These zweifelsfrei erscheinen zu lassen. Man versteht aber, daß daraus ein unvermeidlicher *Messianismus* entspringen mußte – Rußland als Erlöser der im Bösen versumpften Welt; und gerade von diesem Messianismus war die russische religiöse Intelligenz in den dem Machtantritt der Bolschewiki vorangegangenen Jahrzehnten erfüllt. Merkwürdig, daß es dem Bolschewismus gelang, auf beiden S*ai*ten meisterhaft zu spielen, indem er beide geschilderte Tendenzen in sich zu vereinigen wußte: die Idee vom übermächtigen Staat einerseits und die Idee des christlichen Messianismus andererseits (wenn auch letzterer unter der Pseudofahne eines militanten Atheismus auftrat). Es sollte ja etwa so lauten: Wohlan! Uns ist es vorausbestimmt, die ganze Welt vom Bösen zu erretten, aber um die Welt zu retten, ist es nötig, stärker als andere zu sein, um dann unsere heilige Wahrheit der ganzen Welt mit Feuer und Schwert aufzuzwingen. Darin berührten sich die Gegensätze. So verbrüderten sich die beiden bösen Mächte: der Luzifer des militanten Christentums reichte seine Hand dem Ahriman der militanten Staatlichkeit. Schließlich noch ein Rätsel der russischen Seele: das russische *Entweder-Oder*; entweder Saulus oder Paulus, entweder der am Kreuz hängende Schächer oder nicht mehr und nicht weniger als Johannes, keinesfalls aber Bürger – schon dieses

Wort, das im Russischen bis heute fast beleidigend klingt, schien unerträglich. Es ist ganz klar, daß das *wortwörtlich* verstandene Evangelium hier zu einer Norm des sozialen Lebens wurde und daß das schon spontan zu ungeheuren sozialen Folgen führen sollte. Die russischen religiösen Philosophen haben dieser Stimmung nur eine zauberhafte metaphysische Form verliehen, indem sie die Wortbedeutungen der *Offenbarung* mißbrauchten und dem »*lauwarmen*« Europa das ausschließlich »*warme*« oder »*kalte*« Rußland gegenüberstellten. In den wütenden Analysen dieser Visionäre tritt Europa nur als leibhafte Ethik auf, nicht mehr; Rußland aber als *Liebe* oder *Haß*. Das russische Volk als Christusträger, das war nichts anderes als eine Orgie entfesselter Rednerei, infolge derer die Orgiasten selbst vom gotttragenden Volk in das verächtliche bürgerliche Europa geworfen wurden, wo man ihnen nicht nur Obdach gewährte, sondern sie auch als »*russische Philosophen*« in Mode brachte.

Dann kam die Zeit des unheimlichen kommunistischen Experiments, während der nur eines klar blieb: das Fehlen der bürgerlichen Gesellschaft, der einigermaßen geordneten Gliederung des sozialen Lebens. Die bisherige Vertikale des Staates fuhr wie früher fort, das ganze Leben, bis hin zum Privatleben, zu bestimmen. Es ist wohl schwer, sich dies vorzustellen, so leicht läßt sich das in einem westlichen Bewußtsein nicht unterbringen, aber es handelt sich hier um ein Land mit zahllosen Satrapen, vom Hauptsatrap bis zu den kleinsten und winzigsten. Es gibt keine Gesellschaft, es gibt nur einen Staat, dessen Metastasen den ganzen Organismus durchdrungen haben, so daß sich hier ein jeder, der irgendein Amt bekleidet, als »*Obrigkeit*« im persönlichsten, ja willkürlichsten Sinne fühlt. Man verfällt einem schweren Irrtum, wenn man das Machtzentrum nur im Gipfel, im Moskauer Kreml oder irgendwo sonst zu suchen unternimmt; Macht im pathologisch personifizierten Sinne des Wortes ist hier überall *zentralisiert*, wo es auch nur die kleinste amtliche Stelle gibt, vom Makroorganismus des Gipfels bis zu den unzähligen niederen Schichten der sozialen Gliederung, so daß, wenn man von einer Diktatur sprechen will, man diese nicht in gewöhnlicher europäischer Art verstehen darf, wo es einerseits einen Diktator mit seinem nächsten Klüngel gibt und andererseits das relativ *normale*, will sagen *maschinell* normale Leben funktioniert, sondern in der ganz ungeheuren Weise, daß schlechterdings *alle*, die irgendwelche Mandate haben, Diktatoren, ja Despoten sind – bis hin zur Putzfrau oder etwa Verkäuferin. Hat man es schon einmal erlebt: Taxifahrer diktieren eigenwillig den Fahrgästen, wohin sie fahren sollen, oder ein jeder kleine Beamte fühlt sich innerhalb seines Machtbereichchens als so ein portativer Caligula und genießt die von ihm verteilten Demütigungen, woraufhin nicht zuletzt man selbst, nach so vielen Strapazen in den Bereich eigener Vollmacht zurückgekehrt, den moralischen Schaden rein mechanisch mit dem gleichen Verhalten gegenüber abhängigen Menschen kompensiert, und so ad infinitum – ich wiederhole – von den obersten Manifestationen der Macht bis zu den untersten, etwa von einem Bürgermeister, der einem die Anmeldung entzieht, bis etwa zu einem Müllmann, der zwar den Müll abräumt, aber so, als sei er wenigstens ein Prinz inkognito und allenfalls einem zu Gefallen: ja was für einem Kafka hätte Ähnliches geträumt! – gerade was ein jeder begabte oder unbegabte Einwohner dieses Wunderlandes jeden Tag und jeden Augenblick erlebt, so daß er letztendlich aufhört, all dies noch zu bemerken. Das ist die Wirklichkeit, so wie sie ist, unverborgen, ohne jegliche Kosmetik. Und gerade in dieser Atmosphäre gibt man sich jetzt Mühe, um jeden Preis Demokratie zu *annoncieren* – der nächst allfällige Alptraum in der Reihe aller von diesem Volk erlebten Annoncen! Man füge noch hinzu die ungeheure Verantwortungslosigkeit, die schreiende Inkompetenz, die Lumpenpsychologie, wo es nur darum geht, möglichst viel mit einem Zuge zu verschlingen. Ich erinnere mich an den lustigen und zugleich schrecklichen Fall aus einer sowjetischen Zeitung, den ich in aller Kürze erzählen möchte. Es gibt ein deutsches Gerät für schwierigste Nierenoperationen in Ambulanzbehandlung; es ist ein sehr teures Gerät, das übrigens von mehreren Ländern erworben wird. Jugoslawien z. B. besaß vier solcher Geräte, während es in der UdSSR noch kein einziges gab. Nun hatten die Beamten aus dem Gesundheitswesen beschlossen, ein einziges für Moskau zu erwerben. Nach dem Kauf stellte es sich heraus, daß man ein Direktstudium in Deutschland benötigt, um das Gerät benutzen zu können. Es begann also ein Wettbewerb, ein wahrer Konkurrenzkampf zwischen den Anwärtern um den dafür notwendigen Studienplatz (das ist eine andere Mythologie, die ich hier nicht erläutern kann). Es dauerte fast ein Jahr. Endlich gingen die Gewinner nach Deutschland und lernten dort weitere sechs Monate. Nach der Rückkehr stellte man fest, daß das Gerät erst montiert werden muß. Es bedurfte noch eines halben Jahres, bis man mit der deutschen Seite die Entsendung eines entsprechenden Fachmannes verabredet hatte. Der Fachmann kam pünktlich und montierte das Gerät. Ein paar Monate später dachte man daran, es sei besser, zu den ersten Operationen einen deutschen Arzt einzuladen, um dann die Stafette sozusagen den »*seinigen*« zu übergeben. Gedacht – getan: Der Arzt aus Deutschland war schon da, und nun erst ging die Sache ihrer Lösung entgegen. An einem speziell festgesetzten Tag, nach entsprechenden Annoncen und Werbungen, wurde früh morgens das Behandlungszimmer geöffnet, aber es trat kein Kranker herein. Es gab überhaupt keine Kranken im Wartezimmer. Man wartete geduldig eine Stunde, eine zweite, und nun bemerkte der erschütterte deutsche Arzt etwa folgendes: »Es sieht so aus, als leide niemand in diesem Land an den Nieren.« Bald aber erschien diesem würdigen Mann die eigene Vermutung unwahrscheinlich, woraufhin er die wahre Ursache erfahren wollte. Nun bemühe ich mich, den Seelenzustand dieses armen Mannes zu erraten, als er erfuhr, daß das Wartezimmer nicht darum leer geblieben war, weil es etwa in Moskau keine Nierenkranken gibt, sondern allein deshalb, weil das Krankenhaus, in dem dieses Gerät aufgestellt wurde, gar keine Abteilung für Nierenbehandlung besaß. Das bedeutet, dieses Gerät hätte mit gleichem Erfolg irgendwo im Rüstungsbetrieb oder etwa in einem Blumengeschäft aufgestellt werden können. Vielleicht ein ungewöhnlicher Vorfall; gut, aber unter der Bedingung, dieser gälte hier für die Norm, denn das, was ich soeben erzählt habe, ist keine Ausnahme, sondern die Regel, an die man sich schon in dem Grade gewöhnt hat, daß man schlicht zu faul ist, sich noch ähnliche zahllose Geschichten zu erzählen. Für mich aber geht es hier um *Urphänomene des sozialen Lebens*. Und die erzählte Geschichte diesen zuzurechnen, dazu fühle ich mich ganz berechtigt. Man glaubte leichtsinnigerweise, alle Probleme wären zu lösen, sobald man die Partei oder etwa KGB-Diktatur los ist, den Marxismus-Leninismus-Unterricht in den Schulen durch Unterricht in den Grundlagen orthodoxer Theologie ersetzt, Leningrad wieder in Sankt Petersburg umbenennt und amerikanische Wörter wie etwa »brooker«, »marketing«, »business« usw. lernt. Erst jetzt wird klar, die kommunistische Partei als solche war nur ein Sündenbock, denn das Problem verbarg sich nicht in der Partei, sondern in einem jeden Einwohner dieses Landes, so daß diese aus dem Kreml vertriebene Partei nun fortfahren kann, so aktiv wie früher zu wirken, nun aber nicht mehr als politische Struktur, sondern bloß als *demographische* Lebensform.

Das ist der psychologische Horizont, aus dem sich die gesamte politische Situation dieser obdachlosen, unheimlichen, zentrifugalen Räume, einst UdSSR genannt, reaktiviert. Nun scheint die erste politische Einschätzung, die ich dem in diesem anonymen Land Geschehenen geben kann, ganz mythisch: Es ist ein Mythos des toll gewordenen Raumes, der die ihn ordnende Macht sozial-urbaner Gliederungen zu stürzen und in seinen ureigenen Mutterschoß der Nomadenlager und Lagerfeuer zurückzusaugen strebt. In solcher Imagination ist Rußland von seinem großen Visionär Gogol wahrgenommen worden: als ein in rasender Eile dahinstürmendes Dreigespann, ja eigentlich eine russische Troika. Die brennende Frage Gogols: »Rußland, wohin rennst du?« sollte mit den folgenden selbstberauschenden Zeilen des jungen Andrej Belyj beantwortet werden:

Dorthin, wo von Tod und Krankheit
Sich hinzieht die elende Spur,
Verschwinde im Raume, verschwinde,
Rußland, mein Rußland!

Ich bitte, darauf ernstere Aufmerksamkeit zu richten, als es die bloß poetische Behandlung des Problems verdienen würde. Der Raum in russischer Transkription – das ist keineswegs ein nur poetisches Bild, sondern ein verkörpertes Nirwana, jene viel- und fast totgeredete russische *Toska*, von der die deutsche *Sehnsucht* nur eine ungefähre und ziemlich verstellte Vorstellung gibt, eben die Sehnsucht nach dem Raum: ein uralter Mythos der Seele, von ihrem räumlichen Element losgerissen und an den bestgehaßten Taktmesser allregelnder historischer Zeit gebunden. Fährt man in jener oben angebotenen mythologischen Redeweise fort, so darf man sagen, daß die russische Geschichte, die den Raum mit ihrem westlichen Gesicht bannt und wie ins versteinerte Leichengewand der auf westliche Manier geplanten Städte sperrt, mit ihrem östlichen Gesicht die Erlösung des Raumes verlangt, was übrigens der Phänomenologie der russischen Landschaft sichtlich eingeprägt ist, in der man eine ganze Ausstellung rein Potemkinscher Städte im westlichen Teil besuchen kann, die aber mit dem Vordringen nach Osten mehr und mehr »entstädtet« wird, bis zur endgültigen »Entstadtung« in den nirwanahaften Räumen Sibiriens. Doch selbst in ihrem westlichen, städtischen Teil macht diese Landschaft, so gesehen, einen ziemlich seltsamen Eindruck. Nur ein Exempel für hunderte zu geben, möchte ich das Rätsel Moskaus als architektonisches Paradox, ja eine wahre architektonische Provokation erwähnen, das diesen riesigen Nomadenraum als Weltstadt in der Reihe solcher Städte wie etwa Berlin, Paris, London oder New York ausgibt. Diejenigen, die das Schicksal hatten, Moskau selbst zu erleben – im Fall, diese Erfahrung wurde auch diesmal nicht durch rein touristische Privilegien weißer Herrenmenschen betäubt –, verstehen sofort, worum es geht. Natürlich ist der riesenhafte Raum an und für sich noch durchaus kein Einwand; er entspricht ja der allgemeinen Tendenz der westlichen Stadtbaukunst der Neuzeit. Aber zweierlei ist es, wenn sich zum einen der riesenhafte Raum dem ganzen Verwaltungssystem der ihn gleichsam erziehenden verschiedenen Bequemlichkeiten und Kommunikationen, eigentlich der urbanen Denkweise gehorsam unterordnen läßt, wie es in westlichen Weltstädten der Fall ist – zum anderen aber dieses System sich rein mechanisch und von außen dem Raum aufdrängt und eine Illusion an Stadtgliederung schafft, dabei aber in der Tat fast völlig im Vakuum zappelt. Moskau ist imgrunde nichts als eine Steinsteppe, ein mit Stein gepanzertes Nomadenlager; nur hier sind Wolkenkratzer zu sehen, die durch unendlich unwegsame, ja fast Urödnisse voneinander getrennt sind, so daß von einem Haus zum anderen zu gelangen, sich keineswegs nur als eine Tatsache des bloßen Vordringens, sondern des Schicksals bezeichnen läßt. Hier sei es gestattet, ein persönliches Erlebnis einzufügen: Vor einigen Jahren sollte ich ein wenig in dieser Stadt weilen, wegen meiner Arbeit an Nietzsches Werken, die ich damals für den Moskauer Verlag *Mysl* edierte. Wohlan! Jedesmal, wenn ich abends vom Verlag ins Hotel zurückkam, erlebte ich dies (freilich subjektiv, doch immer wieder sachlich) nicht mehr und nicht weniger als Tatsache meiner Biographie. Nun zeigt sich das Phänomen des russischen Totalitarismus, gleichgültig des zaristischen oder bolschewistischen, in diesem Licht als eine ständige Zügelung des widerspenstigen Raumes, eine Art Zuchthaus des Raumes, der vom Traum der Zügellosigkeit wie besessen ist. Ich bin überdies der Meinung, daß jenes rein bolschewistische Paßsystem, jene allgemeine Meldepflicht und der berüchtigte Eiserne Vorhang nur die letzten disziplinären Chef d'œuvres in der Reihe unendlicher Mittel im Kampf mit dem Raum sind. Und da geschah das Wunder, Perestrojka genannt, und nun wurde der Raum von allen Banden gelöst. Man hat ja beschlossen, alle Normen der Physiognomik und der Landschaft mißachtend: Es reicht, auf die alte Weise zu leben. Rußland soll nun wie England oder die Vereinigten Staaten leben! Ja, Geister wurden aus allen Flaschen freigelassen, und der russische Raum, der von solcher Freiheit kaum je geträumt hatte, ist schließlich verrückt geworden. Ich wiederhole: Die einzige wirklichkeitsgemäße *politische* Einschätzung des auf dem Territorium der ehemaligen UdSSR Geschehenen läßt sich nicht anders denn als Mythos des toll gewordenen Raumes formulieren, des Raumes, der nun, trotz aller Gesetze der Dioptrik, kein Zentrum, ja keine Ordnung und Gliederung mehr duldet und nur eines will: den grenzenlosen Zerfall. So wurde das independentische Ideal der westlichen Demokratie auf russischem Boden wahrgenommen; was wir jetzt in der gestrigen UdSSR sehen, ist imgrunde das alte, ja vollauf in Gang gebrachte Wilson-Programm. Denn der allererste Trick, mit dem dieser totale Zerfall und Krieg seinen Anfang genommen hat, war die Losung vom Selbstbestimmungsrecht der Nationen, infolge derer die Nationen sofort anfingen, sich durch Blutvergießen selbst zu bestimmen, wie es nun in Transkaukasien, Moldawien, Mittelasien zu sehen ist, von dem kommenden Zusammenbruch der Beziehungen Rußland – Ukraine gar nicht erst zu reden. Alle Welt will ja unabhängig und souverän sein, und alle Welt greift nach Waffen in dem Land, das mit Kernwaffen vollgestopft ist. Was ich erzähle, ist durchaus kein Spaß: In einzelnen Sowjetstädten waren solche Fälle zu beobachten, daß seitens einzelner Bezirke die Unabhängigkeit verkündet wurde, indem der Stadtbezirkssowjet bloß darauf verzichtete, sich dem Stadtsowjet unterzuordnen. Mit alledem sind die Blicke nach Westen gerichtet, in der Hoffnung auf den allmächtigen westlichen Zauberer, der dem Stadtbezirkssowjet, nach allem zu urteilen, helfen wird, seine Unabhängigkeit im Namen der Ideale von Demokratie und Zivilisation zu verteidigen.

Hier komme ich auf das von mir zu Beginn angedeutete Thema des Abendlandes nach 1945 zurück. Mir scheint es einfach schrecklich, daß der Osten nun im Begriff ist, sich völlig auf den Westen zu verlassen und seine Rettung im Westen zu suchen, während der Westen selbst wie niemand und nie sonst Hilfe braucht, vielleicht ohne sich dessen bewußt zu sein. Es kommt keineswegs auf die riesenhaften Geldsummen an, die das Abendland in die Danaidenuntiefen der exsowjetischen Wirtschaft ausgiebig vergeudet, und nicht einmal auf die sog. humanitäre Hilfe, wenn gutmütige Onkel und Tanten aus dem Westen ein paar Würstchen und Einwegspritzen ihrem hungrigen und degradierten östlichen Bruder senden, sondern nur auf die Suche nach dem *geistigen* Ausweg aus dieser Sackgasse. Ich habe schon betont, daß der Bolschewismus und der Amerikanismus innerlich verwandt sind. Zunächst könnte es scheinen, dies stünde in scharfem Gegensatz sowohl zur Natur des Bolschewismus mit seinem Kult mächtiger Staatlichkeit wie zur Natur des Amerikanismus mit seinem Kult des *selfinterest*. Das ist aber nur der scheinbare Gegensatz. Das Wesentliche besteht darin, daß es sich in beiden Fällen um die *ideologische Herrschaft über die Welt* und die *Beseitigung des Individuellen*, um den *Triumph des unverborgenen Materialismus* und den *Massenterror* handelt, gesetzt den Fall, der Terror könne sich nicht nur mittels der Geheimpolizei, sondern auch – und vielleicht auf wirksamere Weise – kraft materieller Übersättigung, betäubender Werbung, Massenmedien und Filmindustrie durchsetzen. Das Ergebnis tritt uns heute in blendender Deutlichkeit des Bildes entgegen. Dieses am Vollwertigkeitskomplex leidende Abendland und jenes am Minderwertigkeitskomplex leidende Morgenland – es sind doch nur die beiden Seiten ein und derselben Medaille. Keinesfalls aber auszuschließen, die westliche Krankheit sei nicht gefährlicher als die östliche; letztere tritt ja allzu auffallend auf, als daß sie irgendwelche Illusionen nähren könnte, während erstere, mit allen äußeren Gesundheitsmerkmalen maskiert, aller Art Illusionen und Selbsttäuschungen ausgesetzt ist.

Ich habe vom Ausweg gesprochen. Ich muß nun gestehen, daß ich nur einen einzigen unterstreichen kann, ohne den unser Planet, soviel ich urteilen kann, Gefahr läuft, endgültig in die Sackgasse zu geraten. Dieser Ausweg ist die *geistige Wiedergeburt Deutschlands* und mit ihm ganz Mitteleuropas. Nach dem Jahr 1945 wurde die Welt im ganzen dem westlich-östlichen Pendel zum Opfer gebracht, ohne daß es dabei ein dynamisches und ausgleichendes Zentrum gegeben hätte. Deutschland selbst, in zwei Teile gespalten, wurde zu einem leeren amerikanisch-sowjetischen Anhängsel, das von der einen Seite mit den Narkotika der Übersättigung, von der anderen Seite mit den Narkotika der Angst genährt wurde, so daß der Faktor östlicher *Repressionen* mit dem Faktor westlicher *Depressionen* ganz gut auskam. Heute – insofern jener in mir erwachte Andersensche Knabe darüber zu urteilen erlaubt – gibt es noch kein Deutschland; die sogenannte Vereinigung war nur eine mechanische Prozedur, die wohl die politischen Grenzen beseitigt, die geistige Entfremdung aber doch bewahrt hat. Denn es wäre nicht undenkbar, im Beispiel dieser deutschen Vereinigung eine Versuchsprobe der künftigen Vereinigung Amerikas mit Rußland zu sehen, natürlich unter überwältigender Führung des ersteren. Wahrlich, was wäre unter dieser Vereinigung von BRD und DDR sonst zu verstehen, wenn nicht eine Probe auf die Vereinbarkeit von westlichem Paradies mit östlicher Hölle – ein Versuch ja, dessen erfolgreicher Verlauf die Wiederholung des Experiments in planetären Maßstäben zur Folge haben sollte. Ich betone es nochmals: die äußeren Merkmale des Unterschieds und der Entgegensetzung dürfen keineswegs aus dem Konzept bringen; diese sichtbare Konfrontation gilt nur für die seelische Wahrnehmung, im Bereich des Geistes ist sie nur trügerisch. Denn es handelt sich in beiden Fällen um den *Triumph des zügellosen Materialismus* im Trugbild eines dialektischen Pseudokonflikts. Hier waltet die pseudochristliche Ideologie vor dem Hintergrund des *praktischen* Materialismus, dort der theoretische Materialismus unter vollkommener Abwesenheit der Materie. Hier tritt uns der Konsument entgegen, der mit Gebrauchsgegenständen so überbürdet ist, daß er seine Verbrauchermentalität ganz maschinell auf das innere Leben überträgt und die Erkenntnis dem Prinzip Komfort unterwirft, als wären auch die Erkenntnisakte mit der Schablone »*Made in USA*« gestanzt. Dort vegetiert der Konsument, jeglicher Gebrauchsgegenstände bar, bis zu dem Grade, daß man fast von einem eigentümlichen, ja phantastischen Kama-Loka in der physischen Dimension reden darf: ja ein Konsument, dem man den Konsum nur regelmäßig angewöhnt und den man um die Gebrauchsgegenstände ebenso regelmäßig gebracht hat. Man stelle sich nun die ungeheure Psychologie solcher Vereinigung vor, wenn ein von ewiger Abstinenz verrückt gewordener Verbraucher aus einem Kama-Loka nicht in ein Devachan, nein, in ein Stück mohammedanisches Paradies mit dem ganzen Sortiment sinnlicher Genüsse übertragen wird! Das ist es, was heute in der ganzen Welt geschieht, was heute in der Welt vorbereitet wird! Der Ausweg – ich wiederhole es – hängt nur von Deutschland ab. Ja, weder Amerika noch Rußland sind jetzt in der Lage, diesem Prozeß mit eigenen Kräften zu widerstehen und aus ihm herauszufinden. Nur Deutschland kann ihnen darin nicht mit Rat, sondern eben mit Tat beistehen. Aber ein solches Deutschland, dem es gelänge, vor allem sich selbst Hilfe zu leisten. Ja, sich an sich selbst zu erinnern, zu den eigenen, ja ureigenen reinsten Quellen zurückzukommen, zum Zeitalter Herders, Goethes, Schillers und der Romantiker, zu seiner, phänomenologisch gesprochen, *Lebenswelt*, um endlich von ihnen auszugehen und jenen Weg der geistigen Erkenntnis einzuschlagen, dessen lebendigste Perspektiven in der Anthroposophie Rudolf Steiners so großartig skizziert sind.

Ja, die erstrangige Aufgabe der Anthroposophie ist heute das geistige Wieder-zu-sich-Kommen Deutschlands, Mitteleuropas, die Reinigung des deutschen Augiasstalles von dem darin angehäuften materialistischen Mist, ob westlicher oder östlicher Provenienz. Nur davon, ich wiederhole, hängt die nächste Zukunft Rußlands, die entferntere Zukunft Amerikas und schon die Zukunft des Planeten selbst ab. Gestatten sie mir zu sagen, daß auch ich, ein Fremder, ein Ausländer, als Anthroposoph keine andere Aufgabe vor mir sehe.

Aus den Bekenntnissen eines ex-sowjetischen Anthroposophen

»Wehe jenem Geschlecht, das vor seinen Augen nichts hatte als die regelrechte Polizei!«* Dieser Ausruf Ernest Renans fällt mir immer ein, wenn ich an meinen Lebensabschnitt in der ehemaligen UdSSR denke, von dem Leben unserer Väter gar nicht zu reden. Denn es ist meine Generation, jene unter Breschnew aus-, heran- und übergereifte Generation, die durchaus das Recht hat, diese Worte auf ihr Konto zu setzen. Dies erscheint aus der Retrospektive der »Zwischenzeit«, in der wir leben, fast unvorstellbar, aber wirklich hatten wir vor uns nichts als regelrechte Polizei. Und man merke wohl: eine Polizei nicht nur im partiellen und amtlichen Sinn, sondern vor allem in einem total-sozialen, denn alles, ja schlechterdings alles war hier Polizei, sei es Kindergarten, Schule, Universität, jegliche Behörde und Dienststelle oder etwa der Frisiersalon, wo der Barbier, der dich rasieren sollte, dich mit aufrührerischen Andeutungen zum Reden verführte, um deine Beziehung zum Regime auszukundschaften und dies zu melden, »wo es hingehört«, oder die Caféterrasse, wo man halblaut sprechen mußte, um die Nächsten am Nachbartisch nicht in Versuchung zu bringen – kurz, ich übertreibe kaum den Sachverhalt, wenn ich behaupte, es waren manchmal gerade die »friedlichen« Schichten des öffentlichen Lebens, die sich, mit Verlaub zu sagen, polizeilicher erwiesen als das Polizeiamt selbst. So war es geplant seitens jener schlagfertigen Ingenieure der menschlichen Seelen, deren beispielloses Vorhaben gerade darin bestand, das Experiment massenhaft und entpersönlicht durchzuführen.

Es ist klar, daß die Anthroposophie, wie übrigens jede »Sophie«, unter diesen Umständen einfach verboten war und die anthroposophische Selbstbestimmung sich in einer

---

* Ernest Renan, Questions contemporaines, Paris s. a., p. 143.

harten und kompromißlosen Atmosphäre bewegte. Man mußte die Begegnung mit dem diesmal ganz eigentümlichen Hüter der anthroposophischen Schwelle bestehen, der, wie gesagt, im Bild der regelrechten Polizei erschien (imgrunde nur im Gegenbild eigener astraler Sonderkommandos). Die Versuchung war außerordentlich schwer: Das allsehende Auge des *big brother* ertappte dich überall, selbst in Gedanken, und allmählich widerfuhr manchen Leuten das, was kraft der hier wirkenden okkulten Regeln geschehen sollte: der Prozeß der Identifikation mit dem Drachen, oder wie es bei Nietzsche heißt: »Wer mit Ungeheuern kämpft, mag zusehn, daß er nicht dabei zum Ungeheuer wird. Und wenn du lange in einen Abgrund blickst, blickt der Abgrund auch in dich hinein.«* Es war ein wunderliches Schauspiel, das Anwachsen einer anthroposophischen Psychose und eines Verfolgungswahns bei denen zu beobachten, die schon eine imposante Zahl Steinerscher Zyklen gelesen und manchmal eine beneidenswerte anthroposophische Belesenheit gezeigt hatten. Die Sujets entwickelten sich fast immer entsprechend der besten Normen von Kriminalromanen. Es stellte sich heraus, daß wir alle (also Anthroposophen) längst unter Bespitzelung standen, dann, daß sich auch in unsere Reihen geheime Agenten eingeschlichen hatten. Die Schläge (nach allen Regeln des Genres) wurden den Anthroposophen älterer Generation versetzt: Viele von ihnen seien vom KGB angeworben und erledigten nun die besonders geheime Mission der Zersetzung des Werks Rudolf Steiners von innen usw. Zuerst waren es nur Ideen, dann *fixe* Ideen, letztendlich ging es auf eine wahre Besessenheit zu. Ich erinnere mich, wie ich, nach dem erschöpfenden Gespräch mit einem dieser Besessenen und gleichsam zur Rechtfertigung meines Schweigens, ihm vorschlug, gewisse Gegenmaßnahmen zu ergreifen, etwa eine Art anthroposophische Abwehrdienststelle zu gründen und eigene geheime Agenten in den KGB einzuschleusen. Mir scheint nun, es war meinerseits weniger ein

---

* Friedrich Nietzsche, Jenseits von Gut und Böse, Leipzig 1886, S. 98.

Scherz als eine gewisse Probe auf das Krankheitsniveau, denn was kann noch, wenn nicht ein derber Scherz, in solchen Fällen eine exakte Diagnose fördern! Die Diagnose bestätigte sich leider. Mein Vorschlag wurde nicht ohne Bedauernsseufzer abgelehnt, wegen seiner Unausführbarkeit oder der Nichtübereinstimmung »unserer« und »ihrer« Kräfte. Das war die Art, mit der der *homo sovieticus* sich wieder bestärkt fühlte, diesmal in Gestalt – es ist eine Schande zu sagen – eines Anthroposophen...

Es gab aber auch einen anderen Ausweg, mit dem das Thema vom sowjetischen Anthroposophen unvermeidlich eine philosophische Fassung bekam, ganz wie das Erkenntnisthema in Kants »Kritik der reinen Vernunft«: »Wie war es möglich, als Anthroposoph in der UdSSR zu leben?« vorausgesetzt, daß gerade dies unmöglich war oder zu sein schien. Hier öffnete sich ein Horizont unerwartetster und schöpferisch unvorbelastetster Lösungen, als ginge es um eine aporetische Sackgasse und Hunderttausende von *heurekas*, von denen ein jedes seinen einzigartigen Archimedes aufzufinden hatte. Das bedeutet, daß das Problem der anthroposophischen Auslese sich von vornherein als ein existentielles im Feld barer »Grenzsituationen« erwies. Das Übrige wurde schon in einem spontan angesetzten Meditationsakt erforscht: Du bist im Gefängnis. Man stopft dir den Mund. Man zwingt dich, Diener der Lüge zu werden. Du befindest dich unter ständiger Beschattung. Ob du unter solchen Umständen Anthroposoph sein kannst?

Es war klar, daß das Thema der Anthroposophie selbst in der UdSSR nicht anders als dasjenige eines typisch buddhistischen *Zen-Koans* auftrat. Man stelle sich einen Lehrling vor, der sich den Kopf (ja vielleicht das Leben) über folgende Aufgabe zerbricht: »Du hängst über der Kluft, die Hände gebunden, und du kannst dich nur mit den Zähnen an einem am Rand wachsenden Gebüsch festhalten, um nicht herabzufallen. In diesem Moment fragt man dich: Was heißt *Zen*? Was kannst du darauf antworten?« Vorausgesetzt, daß die Antwort um jeden Preis gegeben werden muß.

Oder die gleiche Situation in der europäischen Fassung desselben Koans, nämlich der aporetischen Formel des Abtes Galiani: »Die große Rednerkunst ist die Kunst, in einem Land über alles zu sprechen, wo es verboten ist, über irgendetwas zu sprechen, ohne dabei in die Bastille zu geraten.«* Man ersetze den Redner durch den Anthroposophen (denn gerade diesem ist bestimmt, über alles zu sprechen) und die Bastille vielleicht durch Sibirien, und man erhält ein genaues Bild der von mir geschilderten Situation.

Ein Katz-und-Maus-Spiel? Wohl möglich. Jedenfalls ein ganz angemessenes Spiel für das Zeitalter des Bösen.

Ich werde mich kurz fassen: diese Aufzeichnungen erscheinen mir schon nicht ohne die spontane Absicht zu einem eigenen Buch, so daß ich genötigt bin, nur das Wichtigste darzulegen. Das Wichtigste aber war: die Bespitzelung nicht selbst zu bespitzeln, will sagen, sich nicht einem gejagten Tier gleichzusetzen, für das überall Fallen gelegt sind. Dann: in der Haltung des Widersachers mögliche schwache Stellen zu entdecken – und hier muß man gestehen, daß jener Breschnewsche Drache im Vergleich zum Stalinschen gewisse Vergünstigungen einräumte: alle Symptome der Altersschwäche und des Unvermögens gab es schon. Kurz, es ließ sich die ganze Aufgabe auf die Ausarbeitung von Strategie und Taktik zurückführen, in der sich die Taktik selbst als Strategie erwies, nämlich: es galt, alle Requisiten an kulturgeschichtlichen, philosophischen, weltanschaulichen Masken zu beherrschen, um diese wirklichkeitsgemäß verändern zu können, ohne irgendeiner zu erlauben, am Gesicht haftenzubleiben. Im ganzen ließ sich die Aufgabe so formulieren: Du sollst nicht erkannt, ja vorprogrammiert werden, du sollst geistig nicht angreifbar sein. Es droht ein kindisches Unterfangen zu werden, die Anthroposophie in dieser Orwellschen Welt so auszuleben, wie man es dort im Westen tut. Dort kannst du Anthroposoph im Rahmen des 20. Jahrhunderts sein, was bedeutet: Du bist imstande, dich als solcher zu bekennen und unmit-

---

* Correspondance inédite de l'abbé Galiani, t. 2, Paris 1818, p. 302.

telbar zu handeln. Hier aber, in diesem Stück Unwelt, wo die Entwicklung auf Jahrtausende ausgesetzt ist, bleibt dir nur, die einstige Erfahrung der Gnosis innerlich zu beleben und gleichsam unter Tarnanstrich zu handeln. Die besten Empfehlungen der historisch gnostischen *konspirativen* Praxis stehen dir zur Verfügung, man denke nur an folgende: Paulus: »Wer... den Geist hat, versteht alles; ihn selbst aber kann keiner begreifen.« Basilides der Gnostiker: »Ihr sollt alle kennen, euch aber keiner.« Pascal: »Ein Mensch zu werden, der sich nicht erraten läßt.« Goethe: »Mein Schicksal ist den Menschen ganz verborgen; sie können nichts davon sehen noch hören.« Endlich die Empfehlungen von Steiner selbst, etwa diese, wenn er sagt, daß er »es am liebsten hätte, wenn wir der anthroposophischen Bewegung jede Woche einen anderen Namen geben könnten«. Und zum Schluß: »Aber es wäre das dennoch für die anthroposophische Bewegung etwas außerordentlich Gutes, wenn sie gar keinen ständigen Namen hätte.«* Man kann sich die Lage der europäischen Anthroposophen leicht vorstellen, die diese Worte Steiners je nach Belieben als eine Art didaktische Metaphorik deuten können; für uns im Osten, unter der schrecklichen Diktatur der erstarrten Namen waren sie wortwörtlich zu verstehen. Ihre grandiose taktische Durchführung fanden wir im 33. Vortragszyklus, »Der menschliche und der kosmische Gedanke«, der von uns als eine unschätzbare Handhabe zur konkreten Verwirklichung der oben erwähnten Regel Galianis wahrgenommen wurde. Die Anthroposophie trat hier als ein Maskenzug der Weltanschauungen – eine *ars Lulliana* (diesmal übrigens *Steineriana*) in eurythmischer Darstellung – oder gar als Goethes *Metamorphose* in der Gedankenwelt auf. Besonders hervorzuheben: sie erschien hier nicht als Bild, sondern als Rhythmus, nicht also im Element der Form, sondern in dem der Bewegung; das innere (ja er-innernde) Auge überschaute unendliche Transformationen und

---

* Rudolf Steiner, Gegenwärtiges Geistesleben und Erziehung, Vortrag vom 17. August 1923 in Ilkley, GA 307.

Transfigurationen der weltanschaulichen Masken, so daß man gar keine Möglichkeit mehr hatte, sich an irgendeine zu klammern. Das apophantische Wesen dieser neuen (geistes*wissenschaftlich* fundierten) Christologie kam ans Licht: Sie ist *alles* und zugleich *nichts*; alles in der Bewegung, nichts in festgestellter Form; in der Bewegung kann aber auch dasjenige positiv auftreten, was in der Form, d. h. fixiert, nur negativ vorkommt (man denke an Steiners Beziehung zum »Atheisten« Haeckel, die für gewisse Menschen immer unfaßbar bleibt; man ziehe aber in Betracht, daß dieser rabiate »*Atheist*«, dynamisch betrachtet, bei Gelegenheit *wahrer* sein konnte als irgendein ikonisch erstarrter »*Mystiker*« oder »*Okkultist*«). Das war es, was man eine *Luftprobe* der Anthroposophie selbst nennen könnte. Ich hielt z. B. einen Vortrag über Paracelsus oder Cornelius Agrippa. Nun schalteten sich die Schallortungsorgane der marxistisch untertänigen Zuhörer sofort ein: Aha! Sieh da! Er ist Mystiker! Die beruflichen und laienhaften Denunzianten (unter den Studenten, es geschah aber auch, daß die Vorträge speziell von Parteigenossen besucht wurden) rieben sich die Hände: Nun entschlüpfst du nicht, mein Liebster! Man stelle sich nur ihre Enttäuschung vor, wenn der Vortrag über Mystik sich plötzlich in einen solchen über Naturwissenschaft transformierte und es sich statt der erwarteten »Geister« oder »Spukerscheinungen« um rein biologische oder physische Erscheinungen handelte. Dann sagte man oder wurde gar gezwungen, zu sagen: »Der Vortragende hat die reaktionären mystischen Anschauungen des Mittelalters ganz richtig im Sinne der ihnen eigenen materialistischen Tendenz interpretiert.« Du lieber Gott! Der Vortragende hat nur die wunderbaren Offenbarungen des Steinerschen Buches »Die Mystik...« gewissenhaft variiert. Das Wichtigste also waren Rhythmus und Verwandlungstechnik der Maske; konnte man nicht anthroposophische Termini benutzen, so mußte man anthroposophische Rhythmen gebrauchen – es war gut bekannt, daß die Götzen des totalitären Regimes sich hinter barer Nomenklatur (Vogelscheuchwörter wie »Idealist«, »Spiritualist«, ja »Anthroposoph« usw.) versteckten, so daß die Hoffnung, nur auf Termini zu setzen, hieß, sich von vornherein zur »Bastille« zu verurteilen. Wohlan! Was aber tun, wenn du nicht einer, sondern keiner bist, ein gewisser Herr (oder Genosse) Nobody, eine Maskenmetamorphose, zumal mit solcher Geschwindigkeit, so daß diese fließende allweltanschauliche Zielscheibe, deren Tempo dem Aufführungstempo der Bachschen Fugen unter den Fingern eines unvergleichlichen Glenn Gould fast gleicht, zu beschießen, sich als ziemlich gefährliche Beschäftigung erweist: Man zielt auf Jakob Böhme und, siehe, schießt einen Nobelpreisträger nieder.

Imgrunde ging es um die konkrete Beherrschung des Gebots Zarathustras: »Zarathustra der Tänzer, Zarathustra der Leichte, der mit den Flügeln winkt, ein Flugbereiter, allen Vögeln zuwinkend, bereit und fertig, ein Selig-Leichtfertiger..., kein Ungeduldiger, kein Unbedingter, einer, der Sprünge und Seitensprünge liebt...«* Dies Stück *Musik* ist hier zu einer *Methodologie der anthroposophischen Praxis* geworden. Man konnte sich verzwei-, verdrei-, verzehn-, verhundert-, ja vertausendfachen, je nach Belieben; der polizeiliche Computer fixierte immer nur Verschiedenheiten, der Rhythmus – Goethes »Und so teil' ich mich, ihr Lieben/ Und bin immerfort der Eine« – blieb unerkannt.

Beiläufig gesagt, es war gerade die Weltanschauung Goethes, die sich für meinen anthroposophischen Werdegang als ungewöhnlich günstige Ausrüstung erwies. Fast möchte ich sagen, daß es mir gelungen ist, auf Kosten Goethes eine anthroposophische Karriere zu machen – und nicht irgendwo im Untergrund, sondern direkt im höllischen Feuer des offiziellen philosophischen Lebens. Bei der sowjetischen Gedankenpolizei war Goethe ziemlich gut angeschrieben. Die Klassiker des Marxismus schätzten ihn hoch, Zitate aus seinen Werken sind oft bei Lenin zu finden, selbst Stalin, obwohl er Gorki höher schätzte, hat sich über den Faust-Verfasser ganz wohlwollend geäußert. Besseres konnte man sich gar nicht vorstellen. Nun begann ich mit

---

* Friedrich Nietzsche, Also sprach Zarathustra, loc. cit., S. 326 f.

dem historischen Goethe, dem Goethe des Zeitraums 1749 bis 1832, und ging weiter zum Goethe der Jahre 1886, 1891, 1894 usw., der aber schon der reinste Steiner ist. Einmal hatte ich sogar Gelegenheit, unter dem Titel »Der weitergedachte Goethe« eine Art Einführung in Anthroposophie für den Vorstand der Akademie der Wissenschaften vorzutragen. Etwa 15 Akademiemitglieder, also 15 Zerberusse der sowjetischen Ideologie und Wissenschaft, waren anwesend. Wahrlich, man lebte damals in einem Wunderland. Man drückte mir die Hand und machte Komplimente, und einer von ihnen, der 80jährige Patriarch des dialektischen Materialismus, war so gerührt, daß er sich an ein zuckersüßes Urteil über Goethe in einem Marxschen Brief erinnerte und in schwer zu identifizierendem Deutsch die ersten Zeilen des »Rösleins« vorlas.

Es blieb, das Inkognito aufzuheben und die Sachen beim eigenen Namen zu nennen. Ich tat es gewöhnlich in den Hörsälen, in denen ich unterrichtete, oder in Privatgesprächen. Alles hing davon ab, ob das zuvor Gesagte (insbesondere die Kurse über die Geschichte der Philosophie oder der Kultur im allgemeinen) mit lebendigem Interesse begleitet worden war. War das Interesse da, so konnte keine Polizei mehr Hindernis sein. LEST RUDOLF STEINER! Ja, meine Lieben, gerade IHN, und sollte irgendjemand auch nach alldem ins Parteikomitee oder zu einem »verantwortlichen Genossen« laufen, um das Geschehene zu denunzieren, macht nichts: dann ist das immer noch die mechanische Gewohnheit, einfach Dummheiten zu machen. Das Wichtigste ist schon vorbei. Jetzt sollt ihr es wissen: Steiner, das ist ja keineswegs irgendein Name aus dem Index der verbotenen Bücher, sondern etwas, dessen Verneinung eure Existenz der Gefahr aussetzt, aus den Geburtsurkunden des Lichts zu fallen und nichts als die Ableitung des zufälligen (Ge)schlechtstriebes eurer Eltern zu sein.

Wunderschönes Schillern des Karmas! Ich kenne keinen Fall, daß man mich als Anthroposoph denunziert hätte.

Letzten Endes könnte die Frage »Wie lebte man als Anthroposoph in der UdSSR?« auch so beantwortet werden:

Als jemand, dem nichts anderes blieb, als dem gestrigen Drachen dafür zu danken, daß er mit seinem Verbot der Anthroposophie als Form und Bild dazu nötigte, die Anthroposophie als Metamorphose und Rhythmus zu suchen.

Europa zwischen Paradies und Hölle

Der Bericht eines Gehenkten über die Schlinge um den Hals des anderen

»Kein Problem«: die Bedeutung dieser Phrase im heutigen (immer noch westlichen) Deutschland ist einzigartig in Anbetracht der Häufigkeit ihres Vorkommens pro Zeiteinheit. Einem Tibetaner, der zufällig hierher geriete, erschiene sie vielleicht als heiliges Mantram, das allein für die Lippen bestimmt ist und bis zum Erschöpfen wiederholt wird. Diese Gebetsmühle durchtönt nun tags und nachts den ganzen Raum des Abendlandes – Europas und der Vereinigten Staaten – als eine Parole der Zivilisation, ihres unwiderruflichen und tausendfach nachgewiesenen Wohlergehens. »Halt! Wer da?« – »Kein Problem.« – »Geh weiter!«

Das Erstaunlichste ist aber, daß man, wenn man erst einmal in diesem Traumland der siegreichen Materie geweilt hat, alsbald bereit ist, ans nicht-irdische Wunder der Problemlosigkeit zu glauben, insbesondere, wenn man eine allzu lange Quarantäne jenseits der ehemaligen Mauer hinter sich hat und vor Sehnsucht nach aller Art Leckereien vergeht. So ist es auf den ersten Blick: eine fast physiologische Reaktion der Seele auf die tausendundeinen Launen der Konsummagie. Dann aber kommt man wieder zu sich und kann sein Befremden nicht mehr loswerden. In meinem Fall ließ sich dieses Befremden so formulieren: Gut, aber es bleibt nach all dem eine Frage, die irgendwie beantwortet werden muß. Man stelle sich nur das Befremden eines Mannes vor, der außerhalb Deutschlands, aber an deutscher Kultur erzogen wurde und dem es nun möglich wurde, seine metaphysische Heimat zu besuchen. Der sonderbare Eindruck, den ich von Deutschland zuerst hatte: Ist das denn MEIN Deutschland, jenes Wintermärchen, das ich von klein auf im Herzen trug (die erste Begegnung mit Deutschland war mir der Goethe-Schubertsche Erlkönig, der mich seit dem fünften Lebensjahr unaufhörlich verfolgte)? Wer also erklärt mir, warum es mir nicht gelungen ist, Deutschland in Deutschland zu erkennen? Ich meine jene *deutsche Idee*, dank welcher es die deutsche Nation überhaupt gibt, die verschwundene deutsche Idee, denn nimmt man die Welt Gottes nicht als einen fertigen Konsumgegenstand, sondern als Werdegang Gottes durch die Menschen (das ist ja vielleicht der mächtigste Aspekt der erwähnten deutschen Idee), so muß man zugeben, daß dieser Werdegang in den verschiedenen nationalen Typen keineswegs eindeutig verläuft, so daß die Frage nach der deutschen Idee, die zunächst ein rein nationales Problem zu sein scheint, organisch zu einem Weltproblem wird. Was mich in dieser Fragestellung »rettete«, war mein Fremdsein; im Nachkriegs-Deutschland (und Nachkriegsland in diesem Sinne ist es bis heute geblieben) gehören solche Gedankenwendungen, milde gesagt, nicht zum guten Ton – man könnte mechanisch zum Schandfleck eines Nationalisten oder gar noch Schlimmeren werden, denn der deutsche Nationalismus, wie wir es schon seit der Schulbank und die Deutschen von Geburt an wissen, ist Rassismus, im Unterschied etwa zum englischen oder französischen, der ja ein Ausdruck patriotischer Stimmungen ist. Wie dem auch sei, die Antwort kam ganz unerwartet: Diese magische Phrase »Kein Problem« ist hier vielleicht nur deshalb möglich geworden, weil es gerade Deutschland, ja Europa selbst war, das sich hinter dem äußeren Mangel an Problemen als ein Problem – zudem als ein riesenhaftes und eben darum unbemerkbares – erwies.

Denn das heutige Europa scheint nichts als *Besinnungslosigkeit*. Das ist die Diagnose dieser Krankheit. Und das ist ihre kurze Geschichte: Alles fing mit der Entdeckung AMERIKAS an, genauer gesagt damit, daß, als Europa Amerika entdeckte, es das Pathos seiner Suche keineswegs auf geographische oder gar wirtschaftliche Erwägungen gründete. Freilich kann man zugunsten profitabler Sensationsheischerei Kolumbus kinematographisch als einen Vorläufer künftiger Polarforscher oder kosmopolitischer Unternehmer darstellen. Aber der historische Kolumbus hat damit gar nichts zu tun. ER SUCHTE DAS IRDISCHE PARADIES. Allererster Anstoß war nicht die pragmatische Borniertheit eines Bahnbrechers, sondern eine gewisse Stelle aus den Schriften des Propheten Jesaja: Das ist doch keine Kleinigkeit, daß er auf die Seefahrt einen Dolmetscher für das Hebräische und Aramäische mitgenommen hat, voll der Überzeugung, daß im Paradies kaum mit Italienisch oder Spanisch zu rechnen ist. So wurde Amerika entdeckt – nicht STATT des gesuchten Paradieses, sondern ALS das gesuchte Paradies. Diese mystische Anerkennung ist seither und bis heute nie geschwunden. Seit dem 17. Jahrhundert beginnt die massenhafte Umsiedlung der Puritaner von England nach Amerika, aber sagen wir es noch einmal: Die Gründe dazu waren keineswegs ökonomische, sondern religiösethische – es handelte sich um eine Unmenge Europäer, die dieser Spelunke, als die ihnen Europa erschien, entkommen, sie reinigen und es im soeben entdeckten Paradies retten wollten. Davon zeugt die puritanische Literatur des ganzen Zeitalters: Europa ist die Hölle, eine Art Lasterhöhle; Amerika dagegen ist Eden. John Cotton, ein Puritaner aus Boston, hat dafür die schon rein rousseauistische Formel gefunden: »Je zivilisierter und gebildeter ihr seid, desto mehr seid ihr auch bereit, dem Satan zu dienen.«

Es ist klar, daß diejenigen, die sich schon gerettet hatten, nicht umhin konnten, für die Rettung anderer, also Europas und der Menschheit, zu sorgen. Man beachte nur, daß überall panische Angst vor Europa herrschte, von dem man das Übergreifen des ANTICHRIST (lies: der Kultur selbst) auf Amerika erwartete. Wohlan, Europa, das immer das Heiligtum des Christentums bewahrte, bedurfte nun selbst der Rettung; aber wie? Selbstverständlich konnte von einem Kreuzzug keine Rede mehr sein. Die Lösung reifte in rein amerikanischer Weise. Dort, wo es unmöglich war, etwas mit Feuer und Schwert zu leisten, blieb nur, auf die Kraft des eigenen Beispiels zu hoffen. So war es seitens der ehemaligen Europäer geplant, dieser unzurechnungsfähigen Fanatiker der urzeitlichen Reinheit: Europa nicht kraft der FAUST, sondern kraft eigener LEBENSWEISE zu retten, kraft jener *»Made in USA«* und *»No problem«*, unter deren Üppigkeit drei Jahrhunderte später ein ganzes Jahrtausend der europäischen Idee spurlos verschwinden wird.

Der Krieg gegen Europa, um der Rettung der Seelen der in Sünden versunkenen europäischen Brüder willen, wurde seitdem höchst ausgesucht geführt. Ich glaube, zwei Beispiele wären hinreichend. Man denke an John Locke, den englischen Philosophen des 17. Jahrhunderts, der eifrig die Auffassung von der menschlichen Seele als *tabula rasa* propagierte, ganz im Gegensatz zum Platonismus, als wäre die Seele etwas Leeres und nur von der äußeren Sinneserfahrung Abhängiges. Man weite diese Doktrin bis zum Begriff Europas aus, und man bekommt das Gesuchte: die europäische Seele, die von ihrer eigenen Vergangenheit gereinigt und für die neue – paradiesische – Erfahrung offen ist. Diese Lockesche Theorie wurde von der rasenden moralischen Agitation Rousseaus unterstützt, in der die Frage: Wie wird man zur *tabula rasa*? eine konkrete Lösung angeboten bekam: Dank der Flucht zurück zur Natur, von der satanischen Kultur zur Alltäglichkeit der Rothäute. Europa verging vor Jauchzen, indem es die Predigten dieses sich moralisch dem Trunk ergebenden Phrasenhelden hörte; Hunderte von Jünglingen, schluchzend über das Bändchen des vergötterten Jean-Jacques (unter ihnen Maximilien Robespierre aus Arras), flatterten ungehemmt aus der gehaßten europäischen Topik in die neue süße Utopik der Träume und Täuschungen. Die Zersetzung war in vollem Gang, wenn auch nicht ohne den mächtigen Widerstand von seiten der hohen Seelen, die schon damals in diesem neuen und vielleicht letzten Thermopylä die Stellung bis auf den Tod hielten.

Als der Organismus schließlich völlig von Kräften gekommen war, gereichte es zum ersten schrecklichen Schlaganfall – der Infarkt Europas am 1. August 1914, das unsinnigste Weltblutbad mit EINEM gefallenen Gegner: Europa selbst. Der Sieger – Amerika – trat gegen Ende in das Spiel ein, als alles schon vorbestimmt war, und reichte sofort dem Gefallenen barmherzig die Hand – und ob! Es ging ja um die Rettung des gefallenen BRUDERS! Den 14.

Punkten des Wilson-Programms – die erste Reanimation Europas auf amerikanische Weise, jedoch nicht ganz gelungen, da der Organismus keine Nachgiebigkeit äußerte – folgte ein zweiter Schlaganfall am 1. September 1939, nach welchem der zum zweitenmal mit dem Marshall-Plan wiederbelebte Kranke zu Besinnung und Leben kam, ja zu einem prunkvollen, wohlgeordneten, vor Werbegesundheit platzenden, aber schon... unverbesserlich problemlosen, unverbesserlich uneuropäischen Leben. Die Metamorphose – das kann man sicher sagen – entsprach diesmal nicht dem *Goethe*schen Muster, sondern vielmehr dem des *Ovid*...

Die Argumente der »Erretter« scheinen auch heute unerschütterlich. Hauptsächlich handelt es sich um drei Punkte. Erstens: wir (»Brüder, die wir sind«) haben euch (»Brüder, die ihr seid«) von der braunen Pest und von der roten Pest gerettet. Zweitens: innerhalb weniger Jahre haben wir euch auf die Beine gebracht und wieder ein neues, wohlergehendes Europa aufgebaut. Drittens: wir haben euch eine neue Mentalität verliehen, die Ideale von DEMOKRATIE und ZIVILISATION, im Lichte derer es euch unmöglich ist, mit dem Feuer zu spielen und die ganze Welt dem eigenen Partikularismus zum Opfer zu bringen. Wohlan! Alles sieht so aus, als verlöre Europa unter dem Druck solcher Argumente die Gewalt über seine Zunge. Unterdessen hätte es so darauf antworten können: Nun gut, das war wirklich eine Rettung von der braunen Pest, aber um was für einen Preis? Der Preis war die Beseitigung Mitteleuropas und die Verwandlung Europas selbst in zwei Anhängsel, ein amerikanisches und ein sowjetisches. Es wirkt frappierend, aber über dem Propagandamythos des Kalten Krieges und der Nachkriegskonfrontation der beiden Supermächte ließ man die vollkommene Illusion dieser Konfrontation außer acht. Ein totaler Bluff lag vor, denn die beiden erwähnten Supermächte spielten imgrunde mit denselben Karten: Es handelte sich in beiden Fällen um den Aufbau des KOMMUNISMUS in einem Land, nur daß es im Fall des Westens der ÖKONOMISCHE Kommunismus und im Fall des Ostens der

POLITISCHE war, so daß jenes lemurische Gespenst, das im vorigen Jahrhundert von den Verfassern des »Kommunistischen Manifests« gemästet worden war, nicht nur in Europa umherschweifte, sondern ebenso in Amerika und Rußland – satt und froh dort, hungrig und wütend hier. Es war an der Zeit, mit der Gefahr der ROTEN Pest zu bluffen. Was blieb denn dem armen, von seinen braunen KZs eingeschüchterten Europa anderes übrig, als sich vor der vom Osten her fletschenden Grimasse der roten KZs enger an den Westen zu schmiegen? Der schwach gewordene und geistig dezentralisierte Organismus fand in sich keine Kraft, eine *eigene* Lösung zu wagen. Das Pathos des großen Europäers, jenes unvergleichlichen Meister Eckhart – »daß er lieber mit Jesus in der Hölle als ohne ihn im Himmel sein wolle« –, geriet völlig in Vergessenheit. Europa bevorzugte den zivilisierten Himmel.

Hieraus folgten die Garantien des zweiten Punkts: das »ökonomische Wunder« oder Demokratismus plus Computerisierung ganz Europas. Imgrunde handelte es sich um die konkrete Verwirklichung jener Zeilen der marxistischen »Internationale«, mit denen die singenden Konsorten sich verpflichteten, die alte Welt zu vernichten und eine neue aufzubauen. Nun bestand das Paradoxon darin, daß das, was in Rußland nur gesungen wurde, in Europa zur Wirklichkeit geriet. In Rußland gelang es nur, den ersten Teil der Verpflichtung (also nur die Vernichtung) durchzusetzen; Europa aber wurde nicht nur vernichtet, sondern auch wiederhergestellt. Man denke an jene zivilisierten »Erretter«, die unter dem Vorwand der Ausrottung der braunen Pest und der alten Lockeschen Idee von der *tabula rasa* folgend ganz Deutschland zerbombten. Das war das Wunder: die ganze Vergangenheit zu tilgen und als die neue Lebensweise die eigene ins Blankoformular zu schreiben.

Das Wichtigste aber war der dritte Punkt: die Ideale der Demokratie und Zivilisation. Ich kann hier nur folgendes sagen: Dieses Danaërgeschenk mußte Europa mit nicht mehr und nicht weniger als der eigenen CHRISTLICHEN IDEE bezahlen, jener Idee, der es seine tausendjährige Existenz verdankte. Und heute, nachdem es die erste (oh! nur die erste!) Ohrfeige von der islamischen Welt in Form eines Todesurteils bekommen hat, das man, ob der Beleidigung des religiösen Gefühls, über den unglücklichen Salman Rushdie gefällt hat und zugleich über jeden westlichen Buchhändler, der mit dieser Beleidigung sein *business* wagen würde, bleibt ihm nichts anderes, als dieser fremden Religiosität seine eigene Zivilisation gegenüberzustellen. Man höre nur, wieviel Geklapper an moralischer Empörung in dieser Hinsicht schon in Luft überging! Denn man muß ja ein vollkommener Barbar sein, um jemanden für die literarische Beleidigung des Heiligtums hinzurichten. Wohlan, meine Herren Mohammedaner! Nehmen Sie sich ein Beispiel an uns Europäern, die wir unsere Heiligtümer tags und nachts schänden und uns damit zufriedengeben, denn als einziges Heiligtum bleiben für uns (Achtung! Achtung!) die MENSCHENRECHTE. Man füge hinzu: selbst wenn der Mensch (und das ist ja keine Seltenheit!) sich dem Vieh gleichsetzt und es also um die VIEHRECHTE geht, d. h. um ein Vieh, das zugunsten seines Geschäfts das evangelische Sujet mit pornographischen Zutaten besudelt.

Das Übrige war bloß eine Sache der Technik. Aber ich stelle eine Frage, in der Hoffnung, daß sich *ein* Europäer finden läßt, der sich die gleiche Frage stellt: Wann geschah es denn, daß Europa ... Kaugummi zu kauen begann? Oder noch: Wann fing es an, in Jazz-Zoo-Rhythmen zu zucken? Kein Zweifel, daß diese Rhythmen eine rein amerikanische Problematik bargen, irgendein rachgieriges Virus, mit dem die abgebrochene »Hütte Onkel Toms« den arroganten Yankee geistig (ja spirituell!) infizierte – wohl möglich, aber was hat das mit Europa zu tun? Die einzige Antwort: Das ist die Eigenschaft des Vakuums, alle Art Plunder in sich einzusaugen. Nun wurde die Geschichte des europäischen Untergangs zur Geschichte des europäischen Vakuums, das von den Liedern Schuberts schon so bereinigt ist, daß es ihm gefällt, die Lieder ... Madonnas aufzusaugen. Was ist denn dabei: Wir sind doch so demokratisch, daß wir auf den Pluralismus der Madonnen Rücksicht nehmen; etwa jener, die uns brennend von den Mosaiken Ravennas anblickt, oder jener anderen, der Sixtinischen, oder zuletzt dieser besessenen Dirne, die sich solchen Namen angeeignet hat, in Erfüllung ältester Weissagungen über die den Gürtel losgewordene Unzucht. Europa – ein ausgeträumter Traum, ein riesenhafter Friedhof seiner selbst: Wann, wann geschah es, daß es seines Genius beraubt und seinen Museumsführern übergeben wurde?

Letzten Endes ging es um die Amputation der Erstgeburt: Europas wie auch Rußlands. Nur die Mittel waren verschieden. Im ersten Fall wurde alles klinisch sterilisiert, unter der Überdosis an ökonomischer Narkose, im zweiten Fall scheinen schmutzige Pritschen und Spirituosen schon hinreichend zu sein. Rußland mußte auf bestimmte Zeit im riesenhaften Eiskeller des Bolschewismus eingefroren werden, damit man dem metaphysisch widerborstigen Europa die Zügel straffziehen konnte. So war auch das Kunststück mit dem Nationalsozialismus gedacht; imgrunde erwies sich die Zerschlagung des Hitlerreiches als die partielle Vernichtung Europas und gleichsam als Dislozierung des verbliebenen Teils in den osteuropäischen Raum, wo dieser sich mit unerhörter Kraft als Stalinismus behaupten konnte. Diese unheimliche Vogelscheuche, die die ständige amerikanische Anwesenheit in der »geretteten« Zone Europas rechtfertigte, führte das endgültige Patt in Europa herbei, wo ein jeder Zug ihm schon das Matt versprach: hungrig vom Osten und satt vom Westen. Man mußte sich für einen der beiden Kommunismen entscheiden, und der gesunde Verstand traf seine Wahl zugunsten des satten und... zivilisierten. Jetzt, soweit zu sehen, ist Rußland an der Reihe.

Pro domo mea. Diese Gedanken fielen mir während meines jüngsten Aufenthalts in Deutschland ein. Was mich besonders verblüfft hat, war der begeisterte Glaube an unsere Perestrojka, also an die amerikanische Zukunft Rußlands, den einige meiner Gesprächspartner bezeugt haben. Ich hatte nichts dagegen zu erwidern, höchstens, daß dieser Glaube – der Glaube des Satten an die Zukunft des Hungrigen – eine weniger kategorische Ausdrucksform finden möge. Wie dem auch sei, aber die Frage war schon gestellt, und ich sah kein Hindernis, dem europäischen Glauben an uns unseren Glauben an Europa gegenüberzustellen, vorausgesetzt, auch dem Hungrigen komme das Recht zu, über die Zukunft des Satten nachzudenken.

Den Willen ins Denken bringen

Was ist ein willenloser Gedanke? Selbst wenn es ein originellster, logisch wie ästhetisch bezaubernder ist? Bloß eine Konsumentengewohnheit, gesetzt, daß auch der Denker Konsument sein kann, viel raubgieriger als etwa irgendein Biedermeier oder Gourmet. Der willenlose Gedanke lautet: Es gibt eine Welt, die einst geschaffen wurde – von Gott dem Herrn oder aus jenem Kant-Laplaceschen Nebel, jedenfalls nicht von mir oder wohl keinesfalls von mir. Diese Welt ist mir fertig, ja leicht-fertig gegeben, und mein Verhältnis zu ihr ist das Verhältnis eines Konsumenten zum halbfertigen Produkt, das sich je nach Belieben braten oder anprobieren oder gar... denken läßt. Das Wichtigste ist jedoch: Das geht mich nichts an, ich entledige mich aller Verantwortung für das Geschehene und behalte mir einfach das Recht vor, ein Taxator der Ereignisse zu sein, ja ein intellektueller Genüßling, der seinen Gedanken zu schmatzen pflegt, als ginge es um eine Prüfung von Delikatessen und eine Einweihung in den Nachtisch.

Ein willenloser Gedanke – wohlan! Was wäre das sonst, wenn nicht lauter Komfort und Selbstzufriedenheit. Aber wann, ja wann geschah es, daß das Prinzip Komfort über die Erkenntnis triumphierte? Solch eine Erkenntnis – ist sie denn nicht die Fortsetzung des Leiblichen, eines verrückt gewordenen Leibes, zudem eines solchen, der nichts anderes als ein Ständer für den »*denkenden Kopf*« ist und also alle Chancen hat, einmal zum autonomen Torso zu werden? Dieser ans Wohlleben gewöhnte Leib ist in die Gedanken eingedrungen und hat sie mit der unwürdigsten Leichtfertigkeit eines mit Zentnergewichten an Pappe hantierenden Akrobaten angesteckt. Der willenlose Gedanke – bloß ein Schmarotzer zügelloser Leiblichkeit. Voltaire: »Ich bin Leib und ich denke; mehr weiß ich nicht.« Noch einmal Voltaire: »Der Leib des Athleten und die Seele des Weisen – das allein braucht man, um glücklich zu sein.« Gut, man zweifle doch keineswegs daran, daß die modernen Denker größtenteils unglücklich sind: Sie vereinigen in sich den Leib eines Voltaire mit der Seele eines Casanova – welch ein Kama-Loka, in dem sich die Energie Casanovas mit dem Voltaireschen Leib zu vergnügen gezwungen ist.

Der willenlose Gedanke – das ist endlich der Ungedanke, Widergedanke. Man höre nur die schärfste Diagnose, die diesem Ungetier einmal gestellt worden ist: »Das meiste von dem, was man im gewöhnlichen Leben Denken nennt, verläuft... in Worten. Man denkt in Worten. Viel mehr als man glaubt, denkt man in Worten. Und viele Menschen sind, wenn sie nach einer Erklärung von dem oder jenem verlangen, damit zufrieden, daß man ihnen irgendein Wort sagt, das einen für sie bekannten Klang hat, das sie an dieses oder jenes erinnert; und dann halten sie das, was sie bei einem solchen Wort empfinden, für eine Erklärung und glauben, sie hätten dann den Gedanken.«* Merkwürdig, aber nachdem ich diesen Auszug gelesen habe, kann ich keineswegs umhin, an jenen Heldenhund aus der Pawlowschen Reflexologie zu *denken*, der – redliches Kreatürchen! – mit Speichelabsonderung darauf reagierte, worauf die meisten Menschen mit Gedankenempfindung zu reagieren pflegen. Ich spreche, folglich denke ich. Welch ein großartiges *»folglich«*! Folglich, wenn ich schweige, denke ich gar nicht. Der sehnlichste Traum aller *»Politbüros«*: solcherart mit dem Denken fertig zu werden.

Ihr Zeitgenossen, erkennt ihr euch denn wieder? Nein, nicht von redlichen und redlich beschränkten Spießbürgern ist hier die Rede, sondern von euch, ihr angeblich Denkenden, deren Denken mit Danken nichts zu tun hat, allenfalls mit Dünken und Dunkeln – ihr Dünklinge und Dunklinge des immer dankenden, ge-denkenden Denkens! Vergebens

---

* Rudolf Steiner, Der Aufstieg vom starren zum bewegten Gedanken als Aufstieg vom Reich der Geister der Form zum Reich der Geister der Bewegung, Vortrag vom 20. Januar 1914 in Berlin, GA 151, Dornach 1961, S. 10.

suche ich unter euch nur einen, dessen Gedanke mit dem Schicksal gemessen wäre. Das Höchstmaß eures Gedankens ist der Geschmack, nichts weiter. Ah, welche Unmenge schmackhafter, gewürzter, erlesen servierter Gedanken, die im Gehirn zergehen wie zarter Schinken im Munde – ja und was denn weiter? Was bleibt denn von euren Gedanken, ihr Zeitgenossen? Nur Nachtsodbrennen, nur Nachgeschmack am Morgen.

Lassen wir doch das Schicksal in Ruhe. Wollen wir doch einmal von eurem Ehrgeiz sprechen, der über den Rahmen eines Redakteursehrgeizes nicht hinaus will. Denn es sind schon so gut wie vier Jahrhunderte, daß ihr die Welt Gottes einmütig redigiert, im Bestreben, sie eurer eignen Syntax anzugleichen. Ja, es sind schon rund vier Jahrhunderte, daß die Welt, dieses ehemalige *enfant terrible* der kosmischen Eingebung, von euch in ein Musterkind umerzogen wird – mit Aussichten auf eine respektable Karriere. Wollt ihr denn wissen, wann eigentlich das eingesetzt hat? Nun bedrängen mich die Beispiele von allen Seiten, aber genannt sei das eine, vielleicht das auffallendste. Hört einmal hin, was einer der Vorfahren, ja Ahnherren eurer Rasse, ein halbgewisser Thomas Rymer, der gelehrteste Mann des 17. Jahrhunderts, über Shakespeare geschrieben hat: »Ein Affe versteht sich besser auf die Natur und ein Pavian besitzt mehr Geschmack als Shakespeare. Im Wiehern eines Pferdes, im Knurren eines Hundes ist mehr lebendiger Ausdruck als in Shakespeares tragischem Pathos.«* Ja, an eurem Anfang stand das Schimpfwort, und erst dann begann die Tat. Und welch eine Tat! »Sie haben es gut getan«, schrieb kein kleinerer als Friedrich der Große in einem Brief an immer denselben Voltaire, »indem Sie das formlose Stück dieses Engländers nach allen Regeln umgeschrieben haben« (gemeint war »Julius Cäsar«). Der nach allen Regeln umgeschriebene Shakespeare – das ist euer ureigener und kläglicher Adelsbrief, das ist der endgültige Sinn eurer

---

* Nach Egon Fridell, Kulturgeschichte der Neuzeit, Bd. 1, München 1976, S. 540.

Gelehrsamkeit. Was diese immer sein wollte und will, ist die *Redaktion der Sprache und der Welt*, denn die redigierte Sprache ist nichts als die redigierte Welt, und die redigierte Welt nichts als Pseudowelt, die Welt nicht einmal als Wille und Vorstellung, sondern als Makulatur – ein riesenhafter Zellstoff-Papierkosmos, in dem die gelehrten Clercs die gelehrten Perlen vor ihre gelehrten Kollegen werfen: Unsere Welt ließe sich leicht nach dem Modell einer Dampfheizung beschreiben, wenn nicht hie und da so ein bedauerlicher Lapsus wie etwa Mozarts Zauberflöte oder Steiners Freiheitsphilosophie vorkäme.

Die Welt als Papierabfall oder Dampfheizung – das ist wohl das (z)erdachte Produkt des willenlosen Gedankens. Denn dieser kann ja alles verdauen, allerlei »*Was*« und »*Wie*«, außer dem »*Wer*«. Das »*Wer*« ist sein Alp-, sein Verfolgungswahn, sein Todesurteil. Der moderne Intellektualismus war von vornherein nichts als ein Mythos, ein Supermythos, der alle Rekorde traditionell mythischer Kausalität geschlagen hat. »Möchten Sie nun wissen, wie das Weltall geschaffen wurde? – Na bitte!« – Ein mörderisches »*bitte*«, das noch im vorigen Jahrhundert einem Thomas Carlyle die Hölle heiß machte. »Für viele Gelehrtengemeinden«, das wußte er schon ganz genau, »scheint nun die Erschaffung der Welt weniger rätselhaft zu sein als das Backen eines Apfelkuchens; hinsichtlich des letzteren gab es Köpfe, die die Frage: ›Wie sind die Äpfel dorthin geraten?‹ zur Verzweiflung brachte.«* Man ziehe doch das Wichtigste in Betracht: Dieser Mythos strebt immer, anonym und kollektiv zu bleiben. Nach dem Muster jener alten kantianisch fabrizierten »*Psychologie ohne Seele*« behauptet er seine Einzigartigkeit in einer »*Mythologie ohne den Helden*«. Der willenlose Gedanke ist zu guter oder gar zu schlechter Letzt nur der folgerichtigste Atheismus, der die Hypothese von der *Urheberschaft* nicht mehr braucht. Man erinnere sich nur an jene brave Antwort Laplaces auf die Frage Napoleons nach Gott: »Sire, je n'avais pas besoin de cette hypothèse.« Von

---

* Thomas Carlyle, Sartor Resartus, London 1891, p. 2.

dieser Unnötigkeit Gottes führte der Weg direkt zur Unnötigkeit des Individuums: Theologen stritten miteinander über das Thema »Hat Jesus gelebt?«, Philologen stellten die Wirklichkeit »Homers« und »Shakespeares« in Abrede, denn es ist unwichtig, *wer* eigentlich das getan hat – das rationalistische »*Wer*« ist nichts als »*Wir*«, die Gemeinschaft verschiedener Planstellen, an die Supervernunft eines kollektiven Bewußtseins angeschlossen; ja ein wahres wiederverkörpertes Gondischapur, wo die Beseitigung des Willenselements aus dem Denken, die Entpersönlichung des Erkennens es nur dazu bringt, daß das *Erkennen der Materie* von dem *Verbrauch der Materie* verdrängt wird und letzterer sich schließlich als *Herrschaft über die Materie* behauptet. Diese kolossale Metamorphose der *Wissenschaft* in *Technik* ist imgrunde nichts anderes als die *Vereitelung einer mißlungenen Gnosis in reine Konsummagie*, der nun in ihrer Kommißhengstselbstzufriedenheit dünkt, über die Stromdämonen das Kommando führen zu können, ohne sich mit der Frage zu bemühen, was denn der Strom eigentlich ist. Hier wurde der wissenschaftliche »*Mythos ohne den Helden*« zu dem schrecklichen Trick einer »*Magie ohne den Magier*«. Man halte doch den Atem an: Der Mythos der Wissenschaft ist nur der des Bumerangs, und hat sich ein braver Laplace entschlossen, die Hypothese des Weltschöpfers loszuwerden, so hat er damit seinen Enkeln ein nicht beneidenswertes Los bereitet, die selbst bald mit dem gleichbedeutend atheistischen Urteil von der »*denkenden Maschine*« zu einer ganz unnötigen Hypothese werden.

Welch eine großartige Apokalypse, ganz im Sinne des modernen *science-fiction*: das atheistische Urteil des Computers über seinen Schöpfer, den Menschen: »*Es ist mathematisch ganz unmöglich, die Existenz des Menschen zu beweisen.*« Lassen wir diesem »*freidenkenden*« Gerät Gerechtigkeit widerfahren: Es ist ja überdies nicht nur unmöglich, sondern zudem unnötig, die Existenz eines solchen Menschen zu beweisen!

Pessimismus? Keinesfalls. Die wahrhaft *menschliche Reserve* (jene 144 000, von denen die *Offenbarung* spricht) bleibt immer noch in Kraft. Den Willen – *durchs Herz!* – ins Denken bringen, das ist doch das heutige Thermopylä, wo die letzten Erstlinge der Welt Gottes den Sinn und den Stil dieser Welt gegen den neuen Arabismus verteidigen. Oder, um es in jenen unsterblichen Versen auszudrücken, die einst Dietrich von Bern zu Ehren gesagt wurden:

...Die Kraft der Erde
Ward in zwei Hälften unter uns verteilt,
Die eine kam auf alle die Millionen,
Die andre kam auf Dietrich ganz allein.

Streifzüge eines anthroposophisch Zeitgemäßen – Ja, schwer, dies zu sagen, aber der Feind hat sich lange schon heimlich hinterm Rücken eingeschlichen. Der willenlose, unbewaffnete, kraftlose, ohnmächtige, gutmütige, UNO-mäßige, ferienheimische, paralysierte, parasitäre, unparacelsische, ungoethesche, unsteinersche Gedanke baut sich ein Nest in der Anthroposophie selbst: Statt den Willen ins Denken zu bringen, geht es mehr und mehr darum, die Gesamtausgabe der Werke Rudolf Steiners ins Denken zu bringen. Vergessen wir aber nicht, Anthroposophen, die wir sein wollen, daß die Wahrheit nicht nur lebensspendend, sondern auch todbringend ist. Ja, nicht nur die Wüste, sondern auch die Oase kann tödlich sein, in der man wie vom Mangel an Wasser, so auch an dessen Überfülle zugrundegeht. *Die Anthroposophie ist individuell, oder sie ist nichts.* Man begieße sie in der eigenen Seele mit der Gesamtausgabe, man hüte sich aber davor, sie damit zu ertränken. Es ist ja wohl auch eine professionelle Krankheit, sich mit Steiners Speisen zu überessen, bis zur Schläfrigkeit, bis zur dolce okkulten Nichtstuerei... Den Willen ins Denken bringen heißt unter anderem: Steiner als Bibliothek zu vergessen, um Steiner als Atem in sich zu beleben; sonst wird es zu spät sein, sonst erfüllt sich das unheimlichste Paradoxon jener umgekehrten Mephistopheles-Selbstdefinition: Man wird zum Teil von jener Kraft, *die stets das Gute will und stets das Böse schafft.* Indes, mit Zittern und Beben bemerke ich die Anthroposophie schon fast im Begriff, zu einem Stück Steiner-

Philologie zu werden. Wäre das denn nicht eine Wiederholung der Schicksale des Urchristentums, der Spaltung der christlichen Wahrheit in *Impuls* und in *Buchstabe*, woraufhin es den christlichen Buchstabsoffizieren bald gelang, den christlichen Impuls in die Proskriptionslisten zu vertreiben, so daß man sich genötigt fühlte, wieder Saulus zu werden, um sein inneres Damaskus vor Touristenbesuch zu retten. Steht es denn auch uns, Anthroposophen, bevor, die Schicksale Julians, Friedrich II. von Hohenstaufen, ja bis hin zu Goethe und Nietzsche zu wiederholen? – die Tragödie der Wahrheit, deretwegen ein über alles Maß philologisierter und mit Zitatengut beladener Paulus seinerseits anfängt, die neuen Sauli heftig zu verfolgen und ihnen den Weg nach Damaskus zu versperren, nur weil dieses Damaskus in ihm selbst zu einem willenlosen Gedanken geworden ist, dessen Existenz er nur noch in Buchstaben, keinesfalls aber mehr im Leben erdulden kann.

Und schließlich sei es gestattet, jenen Spruch des hochbetagten Goethe, den er am Todestag seines Sohnes fallen ließ: »*Über Gräber vorwärts!*« anthroposophisch zu lesen zu versuchen: *Über die Gesamtausgabe vorwärts zur Gesamtaufgabe!*

Mitteleuropa heimatlos – Versuch einer paläontologischen Wiederherstellung

Nicht ohne inneres Zögern entschloß ich mich, mich an dieses Thema hier in Mitteleuropa selbst, also an Ort und Stelle zu wagen. Denn meine erste und einigermaßen entscheidende Schwierigkeit – vorausgesetzt, daß ich mich nun an dieses »*Problem mit Hörnern*« (um mit Nietzsche zu reden) mache, nicht um die verschiedenen »*beleidigenden Klarheiten*« (nochmals mit Nietzsche geredet) feierlich und maschinell wiederzukäuen, sondern um das Erlebte, ja eben das Erfahrene und nicht bloß Gewußte zu Wort kommen zu lassen –, ja meine fast unüberwindliche Schwierigkeit besteht darin, daß ich so einfach nicht entscheiden kann, ob ich nun im Präsens oder nur im Perfekt sprechen muß. Ich frage mich: Wenn jede Betrachtung *sachlich* und *tatsächlich* sein soll, wo dann wäre eigentlich jene geheimnisvolle, einzig erforderliche *Sache* und *Tatsache* zu suchen, die Mitteleuropa hieß oder heißt? gesetzt, daß es hier nicht um die *physische*, sondern eben um die *metaphysische* Geographie geht. Noch für die vorige Generation schien diese Fragestellung selbst höchst bedenkenswert, wenn nicht bedenklich. Uns kommt sie schon ganz gerechtfertigt vor. Denn wir, die Letztlinge des Geistes Mitteleuropas, die wir aller Wahrscheinlichkeit nach noch sind, wir stehen heute vor einem entsetzlich ersichtlichen Trick: eine ganze Kultur, eine ganze Welt, ein ganzes Gedächtnis tausendjährigen Umfangs verschwindet vor unseren Augen, und wir sehen es *nicht*. Ja zumindest benehmen wir uns so, als hätten wir es *nicht* gesehen, als sei *nichts* geschehen, als wären wir alle immer noch *gute Europäer*, Landsleute eines Goethe, eines Hegel, ja eines Rudolf Steiner! Ist denn das alte Wort: »Wer Augen hat, zu sehen, der sehe!« nicht an uns gerichtet? Haben wir keine Augen mehr dafür, dieses unausweinbare Ereignis deutlich und rücksichtslos zu sehen: den Untergang Mitteleuropas, die rituelle Ermordung Mitteleuropas, ja jene immer wieder durch Jahrzehnte hindurch sich wiederholende Geschichte eines *Kaspar Hauser*, die heute ihren Schlußakt und schon nicht im einzelnen mehr, sondern im ganzen erreicht, wo einerseits ein ganzer geistiger Kontinent ins Nichts versinkt und andererseits die Organe seiner Auffassung allmählich, doch sicher absterben?

Nun stehe ich, ein armer, nicht völlig geblendeter Erbe dieses Geistes, fassungslos und bestürzt vor diesem Zusammenbruch und schaue ohnmächtig zu, wie das ganze einmalige, unvergleichbare, unwiederholbare Erbe meiner geistigen Väter mitten am hellen Tag frech, unverborgen, unverschämt, ja räuberisch versteigert wird. »*Mitteleuropa – stark reduziert!*« Ich blicke mich um, in der Hoffnung, ein verwandtes, vom tragischen Schrecken erfaßtes Gesicht zu finden, und ich fühle mich wie in einem Alptraum: Der junge Doktorand klagt mir, er könne keinen Professor in Deutschland finden, der zugestimmt hätte, seine Doktorarbeit über die naturwissenschaftlichen Ansichten *Goethes* anzunehmen; man bewirtet seine Gäste mit Schokoladenkonfekt mit *Mozart*-Gestalt auf der Hülle; ja und ein gelehrter und titulierter Anthroposoph wirft mir herablassend vor, ich sei von Vorurteilen gebannt, denn heutzutage über das *Mitteleuropäische* zu sprechen, wo auf der Tagesordnung nur das *Menschliche* steht, sei nichts anderes als ein altmodisches Vorurteil und philologische Illusion.

Meine erste Empfindung: Alles ist umsonst! Vielleicht erfüllt sich in der Tat die alte Prognose des englischen Philosophen *Thomas Hobbes* aus dem 17. Jahrhundert: die Menschheit sei potentiell verrückt und eines Tages träte diese Verrücktheit zutage? Meine zweite Empfindung: Wohlan, wenn es so ist, so verzichte ich einfach darauf, mich einer solchen Menschheit zuzuzählen. Das Wichtigste ist dabei, daß sich diese Empfindung in mir keinesfalls mit dem Anflug romantischer Verzweiflung zeigt, sondern höchst nüchtern und sachlich. Ich sage mir: Was tun? Ich mache mich nun daran, mitten im Gedränge dieses angeblich kosmopolitischen Wahnsinns über den Geist Mitteleuropas nachzudenken. Ich sage mir: Ich *will* es trotzdem, all dem Geschehenen zum Trotz, und solange ich es will, ist noch nicht alles verloren. Die mächtigen Zeilen *Schiller*s tauchen mir in der Erinnerung auf, und gerade diese Zeilen möchte ich meiner Darstellung voranschicken:

Das ist nicht des Deutschen Größe,
Obzusiegen mit dem Schwert,
In das Geisterreich zu dringen,
Vorurteile zu bezwingen...
Männlich mit dem Wahn zu ringen,
Das ist seines Eifers wert!

»Das ist die wahre Symbolik«, sagt Goethe, »wo das Besondere das Allgemeine repräsentiert, nicht als Traum und Schatten, sondern als lebendig augenblickliche Offenbarung des Unerforschlichen.«* In diesen wenigen Worten ist das Geheimnis jener Erscheinung erschöpfend ausgedrückt, die bei Goethe unter dem Namen *Urphänomen* figuriert. *Urphänomen* ist immer das Einzelne und Besondere, aber ein solches, wodurch sich das Allgemeine zur Erscheinung bringt, also ein solch einzelner Fall, der, sinnlich und sichtlich, der er ist, zum reinsten Repräsentanten des Gesetzmäßigen und Übersinnlichen wird. Diese Erscheinung zeigt sich überall, in der Natur wie in der Geschichte, in der Wissenschaft wie in der Kunst. Noch eine Warnung Goethes: »Das unmittelbare Gewahrwerden der Urphänomene versetzt uns in eine Art von Angst, wir fühlen unsere Unzulänglichkeit.«** Man denke nun an folgende Beispiele: Wenn sich ein Naturwissenschaftler, der eine Entdeckung macht, wie aus dem Konzept gebracht fühlt (solche Geständnisse sind fast überall zu finden), so bedeutet dies nur, daß er, ohne es zu wissen, unmittelbar auf ein *Urphänomen* stieß. Oder wenn man etwa eine Sonate Beethovens hört und mit angehaltenem Atem etwas Unsagbares erlebt, so ist auch dies nichts anderes als eine Bekanntschaft mit dem *Urphänomen*, ja mit einem mächtigsten geistigen

---

* Goethes Naturwissenschaftliche Schriften, loc. cit., Bd. 5, S. 368.
** Ibid, S. 370.

Wesen, das sich zwar in sinnlicher Form, doch wie *unmittelbar* offenbart. Solche Fälle könnte man als Grenzerlebnisse zwischen dem Sinnlichen und Übersinnlichen bezeichnen, wo das Sinnliche so gereinigt und sublimiert ist, daß sich das Übersinnliche, das Geistige reibungslos darin manifestieren läßt.

Nun ist aber auch Mitteleuropa im ganzen, als geistige Erscheinung, geistiges Ereignis, nichts anderes als ein solches Urphänomen. Doch um das wirklich sehen zu können, muß man erst einige notwendige erkenntnismäßige Prozeduren vollziehen. Urphänomene sind ja nur selten *»fertiggestellt«* gegeben: es handelt sich in der Regel um einen langen und schwierigen Prozeß der Entlastung, der Reinigung des von vornherein empirisch Gegebenen von der Unmenge der zufälligen und nebensächlichen Merkmale, damit das Phänomen in seiner ureigenen Ur-gegebenheit entstehen kann. Ein Beispiel, glaube ich, wird schon genug sein, um sich das Gesagte klar und deutlich vorzustellen. Wenn man heute etwa über das Griechentum spricht, also über das Griechentum im weltgeschichtlichen geistigen Sinne, so versteht man darunter fast instinktiv etwas ganz Bestimmtes und Bedeutendes. Man versteht darunter ein geistiges Ereignis in den Maßstäben eines weltgeschichtlichen Zeitalters und die geistige Bedeutung dieses Ereignisses für den Lauf der Menschheitsgeschichte als solcher. Kurz, wenn man in diesem Zusammenhang über das Griechentum spricht, so erledigt man gleichsam unbewußt eine entsprechende Operation der Unterscheidung des Notwendigen und Wesentlichen vom Zufälligen und Nebensächlichen. Man denkt etwa an Heraklit, Sophokles, Phidias, Plato, Aristoteles, Perikles, die ja unter allen Umständen als reine Vertreter dieser Art geistiger Kultur gelten. Alles Sekundäre läßt man einfach außer acht, obwohl dieses Sekundäre, vom empirischen Standpunkt aus, keineswegs weniger Rechte der Existenz hat als das Wesentliche, und tatsächlich war es damals ebenso vorhanden wie das letztere. Man fühlt aber wie instinktiv, daß es nicht nur seltsam, sondern auch bloß geschmacklos wäre, hätte man, über das Griechentum sprechend, zusammen mit Plato auch irgendeinen seiner, mit Verlaub zu sagen, Nachbarn in Betracht gezogen. Dagegen wäre natürlich aus rein *empirischer* Sicht nichts zu erwidern: *positivistisch* genommen hat ein Nachbar Platos die gleiche bloß *tatsächliche* Existenz wie Plato selbst (und vielleicht vom spießbürgerlichen Standpunkt aus eine noch *auffallendere*). Doch wäre man allerdings berechtigt, einem solchen *Positivisten* zu sagen: Gut, es war wirklich so, aber in deiner positivistischen Richtigkeit gibt es einen einzigen Punkt, der zeigt, daß es dir für immer verboten ist, dich mit *Geschichte* zu beschäftigen, ja ein winziges Nadelöhr, durch das alle Kamele Arabiens eher als du als »*Historiker*« kommst.

Ich erinnere mich, nebenbei gesagt, an ein solches Kuriosum in der deutschen Literatur dieses Jahrhunderts: kein anderer als der bis jetzt noch berühmte Bertolt Brecht hat in einem seiner Gedichte diese positivistische Empörung »*poetisch*« zum Ausdruck gebracht. Der Name *Cäsars*, so Brecht, ist in aller Leute Munde, aber hat man sich je gefragt, was hätte ein Cäsar zu tun ohne seinen Koch, der ja so ungerecht durch Jahrtausende hindurch verschwiegen wurde. Zum Spaß gesagt: dieser ziemlich verspätete *advocatus* des braven Kochs Cäsars hat offensichtlich alle Maße überschritten; gewiß ist, daß der Koch selbst nie, nicht einmal im schlechten Traum, Ansprüche erhob, sich seinem majestätischen Herrn gleichzustellen. Man könnte ja in aller Bestimmtheit sagen, es war ein dezidiert antidemokratischer Koch. Doch allen Ernstes scheint mir diese Tendenz selbst, deren angeblich *poetisches* Muster ich angeführt habe, nichts anderes zu sein als ein (bewußter oder unbewußter, je nach Fall) Versuch, die *Urphänomene* als solche zu beschmutzen, zu verhindern, zu entwichtigen. Jedes Leben (gleichgültig ob das des Zeitalters oder das eines einzelnen Menschen) hat zumindest zwei Biographien: in einer – rein empirischen – ist lauter Wirrwarr zu beobachten, die Tatsachen folgen einander bloß wie in einem Kaleidoskop; die andere – gereinigte und auf das Wesentliche zurückgeführte – besteht aus lauter Urphänomenen. Ein zur Kleinkrämerei geneigter Biograph Beethovens kann z. B. bis dahin gehen, daß in der Lebensgeschichte dieses Geistes die Menge Schnupfen oder etwa abgetragener Hosen von der der musikalischen Werke nicht mehr zu unterscheiden wäre; mir bleibt darauf nur folgendes zu sagen: Gottlob! man hat noch nicht ganz verlernt, Beethoven *urphänomenologisch* wahrzunehmen.

Ich hielt es für wichtig, diese ausführliche Erklärung zur Vermeidung aller möglichen Mißverständnisse anzuführen, die heute so unzertrennlich mit dem bloßen Namen *Mitteleuropas* verbunden sind. Wenigstens bin ich nun der Hoffnung, nach allem Gesagten mehr oder weniger richtig verstanden zu werden. Mitteleuropa als Urphänomen heißt: Mitteleuropa in seinem Wesentlichen, ja Wesentlichsten genommen, von allem Nebensächlichen gereinigt. In Wirklichkeit sehen wir zum Unglück gerade das Umgekehrte. Es ist so, als hätte sich die proletarische Empörung eines Bertolt Brecht tatsächlich verwirklicht: Wir haben ja bis anhin in einem Zeitalter der Köche gelebt! Noch vor einigen Jahrzehnten hat uns Spengler mit dem kommenden Gespenst des Cäsarismus erschreckt: Es kommt, sagte er, das Zeitalter des Cäsarismus! Doch was für ein schlechter, geschmackloser Spaß! Konnte man sich denn in dem Grade irren, Cäsar mit seinem Koch zu verwechseln! Ganz Mitteleuropa ist heute fast oder total enturphänomenologisiert. Es herrscht überall *sein* Nebensächliches, Unwesentliches, Kochmäßiges. Das Wesentliche, das Unentbehrliche und Allein-Gebührende scheint allenthalben verdrängt. Doch niemandem ist es verboten, die Wirklichkeit gedanklich, grüblerisch zu korrigieren. Fast möchte man nach Hegel aufschreien: Sind die Tatsachen so, was tun? Desto schlimmer für die Tatsachen! Man unterschätze jedenfalls die Kraft des Gedankens nicht. Und ist Mitteleuropa heute in seinem eigenen Hause zu einem geistigen Asylanten geworden, wohlan! dann statten wir unsere Gedanken in Feldasylen neu aus, dann bewahren wir diese unschätzbare Sage in den Katakomben unseres Gedächtnisses, unserer Phantasie, ja unserer Erkenntniskraft.

Und nun endlich entschließe ich mich, zur unmittelbaren Darstellung meines Themas überzugehen. Ich bin freilich weit davon entfernt, irgendwelche Ansprüche auf eine – lächerlich zu sagen – erschöpfende Darstellung zu erheben. Das Folgende muß eigentlich nur als ein Versuch verstanden werden, dieses riesige Thema skizzenhaft und aphoristisch zu konzipieren. Gelingt es mir, das Ganze durch fragmentarische, doch möglicherweise exakte Striche mehr oder weniger anschaulich zu machen, so werde ich meine Aufgabe für erfüllt halten.

Also, ich hebe einige Kernpunkte oder Urworte als Ausgangspunkte für die Betrachtung hervor und beabsichtige, durch deren fortschreitende und durchgehende Beschreibung das Phänomen im wesentlichen wiederzugeben.

1. PFLICHT – Als das erste Urwort kommt mir der mächtige und grundlegende Begriff der Pflicht in den Sinn. Ein echt deutscher, ja ich würde sogar sagen, ein überwiegend deutscher Begriff, das *deutsche apriori*, das in einem gewissen Sinne aller Lebenserfahrung vorangeht und sie sogar bestimmt. Ich erwähne hier diesen Begriff ganz absichtlich in erster Linie als jenes unentbehrliche Fundament, ohne dessen ständige, angeborene und schon *aufgehobene* (im Hegelschen Sinne) Anwesenheit der gesamte Überbau geistiger Haupteigenschaften Mitteleuropas der wirklichen Gefahr ausgesetzt wäre, in der Luft zu hängen. Gerade so, auf solche Weise und in dieser Richtung möchte ich gern in diesem Punkt verstanden werden. Ich lege mir durchaus Rechenschaft ab über die allenthalben beschränkten Möglichkeiten dieses Begriffes, über dessen Gefahr, denn die hypertrophe Pflicht, die bis zum Automatismus gebrachte Pflicht ist vielleicht der schlimmste aller Doppelgänger, denen im Lebensgang Mitteleuropas je zu begegnen war. Gerade deshalb beharre ich auf der untergeordneten, subordinierten Stellung dieses Begriffes allen rein individuellen und schöpferischen gegenüber. Er ist eben jener Boden, auf dem das Höhere erst erwachsen kann. Etwas riskant, doch wesentlich gesprochen: *Pflicht ist nichts, aber es gibt nichts*

ohne Pflicht. Ihre höchste, edelste, entsprechendste Form: nie zudringlich herauskommen, nie sich als Selbstzweck behaupten, immer nur dafür da sein, sich aufheben, überwinden, umwandeln zu lassen. So dialektisch, so beweglich und selbstlos wäre sie jedenfalls zu verstehen. Aus anthroposophischer Sicht könnte ich noch hinzufügen: Rudolf Steiner, der in seiner »Philosophie der Freiheit« endgültig, könnte man sagen, die Moral von der Pflicht-Paralyse heilte, nachdem Nietzsche diese Paralyse eigentlich diagnostiziert hatte, ja derselbe Rudolf Steiner, einmal befragt »Was ist Anthroposophie?«, hat, wie bekannt, darauf eine sich dreimal wiederholende Antwort gegeben: »Pflichterfüllung, Pflichterfüllung, Pflichterfüllung.« Mögen nun die verschiedenen anthroposophischen Rationalisten, die seit kurzem die neue Mode erfunden haben, Rudolf Steiner auf frischer Tat bei angeblichen »*Widersprüchen*« zu ertappen, auch hier den »nächsten Widerspruch« wahrzunehmen glauben! Wer genug naturgemäße Auffassungsgabe hat, der findet hier keinen Widerspruch, eher Bitterkeit und Verzweiflung. Denn was eigentlich muß es gewesen sein, das den Verfasser der »Philosophie der Freiheit« fast genötigt hat, gelegentlich eine solche zunächst unerwartete Antwort zu geben? Ja, uns bleibt nur, zu bekennen: nur das konkrete Seelenniveau der ihn umgebenden Anthroposophen. Es gibt ja auch heute solche Anthroposophen, die es für ganz normal halten, etwa Kant arrogant zu schmähen, ohne eine einzige Zeile Kants gelesen zu haben, nur aufgrund jenes eisernen Arguments, daß es so in der Gesamtausgabe der Werke Rudolf Steiners geschrieben steht. Daher – soviel ich das sehen kann – diese dreimalige, wie beschwörende »*Pflichterfüllung*«, unter welche geforderte Erfüllung nebenbei auch die Pflicht, Kant zu lesen, einzureihen wäre. Aphoristisch weiterentwickelt: dort, wo die *moralische Phantasie*, wie sie in der »Philosophie der Freiheit« dargestellt ist, zur Wirklichkeit wird, ist die Rede von der Pflichterfüllung nicht mehr möglich. Wo aber die »Philosophie der Freiheit« nur ein Buch, zudem ein anthroposophisch verbindliches Buch und keine anthroposophische

Wirklichkeit ist, kommt das hochmütige Verhältnis der Pflicht gegenüber fast einem moralischen Verbrechen gleich.

Und noch einmal, um das Gesagte auf eine Formel zu bringen: Pflicht – die schönste *Voraussetzung* des mitteleuropäischen Geistes, die seine Reife immer gefördert hat und zu seiner Last immer dort wurde, wo dieser Geist schon hinreichend volljährig war, Voraussetzungslosigkeit zu erlangen. Man verzeihe es mir, einem Ausländer, das Gesagte auch anhand sprachlicher Impressionen nachzuprüfen: Pflicht, zuerst wie eine Wiege des Ich, dann wie dessen Gefängnis, das das Ich zwischen dichte und undurchdringliche Konsonanten einsperrt. Doppelt verstanden: Pflicht als Pflege fürs Ich und Pflicht als Sprungfeder, kraft derer das Ich zu einem Stehaufmännchen verschiedener Imperative wird. Eine ewige Quelle deutscher Leistungen und deutscher Verhängnisse – Pflicht, die sofort zu einer automatischen Fertigkeit zu werden droht, wenn sie sich nicht als *Pflicht zur Freiheit* erfaßt hat.

2. FREIHEIT – Hier erscheint uns imgrunde die wunderbarste Blume, die je dem mitteleuropäischen Boden entwachsen ist, *Freiheit*, diese, goethisch geredet, *Urpflanze* seines gesamten Bodens. Freiheit als sich selbst entnötigte, entzwungene und zugleich gewollte, im Taufbecken des Herzens getaufte Pflicht. Nochmals mit Goethe gesprochen: »Pflicht, wo man liebt, was man sich selbst befiehlt.« Merkwürdig, daß schon das Wort »*Freiheit*« selbst in den westlichen Sprachen kein völlig gleichbedeutendes Äquivalent hat, denn das englische »*liberty*« oder das französische »*liberté*« decken keineswegs die ganze Sinn-Landschaft der deutschen »Freiheit« ab, so daß Rudolf Steiner es sogar für nötig hielt, der englischen Übersetzung seiner »Philosophie der Freiheit« einen ganz anderen Titel zu geben: »Philosophy of the Spirituel Activity«. Das wortwörtliche »Philosophy of the Liberty« hätte ziemlich parodistisch klingen können, jedenfalls durch und durch versozialisiert, aufklärerisch, ja eigentlich liberal und demokratisch – oder im

Ausnahmefall zumindest exklusiv, byronistisch oder etwa oscar-wilde-isch. *Liberty* im englischen Sinne heißt: Absonderung und Verteidigung eigener Rechte, eine Art Patent auf das eigene Ich, konstitutionell beglaubigt und versichert, letztendlich nichts als *Privateigentum*, über das es nur seinem Besitzer beschieden ist, total subjektiv und eigenwillig zu verfügen. Nun steht einer solchen ganz extrovertierten und entmetaphysizierten westlichen »*liberty*« die mitteleuropäische *Freiheit* gegenüber. Rein ethisch genommen: es geht hier um zwei diametral entgegengesetzte Typen der Weltauffassung; die deutsche Freiheit setzt gerade die innere, verinnerlichte Seite der Sache voraus und denkt sich nicht anders als die weiterentwickelte Pflicht dem Ich und der Welt gegenüber. Die berühmten Zeilen Schillers: »Der Mensch ist frei geschaffen, ist frei/ Und würd' er in Ketten geboren« setzen hier endgültig die Wasserscheide. Man muß immer in Betracht ziehen, daß hier notwendig der *Wirklichkeit* der Freiheit von der *Wissenschaft* der Freiheit vorgegriffen ist: frei sein heißt vor allem, frei denken können, und frei denken können setzt schon das Denken über die Freiheit voraus. Am besten, ja am radikalsten läßt sich diese Entwicklung bei Fichte verfolgen; die ganze Deduktion der Freiheit bei Fichte zeigt sich nicht anders als ein ununterbrochenes und radikales Durchdenken des Begriffes »Pflicht«. Das paradoxe Pathos Fichtes: *man muß frei sein*, läßt sich am besten als Steigerung der Pflicht bezeichnen, bis zu deren Führung ad absurdum, wo selbst die äußere Welt nicht mehr anders aussieht als der *versinnlichte Rohstoff unserer Pflicht*. Oberflächlich betrachtet befindet man sich hier in einer Zone lauter Widersprüche und Paradoxe; man bedarf eigentlich der totalen Mobilmachung seines Geistorganismus, um die ganze verborgene Alchimie der hier geschilderten Freiheitseroberung auffassen zu können. Es ist keineswegs zufällig, daß das *Vorspiel* zur Philosophie der Freiheit Rudolf Steiners seinen Ausgangspunkt (wenigstens in seinem erkenntnistheoretischen Teil) gerade in dieser manichäischen Begriffsverwandlung Fichtes hat. Man stelle sich nur diesen wunderlichen paracelsischen Glaskolben mit allen in ihm stattfindenden Reaktionen vor: ein durch Goethe kontrollierter Fichte mit einem Max Stirner verschmolzen und dann bis zum Deformationspunkt Nietzschescher Problematik sublimiert – imgrunde jenes magische »*Es ist an der Zeit!*« aus dem Märchen Goethes, wonach die »*grüne Schlange*« der Pflicht, vor ein total nihilistisches »*Alles ist erlaubt*« gestellt, sich dementsprechend *erlaubt*, zu einer Brücke zum Geistigen zu werden. Das ist aber die Freiheit mitteleuropäischen Gepräges. In direkter Rede dargelegt: Ich bin frei, ich eroberte mir meine eigene Freiheit nicht, um sie für unantastbar zu erklären und in meinem Gastzimmer feierlich als Beutestück aufzuhängen, nicht also um meinetwillen, sondern für die Welt. Ich bin frei für meine Pflichterfüllung. Niemand zwingt mich, niemand verpflichtet mich, diese meine Pflicht zu erfüllen, außer ich selbst. Denn die Freiheit, »*die ich meine*«, ist keinesfalls mein Eigentum; denn ich selbst, frei, der ich bin, bin keinesfalls mein Eigentum, sondern das des Weltalls. Das habe ich *erkannt*, und meine Freiheit ist nur die notwendige Folge meiner eigenen Erkenntnis. Die Natur (so hätte ich meine Erkenntnis zusammenfassen können) hat mich geschaffen und mir das Bewußtsein gegeben, ihre höchste Schöpfung, ihre Krone zu sein. Nun hielte ich es nicht nur für anstößig, sondern auch für unzurechnungsfähig, wenn ich dieses mein Naturgeschaffensein in dem Sinne verstehen und benutzen wollte, daß der Prozeß des Schaffens an mir abgeschlossen sei und mir folglich nichts anderes bliebe, als mich wie ein *Konsument* der Natur gegenüber zu benehmen, die Natur meinem wütend unersättlichen *leiblich-seelischen Komfort* zu unterwerfen, wie ich es heute so erfolgreich als Naturwissenschaftler leiste. Damit aber unterzeichne ich nur mein eigenes Todesurteil, metaphysisch wie physisch. Denn meine *Erkenntnis* zeigt mir ein ganz anderes Bild. Die Natur hat mich nur darum geschaffen und so hoch über alle Geschöpfe gestellt, damit ich dieses Schaffen in mir und durch mich fortsetzen kann, und das bedeutet nur: *Die Natur selbst fährt fort, sich durch mein Erkennen zu schaffen*. Ich weiß folglich, daß mein Gedanke nicht mein Besitz ist, den ich im kodifizierten Safe meines Schädels wie in einer Bank bewahrt zu haben glaube: der Gedanke, der in meinem Kopf mitunter »*zu Besuch ist*«, ist in der Tat nichts anderes als das *Wesen* eines objektiven Prozesses, welcher erst in mir, in der Freiheit meines Gedankens seine eigene Befreiung und Weiterentwicklung erwartet und erhofft. Ich erkenne aber die Natur kraft der Natur selbst; von hier aus wäre nicht nur das Geheimnis von Goethes »Metamorphose der Pflanzen« zu verstehen, sondern vielleicht auch das seiner mächtigen Vitalität: der die Pflanze erkennende Gedanke erkennt sie mit den formgestaltenden Kräften der Pflanze selbst.

Die so verstandene, so verwirklichte ausgesprochen *mitteleuropäische* Freiheit kann imgrunde nichts anderes bedeuten als *Gottwerdung des Menschen*. Der frei gewordene Mensch hört auf, Diener Gottes zu sein, und wird zum Mitarbeiter Gottes. Er braucht nicht mehr an die höchste Idee der Weltordnung zu glauben, er lebt in dieser Idee und lebt sie selbst dar.

3. DAS WERDEN – Das folgende Urwort, das ich als vornehmlich mitteleuropäisch hervorheben möchte, ist das des *Werdens*. »Die deutsche Seele«, so hat es Nietzsche einmal ausgedrückt, »hat Gänge und Zwischengänge in sich, es gibt in ihr Höhlen, Verstecke, Burgverliese; ihre Unordnung hat viel vom Reize des Geheimnisvollen; der Deutsche versteht sich auf die Schleichwege zum Chaos. Und wie jeglich Ding sein Gleichnis liebt, so liebt der Deutsche die Wolken und alles, was unklar, werdend, dämmernd, feucht und verhängt ist: das Ungewisse, Unausgestaltete, Sich-Verschiebende, Wachsende jeder Art fühlt er als ›tief‹. Der Deutsche selbst *ist* nicht, er *wird*, er ›entwickelt sich‹. ›Entwickelung‹ ist deshalb der eigentlich deutsche Fund und Wurf im großen Reich philosophischer Formeln...«[*] Die Ausschließlichkeit dieser Charakteristik ist so auffallend, daß es vielleicht schon möglich wäre, das Deutsche nach diesem

---

[*] Friedrich Nietzsche, Jenseits von Gut und Böse, loc. cit., S. 202.

einzigen Hauptmerkmal zu identifizieren, selbst nicht ohne das Körnchen der freundlich wohlwollenden Ironie, deren glänzende Muster etwa bei Gottfried Benn zu finden sind: »Heraklit«, so Benn, »der erste Deutsche, Plato der zweite. Beide Hegelianer.«* Man würde sich kaum täuschen, wenn man diesen angeborenen Heraklitismus der mitteleuropäischen Mentalität zweifach zu deuten versucht: kein Zweifel, daß die einzigartige Manifestation der deutschen philosophischen Verfassung ihren Ursprung gerade hier nehmen mußte, denn – man wird damit unbedingt einverstanden sein – es gibt für eine philosophische Denkart keine günstigere und aussichtsreichere Einstellung, als die Dinge unter dem Gesichtspunkt des ständigen Werdens zu betrachten. Die ganze Dürftigkeit, ja Plattheit etwa des englischen philosophischen Geistes dem deutschen gegenüber läßt sich im Grunde aus dieser grundlegenden Unterscheidung ableiten. Das Prinzip *Werden* ist ja ein wahres philosophisches Füllhorn. Die Welt nur als Gewordenes aufzufassen heißt, sich zu einem unfruchtbaren Skeptizismus und Nominalismus verurteilen. Ein statischer, erstarrter Geist wird nie einen umherflatternden Schmetterling auffassen können. Ein Schmetterling ist für ihn nur im Herbarium gekreuzigt wissenschaftlich gültig. Jener andere – flatternde – ist zwar wirklich, macht aber keineswegs einen Gegenstand der Erkenntnis aus. Nachsichtig überläßt er ihn den Kindern und unphilosophischen Laien, sich damit zu beschäftigen. Seit Goethe, seit Hegel, seit dem deutschen Idealismus wird das Lebendige selbst zum Gegenstand der Erkenntnis und läßt sich die Philosophie nur als *Lebensphilosophie* bezeichnen. Mit alldem muß ich aber auch das Gegenbild des Geschilderten erwähnen, nämlich: Was sich *philosophisch* als die größte Leistung gezeigt hat, trat *politisch* immer als das größte Verhängnis auf. Denn vom politischen Standpunkt aus konnte das Werden schon nichts anderes mehr *sein*, als ständige Vereitelung und fataler Zusammenbruch. Hier wäre vielleicht der entscheidende Vorzug der westlichen

---

* Gottfried Benn, Gesamtausgabe, Bd. 1, München 1959, S. 411.

Denkverfassung gegenüber der mitteleuropäischen zu suchen. Es ist der Unterschied zwischen dem Schauspieler und dem Zuschauer. Der erste spielt seine Rolle und wird mit ihr eins. Der zweite beobachtet den ersten und schätzt seine Möglichkeiten. Der eine wird. Der andere ist. Der eine lebt und unterscheidet sich nicht mehr vom Leben. Der andere plant, programmiert, rechnet, folgert. Niemand bemerkt, wie dieser in seinem *Werden* und wie jener in seinem *Sein* manipuliert *wird*. Das ist der Hauptentwurf der gesamten deutschen Geschichte seit den großen Staufern bis heute. Ich kann hier aber dieses Thema nicht eingehend behandeln. Doch als Fortsetzung und Ergänzung des Leitmotivs *Werden* möchte ich noch zwei wichtige Aspekte beiläufig erwähnen, die eigentlich nichts anderes sind als konkrete Modifikationen des allgemeinen Prinzips *Werden*. Es sind die *Musikalität* und das *Organische*.

4. MUSIKALITÄT – Gemeint ist nicht nur die musikalische *Kunst* Mitteleuropas, die als solche außerhalb aller Vergleiche liegt, sondern jene ganz einzigartige und unformalisierbare seelische Beschaffenheit, aus der verschiedene hervorragende Phänomene ihren Anfang nehmen, einschließlich der musikalischen Kunst. Es handelt sich imgrunde um eine spezifische Art der Weltwahrnehmung, Weltauffassung, die sich zugleich nicht nur der Gehirnkontrolle, sondern auch der Gehörkontrolle unterordnen läßt. »*Die Geburt der Tragödie aus dem Geiste der Musik*« – so klingt es in der Fassung Nietzsches: im Grunde die *Geburt der Lebens- und Denkweise aus dem Geiste der Musik* (die Tragik solcher Genealogie versteht sich von selbst). *Musikalität*, vielleicht die einzige *Triebkraft* der ganzen mitteleuropäischen Geschichte. Es erhielt sich eine außerordentlich schöne Formel, die bald Luther, bald Herder zugeschrieben wurde: »Deutschland wurde durch die Lieder reformiert.« Schon 403 wundert sich der heilige Hieronymus über die Leidenschaftlichkeit, mit der die Goten ihr Gehör der Bibelauffassung schenkten. Karl Lamprecht bemerkt in seiner »Deutschen Geschichte«, daß Lesen für die Goten eben Singen

hieß, da sie keine einzige Weise des feierlichen Sprachverkehrs kannten, die sich nicht liedgemäß ausdrücken ließe. Noch einmal mit Nietzsche gesprochen: »Um dieser Schrift gerecht zu werden«, schreibt Nietzsche in »Ecce homo«, »muß man am Schicksal der Musik wie an einer offenen Wunde leiden«.* Echt mitteleuropäisches Bekenntnis! Doch das, was hier polemisch auf die Musik Richard Wagners eingeengt ist, läßt sich imgrunde auf das Schicksal der Musikalität als solcher ausdehnen, jener Musikalität, die einst Sokrates von seinem *Daimon* als höchstes Erkenntniskriterium angeboten worden war und deren Verschwinden mit dem Weltende identisch ist. Diese Musikalität läßt sich in allen Schicksalsetappen der deutschen Geschichte vernehmen: bei einem Friedrich II. von Hohenstaufen oder in Hegels »Phänomenologie des Geistes« keineswegs weniger und weniger deutlich als in den Passionen eines Bach oder in den symphonischen Visionen eines Beethoven. Musik als Organ der Wahrnehmung, Musik als etwas, was man zu verstehen nur darum unfähig ist, weil man·alles, was man zu verstehen hat, nur durch sie versteht. Die ganze deutsche Geistesgeschichte scheint in diesem Sinne nichts anderes zu sein als eine ständige *Prüfung durch die Musik*, ja *Einweihung in die Musik*; höchst symptomatisch, daß die musikalische Kunst Deutschlands erst am Ende seiner Geschichte auftritt, als deren adäquate Zusammenfassung und ... Entlarvung. Die deutschen Komponisten haben nur die Bilanzen der gesamten deutschen Geschichte gezogen, indem sie die gleichen metaphysischen Passionen, wie sie in den Predigten Meister Eckharts oder in der »Theologia deutsch« oder in den Gemälden Grünewalds, Holbeins, Rembrandts dargestellt sind, in Töne übertrugen.

5. DAS ORGANISCHE – Auch hiermit ist eine ausgesprochen *deutsche Entdeckung* verbunden, die des *Organischen*. Das Organische, dem Mechanischen gegenübergestellt – das ist das nächste ununterbrochene Leitmotiv der deutschen Gei-

---

* Friedrich Nietzsche, Ecce homo, München 1986, S. 178.

stesgeschichte. Vielleicht ist gerade hier, an diesem Punkt der erste Zusammenstoß jener beiden Prinzipien zu finden, deren weiterer Kampf für die geistigen Wege Europas maßgebend und schicksalsschwer wurde: der englischen *science* und der deutschen *Wissenschaft*. Damals, zur Zeit Newtons und Leibniz', schien es nur etwas Abstraktes und Theoretisches zu sein, in der Art, daß gelehrte Männer darüber keine gemeinsame Verhandlungsbasis finden. Heute unterliegt es schon keinem Zweifel mehr, daß es hier *nur* um *Weltschicksale* ging: imgrunde war diese Auseinandersetzung, deren erstes Donnergrollen schon in der Kontroverse Paracelsus – Bacon zu verfolgen ist, dann in dem Briefwechsel Leibniz – Clarke, im Kampf Goethes gegen »*Bal-Isaak*« Newton, schließlich im rücksichtslosen Widerstehen des deutschen *Idealismus* gegenüber dem englischen *Materialismus* bis hin zur dezidierten Gegenüberstellung von deutschem *Heldengeist* und englischem *Händlergeist* in der Ideologie der deutschen konservativen Revolutionäre, nichts anderes als ein Kampf um die *Weltherrschaft*, ein im Wesen *geistiger* Kampf, dem es tragischerweise beschieden war, um die endgültige Lösung der Frage nach der Herrschaft in ein *physisches* Gemetzel zu entarten. Die Historiker beschreiben die Ereignisse und suchen ihre Ursachen in den Archiven. Ich frage aber, ob etwa der Erste Weltkrieg oder der Zweite (vom heranreifenden Eiterherd des Dritten ganz zu schweigen) nur in den politischen Hinterkulissen vorbereitet wurde? Warum sucht man die Ursachen etwa im Briefwechsel einiger verfinsterter Staatsmänner und schenkt dem Kampf des Naturwissenschaftlers Goethe gegen die Newtonsche mathematische Physik keine Aufmerksamkeit? Ja, es erschiene heutzutage einfach wunderlich, erwöge eine Universität die Ankündigung einer Preisschrift etwa über das Thema: »*Der Erste Weltkrieg im Lichte des Briefwechsels zwischen Leibniz und Clarke*« oder: »*im Lichte der Farbenlehre Goethes*«. Ein Symptomatologe schlösse schon aus der Undenkbarkeit solcher Schriften nichts anderes als den Sieg Clarkes über Leibniz und Newtons über Goethe, denn nur die positivistische Plattheit hält es für absurd, Geschichte auch solcherart zu behandeln. Darauf wäre vielleicht zu antworten: Besser etwas Absurdes aus den Händen eines Weisen als etwas Normales aus den Händen eines geistig Behinderten. Und dennoch siegte eben der Behinderte. Imgrunde war es der Sieg des *Mechanischen* über das *Organische*, der nach der frappierenden Beurteilung Walther Rathenaus, einer *Entgermanisierung der Welt* gleichkam. Die Ergebnisse könnte man schon rein ärztlich diagnostizieren; man höre einmal hin: *Verlust einer übersinnlichen Erfahrung; Verwechslung der qualitativen Untersuchungsmethode mit der quantitativen; Reduzierung des Ganzen auf die Summe der Teile; Abwesenheit des geschichtlichen Gedächtnisses; Verlust einer Wesensschau (Anschauungskraft, Intuition); Ausarbeitung einer einheitlichen verstandesmäßigen Schablone, unter der schlechterdings alle Lebenserscheinungen zu erjagen sind; Vorteil als Lebensstil; Abschaffung der Seele (der Geist war schon seit langem abgeschafft worden) und Alleinherrschaft des Leibes, der von nun an unausweichlich zum »Kanonenfutter« wird.* In summa: eine herzrührende Selbsterkenntnis des modernen Menschen, in zwei Sätzen formuliert: »*Ich stamme vom Affen ab*« und »*Mein ganzes Oberteil ist die Sublimation meines Unterteils: des Bauches und noch unterer*«.

Fragt man mich nun, was ich denn beschreibe, so wird meine Antwort möglichst klar und eindeutig sein: bloß eine *entdeutschte* Welt.

6. DAS INDIVIDUELL-UNIVERSELLE — Ich führe diese gramvolle Liste weiter. Mir steht noch eine deutsche Entdeckung bevor, die des *Individuell-Universellen*, mit allen Folgen seiner Verdeckung und Niederlage durch die Gegenkräfte. Das Thema selbst zwingt mich, die erwähnte Analogie beider Weltanschauungen weiterzuentwickeln. Man spricht vom englischen Individualismus; der englische Individualismus ist im Laufe der Geschichte fast musterhaft geworden. Elias Canetti hat das englische Selbstgefühl glänzend als das eines *Kapitäns* bezeichnet – ganz egal, ob es um einen Schiffsführer oder den einer Sportsmannschaft geht.

Dieser Führungskomplex läßt sich in allen Etappen englischer Geschichte verfolgen: nichts charakterisiert diese Nation besser als das Maximum des individuellen Freiheitsverlangens und das Minimum der Phrasen darüber. Die Freiheit selbst – ich habe es schon erwähnt – bedeutet hier nichts anderes als die persönliche Unantastbarkeit und die Fülle der bürgerlichen Rechte. Der geringste Eingriff in diese Rechte wird als öffentliches Unglück empfunden; Milton vergleicht z. B. in einer seiner *Areopagitica* von 1644 die Zensur mit Menschenmord und fordert ein absolutes Autorenrecht. Höchst symptomatisch, daß eben hier, auf diesem Boden und ungefähr zur gleichen Zeit *das Patentgesetz* ratifiziert wurde, das die Rechte aller Art von Erfindern garantiert. Es handelte sich nur um das Privateigentum und ein dieses Eigentum schützendes Gesetz; die *Qualität* und die *inneren Verpflichtungen* der Erfinderschaft selbst blieben dabei außer acht. Das englische *Ich* scheint ja nichts als eine solche patentierte Erfindung zu sein, ausgesprochen privat und höchst relativiert: *My home is my castle*, das gilt in einem höheren Sinne auch für das Ich des Engländers. Dementsprechend sieht die englische *Weltanschauung* immer wie ein privater *point of view* aus. Das bedeutet aber: mein Gedanke ist *mein* Eigentum, letzten Endes *meine* Beute. Man täuscht sich kaum, wenn man den Werdegang der englischen Mentalität auf die rudimentäre Wikingerpsychologie zurückführt, die im offenen Meer ihr Glück sucht. Eine höchst merkwürdige Szene: Als der Held des berühmten Romans Defoes, der 29 Jahre auf einer unbewohnten Insel verbracht hat, endlich seinen Landsmann traf, begann er das Gespräch unter folgender Bedingung: Solange Sie sich bei mir auf dieser Insel befinden, dürfen Sie keine Ansprüche auf die Macht erheben. Kein Mensch hält diese groteske und humoristische Szene für normal, kein Mensch, außer dem Engländer. Für ihn ist eine solche Bedingung, selbst unter *solchen* Umständen, bloß *Verhaltensnorm*. Hier aber bin ich gezwungen, die innere Illusion dieser Norm zu entlarven. Dafür brauche ich keine besonderen Beweise, nur den Hinweis auf die *englische Philosophie*.

Denn dieses berühmte englische Ich, dessen Behauptung jeder Engländer bereit ist, sein Leben zum Opfer zu bringen, ist imgrunde nichts als eine erkenntnistheoretische Illusion, die reinste Schimäre, die von den englischen Denkern selbst schon unwiderruflich entlarvt worden ist. Locke nennt sie *tabula rasa*, also leeres Stück Papier, oder *empty cabinet*, leeres Zimmer; für David Hume geht es um nichts anderes als um ein Bündel von Vorstellungen. Ja, man braucht wirklich die magische Laterne eines Diogenes, um dieses gloriose Ich mitten am hellen Tag im englischen Selbstbewußtsein zu suchen, wo lauter Empfindungen, Wahrnehmungen, Vorstellungen zu finden sind, aber kein Ich: nur ein Bündel psychischer Inhalte, das man aus reiner Bequemlichkeit als Ich zu bezeichnen pflegt, ganz wie jenes Bündel Farben, das in der Optik *Newton*s aus reiner Bequemlichkeit »*das Licht*« genannt wird. Man stelle sich nun vor, daß es eben auf diesem Boden dem Egoismus bestimmt war, sich zur universellen *praktischen* Kraft zu entwickeln – *ein Egoismus ohne Ego*.

Kein Wunder, daß dieser *egoistischen Ichlosigkeit* das kosmisch deduzierte mitteleuropäische Ich ewig unfaßbar erscheinen sollte. Und fragt etwa ein Hölderlin: »Wozu Dichter in dürftiger Zeit?« so klingt solche Frage in englischer geistiger Atmosphäre ganz fremd und unwirklich. Man erwidert jedenfalls: Die Frage Hölderlins sei nur so weit gültig wie das *private* Recht Hölderlins auf einen solchen *point of view*, nicht mehr. Ich z. B., ehrwürdiger englischer *gentleman*, Angestellter einer Bank, der ich bin, *bin nicht dieser Meinung*. In summa: *wir* sind zwei verschiedener Meinungen, der deutsche Dichter Hölderlin, der meint, unsere Zeit sei dürftig für die Poesie, und ich, der redliche englische Spießbürger, der gute Poesie genießt und immer im Begriff ist, notleidende Talente angemessen materiell zu unterstützen. Wahrlich, es sieht die Weltgeschichte in diesem Meinungsaustausch schon nicht wie das Weltgericht aus, sondern alles in allem wie ein Fernsehprogramm.

Mit einem sehr anschaulichen Beispiel hat *Max Weber* die ganze Eigenart dieser egoistischen und imgrunde entichten

Mentalität geschildert. Ein amerikanischer Schüler schaut seinen Lehrer an und denkt bei sich: Na gut! Für das Geld, das mein Vater dir gibt, gibst du mir das Wissen, wie unser Nachbar Fleischer ein Stück Rindfleisch. Stimmen wir zu: die Logik dieses Satzes scheint tadellos. Nur muß man hier hinzufügen: nicht *das* Wissen, sondern eben ein Stück Wissen. Gerne gebe ich zu, daß sich in dieses Stück Wissen ein John Locke, ein Charles Darwin oder etwa die ganze moderne Computertechnik unterbringen lassen; für eine »Phänomenologie des Geistes«, einen »Faust«, eine »Philosophie der Freiheit« gibt es hier weder Platz noch Sinn.

Ich habe diese lange Abweichung von dem Thema Mitteleuropa ganz absichtlich zugelassen, um durch diesen westlichen Gegenpol seine eigene Spezifik noch stärker hervorzuheben. Diese Spezifik wurde im ganzen schon skizziert; auf dem geschilderten Hintergrund oder eher Gegengrund muß sie eigentlich schreiend hervortreten. Das mitteleuropäische Ich, eine ununterbrochene Erinnerung an seine Urgeburt, stellt im Grunde immer die Wechselwirkung des Individuellen mit dem Universellen dar. Mir fällt ein staunenswerter Gedanke Schellings ein: Nur durch die Vervollkommnung der Form wird die Form vernichtet, und das ist das letzte Ziel der Kunst. Im Zusammenhang mit unserem Thema läßt sich dieser Satz auch so umdeuten: Nur durch die Vervollkommnung des Ego wird der Egoismus vernichtet, und das ist das letzte Ziel der menschlichen Entwicklung. Gerade in dieser überraschenden Dialektik war es dem mitteleuropäischen Geist bestimmt, seine tiefste und nicht jedem Auge erreichbare Tragödie zu erleiden und zu erleben.

7. DIE GEISTIGE RADIKALITÄT, DER MITTELEUROPÄISCHE HERAKLITISMUS ANSTELLE DES PREUSSISCHEN MILITARISMUS – Ich komme endlich zum letzten, zum tragischsten Punkt, und das ist der der *geistigen Radikalität*. Ja, ich muß es von Anfang an gestehen, es geht hier nur um Dinge, die ganz und gar mit dem Unterteil nach oben gekehrt sind, und zudem so gründlich, daß man dabei glaubt, dies sei die

richtigste Weltordnung. Also das Weltbild des modernen Menschen: keine Spur von Radikalität im Geistigen. Alles Radikale ist aus dem Geistigen ins Wirtschaftliche vertrieben. Es herrscht im Geistigen eine ergreifende *Gleichheit und Toleranz.* Im Wirtschaftlichen dagegen der *Kampf* und die *Rücksichtslosigkeit.* Man sagt: Alle Menschen haben Recht auf ihre Meinungen, ihre *points of view.* Das nennt man Demokratie. Wollen wir einmal die Kehrseite dieser angeblichen Demokratie anschauen. Also *Gleichheit* im Geistigen, *Konkurrenz* im Wirtschaftlichen. Das Ergebnis: alle Talente fliehen das Geistige, wie zum Zeichen des Protests gegen diese beleidigende, herabwürdigende, ja imgrunde widersinnige Gleichheit, in deren versöhnender Atmosphäre sie schon nichts mehr unterscheiden, geschweige denn noch etwas miteinander zu tun haben, und finden sich letztendlich im Wirtschaftlichen wieder, wo der Kampf ganz legal ist und sie folglich die entsprechende Verwendung für ihre Fähigkeiten finden. Das Ergebnis: die talentvollsten Menschen sind in den Börsen zu finden, die mittelmäßigsten an den Universitäten. Einen größeren Spott über die ganze geistige Vergangenheit Europas könnte man sich kaum vorstellen. Hier ist eben alles umgedreht. Denn: wenn dem Wirtschaftlichen etwas entspricht, so ist es gerade die *Abwesenheit aller Konkurrenz*, welch letztere die ihr einzig gebührende Stelle nur im Geistigen haben kann. Denn alle Menschen sind gleich in ihrem Recht auf ein Stück *Brot*, und alle Menschen sind eben ungleich in ihren Ansprüchen auf Wahrheit und geistige Könnerschaft. Es folgt hieraus: Du kannst unfähig und unbegabt sein, beschränkt und dumm, auch Verbrecher, ja selbst ein Kretin, ganz egal, unter *allen* Umständen mußt du nicht hungrig bleiben und bist berechtigt, dein tägliches Brot laut und nicht mehr höflich zu fordern. Aber Gott bewahre, falls du dir einfallen ließest, dich ebenso berechtigt zu fühlen, ein Universitätsauditorium zu betreten und deine blödsinnigen, jämmerlichen Meinungen dort auszuplaudern. Dann sollte man dich nur noch hinauswerfen, selbst wenn man sich dafür an die Polizei wenden müßte. Denn es gibt die Ökologie des Geistigen, die keineswegs der der Natur nachsteht. Denn niemand ist berechtigt, eigenwillig ins Geistige einzudringen und das Geistige mit den Miasmen seiner eigenen Mittelmäßigkeit oder Plattheit zu vergiften. Ertappt man einen solchen Vergifter in freier Natur, so hält man es für ganz normal, sich darüber zu empören und, mehr noch, die Polizei anzurufen. Gut, aber schauen wir einmal, was vor sich geht in unseren freien Universitäten, ja überall im Geistigen! Das ist es, was ich die *geistige Radikalität* nenne, deren Abwesenheit heute schon in dem Grade auffallend ist, daß man mich mindestens und bestenfalls für einen Sonderling hält.

Vielleicht hat der Geist Mitteleuropas keine grausamere Niederlage erduldet als gerade in diesem Punkt. Man fragt sich manchmal: Warum werden jetzt nicht mehr solche Genies wie Leonardo, Bach, Hegel, Goethe geboren? Nun frage ich meinerseits: Aber was würden sie mit dieser Welt, mit uns zu tun haben? Wenn Großes möglich werden soll, sind Organe für diese Größe notwendig. Kein Leonardo, kein Goethe wäre zur Welt gekommen, hätte diese Welt kein Ohr und kein Auge, sie zu hören und zu sehen. Man verzeihe mir diese unerwartete Wendung, doch bin ich nicht in der Lage, radikal genug über die Radikalität zu sprechen. Jetzt ist hohe Zeit etwa für Sportler: diese inkarnieren sich heutzutage in hellen Haufen. Und ob! Die Organe für sie sind vollauf da. Die Genies sind ja jetzt eher im Fußball oder im Boxkampf zu finden; in der Philosophie, der Malerei, der Musik haben sie nichts mehr zu tun.

Mir bleibt aber zum Schluß, vielleicht noch das Wichtigste zu beantworten zu versuchen, nämlich: Wie war es möglich, wie geschah es, daß diese Welt von ihrem Schöpfer entführt und ihren unzurechnungsfähigen Geschöpfen überlassen wurde? Das Geschehene kann ich nur mit einem wilden, ja absurden Bild aufklären. Es ist so, wie wenn die handelnden Personen in einer der Tragödien Shakespeares, etwa in »Hamlet«, sich selbst gesagt hätten: Weg mit diesem Tyrannen von Verfasser! Wir sind doch selbst klug genug, um mit unserer eigenen Tragödie ohne Shakespeare fertig zu werden! Gesagt – getan. Shakespeare als *Autor* ist entrechtigt und abgeräumt. Das zweite Opfer – man kann kaum daran zweifeln – ist Hamlet selbst. Also kein Shakespeare und kein Hamlet in der Tragödie »Hamlet«, zudem im letzten, *fünften* Akt, gerade vor dem blutigen Ausgang! Denn der Autor und sein Lieblingsheld sind Genies, wir aber brauchen keine Genies, sondern wollen nach aller Gerechtigkeit gleich sein!

Ich hüte mich davor, zu vermuten, was auf dieser Bühne überhaupt passieren könnte. Das einzige, was mir hier bleibt, ist der Versuch einer geistigen Diagnose, die zugleich auf den Hauptgegensatz zwischen den beiden genannten Weltanschauungstypen hinweist. Gehen wir davon aus, daß die beiden geistigen Prinzipien, das mitteleuropäische und das anglo-amerikanische, als erste das Niveau des *Selbstbewußtseins* erreicht haben. Gehen wir zugleich davon aus, daß dem *Selbstbewußtsein* als solchen, als dessen notwendige Voraussetzung und Erscheinungsform ein starker *Egoismus* zugrundeliegen muß. Erst hier, aus diesem Mittelpunkt läßt sich die ganze Situation ins klare bringen. Das westliche Selbstbewußtsein unterwarf sich seinem Egoismus und blieb in Fallstricken des Nur-Irdischen hängen. Das Höhere ist hier dem Niederen in den Dienst gestellt. Die prachtvolle englische Politik, die Jahrhunderte lang die ganze Welt übers Ohr gehauen hat, ist glänzender Beweis dafür. Wesentlich bleibt dabei der Hauptsatz: *homo homini lupus est*; vorzustellen ist also das Selbstbewußtsein eines Rudels Wölfe, nur pro forma *society* genannt. Das mitteleuropäische Selbstbewußtsein ist im Gegensatz dazu nach oben gerichtet: die Vereinigung des Menschlichen mit dem Kosmischen ist sein höchstes und im Grunde einziges Ziel. Hier muß ich noch einmal an jene Paraphrase des Gedankens Schellings erinnern, die ich schon angeführt habe: Das vervollkommnete Ich bedeutet die Selbstvernichtung dieses Ich, imgrunde nur des menschlichen, allzumenschlichen Ego, also des Egoismus im Namen eines höheren, übermenschlichen Ich. Die Formel Paulus': »Nicht ich, sondern Christus in mir!« scheint also der mitteleuropäischen Individualität eingeschrieben zu sein. Es ist ein erschütternder Prozeß, in dem das Schwierigste eben darin besteht, daß das menschliche Ich sich nur dazu entwickelt und vervollkommnet, um sich im allerhöchsten Punkt dieser seiner Entwicklung zum Opfer zu bringen und ein höheres Ich einzuverleiben (ja *einzuvergeistigen* sollte es heißen). Die einzige Analogie dazu kommt hier wie von selbst: der dreißigjährige Jesus in jenem erschütternden Augenblick, da ihn sein Ich (das Höchste im irdischen Sinne) verläßt und er wie leer zurückbleibt (man lese die einmalige Darstellung dieses Mysteriums in Steiners »Das Fünfte Evangelium«). Der entichte Jesus – was ist das denn, wenn nicht ein astronomisches *schwarzes Loch*, in das kein anderer als Ahriman gewaltsam einzudringen versucht. Doch – gesegnet sei der Moment – ER GEHT ZUM JORDAN: nicht ich, sondern Christus in mir. Der sein eigenes Ich nicht ablegende Jesus hatte zweifelsohne auch die Stimme gehört: »Das ist mein geliebter Sohn«, aber das wäre die Stimme Ahrimans gewesen. Gerade dieses Mysterium hat das westliche Selbstbewußtsein vereitelt, indem es sein vollkommenes Ich zu seinem Privateigentum gemacht und sich der Möglichkeit entzogen hat, ein höheres in sich aufzunehmen. Daraus aber ist seine irdische Macht zu erklären: sein Reich ist eben von *dieser* Welt. »*Right or wrong, my country*«, sagt der Engländer. Wollen wir einmal die diesem Satz eingeprägte Metamorphose der Sinne verfolgen! Schön und läßlich klingt es, wenn dies eine *Empfindungsseele* ausspricht. Wenn das gleiche aber eine *Bewußtseinsseele* sagt, so zeugt es vielleicht von tiefem und unverzeihlichem Verfall.

»Der Krieg aller gegen alle« – in dieser Formel Thomas Hobbes' findet die *westliche* egoistische Weltanschauung vielleicht ihre knappste Losung. Diesem irdisch verstandenen und auf das Irdische gezielten Krieg stellt nun das *mitteleuropäische* Selbstbewußtsein sein Prinzip des *geistigen Heraklitismus* gegenüber. Der Krieg im Geistigen, das *Geistvergießen* – heute kann man schon in aller Klarheit sehen, daß es nur *eine* Möglichkeit gab, dieses Prinzip und damit ganz Mitteleuropa geistig zu entkräften, nämlich

durch die *Verführung zum Politischen*, durch seine *Politisierung*. Anders gesagt: um das Geistige »beerdigen« zu können, sollte man es zuerst »*vererdigen*« und das einzig gerechtfertigte Geistvergießen durch das unter allen Umständen nicht zu rechtfertigende Blutvergießen ersetzen. Es trat der mächtige Doppelgänger des geistigen Heraklitismus in Gestalt des preußischen Militarismus hervor; das übrige ließ sich schon in folgende, wie mit dem Hammer schlagende Sätze Nietzsches unterbringen: »Es zahlt sich teuer, zur Macht zu kommen: die Macht *verdummt*... Die Deutschen – man hieß sie einst das Volk der Denker: denken sie heute überhaupt noch? Die Deutschen langweilen sich jetzt am Geiste, die Deutschen mißtrauen jetzt dem Geiste, die Politik verschlingt allen Ernst für wirklich geistige Dinge – ›Deutschland, Deutschland über alles‹, ich fürchte, das war das Ende der deutschen Philosophie... ›Gibt es deutsche Philosophen? gibt es deutsche Dichter? gibt es *gute* deutsche Bücher?‹ – fragt man mich im Ausland. Ich erröte; aber mit der Tapferkeit, die mir auch in verzweifelten Fällen zu eigen ist, antworte ich: ›Ja, *Bismarck*!‹«* Man muß dieses Zitat von Nietzsche gar nicht weiter anführen; sein »*Weiter*« lag schon außerhalb aller Worte und aller Hoffnungen...

Hier eigentlich sollte ich dieses »*Wintermärchen*« unterbrechen. Das bitterste Wort, das ich am Ende sagen könnte, tönt wie eine alte mächtige Glocke mit tiefem Riß: Die einzige Zukunft Mitteleuropas ist vielleicht seine Vergangenheit. So flüstert es mir ein alter, von der Erkältung heiser gewordener, schon längst emeritierter Dämon ins Ohr, und ich sage ihm: Ja, alter Verführer, du hast zweifelsohne recht. Aber ich werde mein Möglichstes, ja selbst Unmöglichstes tun, um dich zu entrechten. Und noch sage ich: Die Zukunft Mitteleuropas liegt überall dort, wo es Seelen gibt, die ein Fünklein von seinem Geiste an sich tragen. Stört nicht, wenn das aus geographischer Sicht mitunter ziemlich seltsam und abseitig aussehen wird. Die Geographie selbst scheint heute zu einer Schimäre zu werden. Vielleicht ist

---

* Friedrich Nietzsche, Götzendämmerung, Frankfurt/M. 1985, S. 56f.

Mitteleuropa schon heute am wenigsten dort zu finden, wo es geographisch liegt, und am ehesten dort, wo es nicht zu ahnen ist. Die Menschen sind ja schwach und bequemsüchtig. Die *Idee* aber ist stark und kompromißlos. Und preßt man sie sogar mit einer mächtigen Straßenwalze, ganz gleich, sie sprießt wie Gras durch den Asphalt. Also Mut, Freunde! Noch ist nicht alles verloren! Wir haben ja noch einzelne unsterbliche Überreste, nach denen wir die ganze heimatliche Gestalt unserer Erstgeburt und unseres väterlichen Hauses wiederherstellen können.

Cur Ama·deus homo –
aus der Geschichte
des ontologischen Beweises

Die Welt Mozarts ist die des musikalischen Dings an sich. Doch hat sie nichts gemein mit jenen elitären philosophischen Welten, die nur wenigen und Auserwählten zugänglich sind. Diese Welt ist für alle und keinen. Sie fordert keine spezielle Vorbereitung und Wissenslast; im Gegenteil, steht der Zugang zu ihr unter irgendeinem Vorbehalt, so unter diesem, von allem entlastet zu sein. Dem Schwergewichtigen ist hier der Eintritt verboten. Und falls jemand seine spezielle Überladung hier hereinträgt, jagt ihn hinaus mit solcher Leichtigkeit, daß er den Wechsel gar nicht bemerkt! Denn diese Welt ist einer Gravitation unterworfen, die der üblichen Anziehungskraft genau entgegengesetzt ist; hier wird nicht das Schwere, sondern das Schwerelose angezogen: ihr Boden ist nur für unwägbare Füße bestimmt.

Die allererste Empfindung: Ihr stoßt auf die Bewohner dieses Planeten, und in einem augenblicklichen Akt der Einsicht erkennt ihr in diesen die *Ideen* wieder. Die sofort folgende Empfindung: Diese Ideen treiben gar nichts Ernsthaftes. Es gibt nur einen Weg, mit ihnen in Verbindung zu treten – durch eine vollkommen unseriöse Einstellung ihnen gegenüber. Sonst geht es eigentlich garnicht, wenn ihr nun schon hierher geraten seid; denn selbst die Idee des Ernsthaften ist ja unernst, und alle Manifestation der Ernsthaftigkeit entpuppt sich darum bloß als Nonsens und Unding an sich. Erstaunt bemerkt ihr, daß hier die Ordnung der strengen Caprice herrscht, die von der unglaublichsten Fröhlichkeit infiziert ist, angesichts der dem Neuankömmling mitunter das Blut in den Adern gefriert. Es gibt keine grillenhaftere, fröhlichere, sorglosere und unbekümmertere, leichtere und leichtfertigere Welt als diese.

»Wie?!« tönt aus eurem Busen unwillkürlich der bestürzte Protest. »Sie scherzen dort oben und treiben den nutzlosesten Müßiggang, während man sich hier unten den

Kopf zerbricht und um den Verstand bringt, indem man Sie zu verstehen sucht!« Doch bevor es euch noch euren Vorwurf auszuatmen gelingt, fühlt ihr einen kränkenden Klaps an der Stirn, begleitet von einem unmenschlich gellenden Lachen. »Du hast ja recht«, klingt es euch gleichsam zur Antwort, »doch siehst Du, es geht nicht darum, ob Du recht hast oder nicht, sondern darum, daß Deine Stirn die passendste Stelle für einen guten Klaps ist«. Wirklich, nach einer solchen Antwort ist es für euch die beste Zeit, diesen irrsinnigen Karneval zu verlassen, um so mehr, als niemand euch hierher eingeladen hat und euch folglich niemand zurückhält. Also kehrt zurück in eure frühere stabile Welt, wo eure zerdachte und von Gedankenschwielen gezeichnete Stirn wieder in ihren gebührenden Status eingesetzt wird und zur unpassendsten Stelle für einen Klaps wird. Ihr könnt ja zudem diesen empörenden Klaps, den ihr empfangen habt, ganz leicht durch die vollendet gelehrte Verleumdung dieser Welt rächen, indem ihr diese bloß in die Abteilung für »ästhetischen Genuß« eintragen laßt. Es finden sich sicher viele, die euch glauben werden.

Oder – überwindet die Kränkung und wartet einen Augenblick. Ihr seid doch Forscher, und es ziemt sich euch nicht, aus privaten Unannehmlichkeiten diese Erfahrung abzubrechen. Zudem, habt ihr euch nicht bereits davon überzeugt, daß in dieser bizarren Welt die Caprice herrscht? – doch Caprice ist Caprice oder lauter Unvoraussagbarkeit, und wer weiß, wie viele unvoraussagbare Surprisen noch auf eurem Wege ausgeschüttet sind?

Denn wahrlich, als Logiker, die ihr seid, müßtet ihr jedenfalls wissen, daß es nichts ohne dafür zureichende Gründe gibt. Also jener verdiente Klaps könnte ja ganz begründet sein. Fragt euch einmal, warum man euch damit ausgezeichnet hat? Und falls die Caprice nachsichtig genug wäre, dies zu beantworten, so sagt man euch vielleicht folgendes, was ja nichts anderes wäre als ein Haar, das schwindelfrei den Scherz vom Ernst scheidet: »Der Klaps ist durchaus das allerbeste Mittel für einen Schädel, der zur Schädelstätte des Gedankens geworden ist. Das aber, daß man sich dort unten über uns und unseretwegen den Kopf zerbricht, ist nebenbei eine der Ursachen unserer Heiterkeit.« Nach einer solchen Antwort bleibt euch, sobald ihr entschlossen seid, hier zu verweilen, nur eines: Euch nicht den Kopf zu zerbrechen und die Spielregeln bloß anzunehmen. Alle Proteste und Vorwürfe, das ganze allerschwerste Gepäck der Fähigkeiten, Fertigkeiten und Vorstellungen, der eingefleischten Ansichten, der ausgesessenen Gedanken und Gefühle gebt ihr ab für das Recht auf einen Scherz in dieser wunderlichen Welt der Unfaßbarkeit und Schelmerei.

Und erst dann erschließt ihr die Kehrseite dieser Welt: Ihr begreift nun, daß hier das Von-allem-Entlasten nur als ein Entlasten-für-alles möglich ist. Ja, was für eine seltsame, bis zum Undenkbaren seltsame Welt, in der man sich das Recht auf Verstehen durch den Scherz über alles Verstehen verdient, in der durch die kristallklare, reine, durchsichtige Tiefe hindurch der kopfverdrehende Abgrund der Dunkelheit erblickt wird, eine Welt, in der dem Kopf eigentlich nichts anderes zu tun bleibt als ... sich zu drehen und darin seinen ureigenen Beruf zu entdecken, eine seltsame, bis zum Unheimlichen seltsame Welt. In ihr liegt nichts Ernsthaftes, doch sie ist der Mutterschoß alles wirklich Ernsten, das nur das Verstehen als solches sein will und keine Maske der gelehrten Possenreißerei.

Gleichsam alle Distinktionen der Welt verspottend, kleidet sie sich in den verständlichsten Schein, um in diesem und durch diesen das Unverständlichste aufzuzeigen. Oder umgekehrt ersetzt sie das Verständliche durch das Unverständliche und blinzelt von dort mit fast banalen Offenbarungen con grazia. Alles in ihr ist notwendig und alles frei. Ein jeder Takt ist hier nach dem strengen Schema des allgemeinen Kanons festgelegt, doch weiß man nie genau, was sich im nächstbenachbarten Takt verbirgt. Man stelle sich eine Wegstrecke vor, die, tausendmal gegangen, in jedem Staubkorn bekannt ist und die doch jedesmal immer wieder zum ersten Male gegangen wird, voller Spannung, mit unermüdlichem Augenmerk, mit der scharfen Empfindung, daß ihr, indem ihr diesen Weg tausendmal hin- und hergegangen seid, tausendmal riskiert habt, euch den Fuß zu verstauchen, im Fall, es fiele euch ein, der induktiven Selbstzufriedenheit der Gewohnheit zu vertrauen. Man stelle sich dies vor und erhält eine entfernte Vorstellung davon, was diese Welt bedeutet. – Wer ist ihr Schöpfer? Man sagt Mozart. Wer ist Mozart? Er ist der Gott dieser Welt, in ihren Klängen vermenschlicht, von ihnen zum Opfer gebracht und in ihrem Stillschweigen auferstanden – aber halt, das ist doch nur ein Mythos, eine Überlieferung, eine Exegese. Und hat Mozart je existiert? »Wie? Aber die Zeugnisse der Zeitgenossen, Briefe, Erinnerungen, ja Dokumente!« Ach, all das wird mit der Zeit verschwinden, und das übrige hält man unwiderruflich für Fälschungen späterer Redaktionen oder unsichere Quellen. »Ja, aber es wird doch die Welt selbst bleiben, seine Welt!« Mag sein, doch wer beweist, daß das *seine* Welt ist? Es erscheint vielleicht ein neuer Laplace der Musikkunde und verkündet mit Stolz: »Eure Majestät, diese Hypothese brauche ich gar nicht.« »Aber woher ist sie denn dann entstanden?« Na ja, die Meinungen dazu werden ganz verschieden sein. Man sagt zum Beispiel, sie sei aus einem Urnebel entstanden. »Die ›Zauberflöte‹!? Aus dem Nebel!?« Beruhigen Sie sich. Sie sind zu emotional und erregen Aufmerksamkeit. Außerdem ist noch nicht alles verloren. Es wird Ihnen doch die Welt selbst bleiben; versenken Sie sich in diese, und vielleicht führt diese Sie selbst zu ihren Urquellen.

Versenkt euch denn in diese Welt. Die Welt der Strenge und der Caprice, der unendlichen Leichtigkeit, die die ungeheuerlichste Weltendicke der Ernsthaftigkeit durchbohrt, die Welt einer todbringenden Lebendigkeit und lebenspendenden Tödlichkeit, die Welt eines permanenten Risikos, in der hinter jeder scherzenden Grimasse das ganze Maß der Verzweiflung versteckt ist und die Verzweiflung nimmer zum Sturz führt, sondern immer zur Verklärung entführt, eine Welt, in der es keinen Sturz gibt, der nicht sein eigenes »Wohlan, aufs Neue!« kennte, und keinen Aufschwung, der nicht Sturz werden könnte – eine reinste, hellste, hellsichtigste Welt, die die Seelen dafür nur zu sich zieht, um diese, vom Gedächtnis an sich selbst gezeichnet, mächtiger und geschickter in jene Welt kausaler Rechtsordnung zu verstoßen, wo diese, von den erkenntniskritischen Zweifeln gepeinigt und vom Verstand bis zum Verzicht auf das Seiende gebracht, das Erstgeburtsgedächtnis und die fast instinktive Kraft des ontologischen Beweises in sich trügen: *Mozart, ergo est*, und: *est, ergo Mozart*.

Personenregister

Alexander I., russ. Zar 160
Alexander II., russ. Zar 134
Andersen, Hans Christian 152, 170
Angelus Silesius 63, 66, 69, 99
Archimedes 174
Aristoteles 35, 89, 91, 158, 202

Bach, Johann Sebastian 178, 213, 220
Bacon, Francis 109, 214
Barth, Karl 145
Basilides 176
Baudelaire, Charles 76, 77, 79
Beethoven Ludwig van 117, 201, 204, 213
Belyj, Andrej 120, 148, 165
Benjamin, Walter 107
Benn, Gottfried 211
Berengar von Tours 49
Bernini, Gian Lorenzo 32
Bismarck, Otto von 119, 128
Blanche de Castille, franz. Königin 158
Blavatsky, Helena P. 89, 91, 99
Blok, Alexander A. 120
Bock, Emil 55, 61
Böhme, Jakob 97, 178
Boileau-Despréaux, Nicolas 18
Brecht, Bertolt 203, 204
Breschnew, Leonid J. 155, 172, 175
Bucharin, Nikolai J. 144
Büchner, Georg 50

Canetti, Elias 215
Carlyle, Thomas 195
Casanova, Giacomo 31, 32, 193

Chamberlain, Houston Stewart 75, 110, 115
Chruschtschow, Nikita S. 157
Clarke, Samuel 20, 109, 214
Cotton, John 185
Cremonini, Cesare 35
Cromer, Evelyn Baring, Earl 111

Darwin, Charles Robert 97, 218
Defoe, Daniel 216
Dietrich von Bern 197
Diogenes 217
Dostojewski, Fjodor M. 46–48, 52, 53, 77, 140, 143, 148, 161

Eckhart, gen. Meister 66, 88, 97, 188, 213
Eriugena, Johannes Scotus 49

Fichte, Johann Gottlieb 57, 68, 91, 101, 110, 111, 115, 208, 209
Florenski, Pawel 143, 146
Förster-Nietzsche, Elisabeth 123
Foucault, Michel 32, 33
Freud, Sigmund 97
Friedrich der Große, preuß. König 194
Friedrich II., Kaiser 198, 213

Galiani, Ferdinando 175, 176
Galilei, Galileo 35, 49
Gast, Peter 45
Goebbels, Joseph 123
Goethe, Johann Wolfgang von 10, 22–25, 28–30, 32–37, 39–43, 54, 56, 57, 64, 68, 70–77, 79, 80, 85, 98, 110–112, 128, 129,

233

140, 141, 152, 171, 176, 178, 179, 183, 198–201, 207, 209–211, 214, 220
Gogh, Vincent van 76
Gogol, Nikolai W. 77, 165
Gorbatschow, Michail 154, 155, 157, 158
Gorki, Maxim 141, 178
Gould, Glenn 178
Gregor IX., Papst 158
Grimm, Herman 68
Grünewald 213

Haeckel, Ernst 88, 100, 177
Hamerling, Robert 68
Harrington, James 19
Hartmann, Eduard von 90, 100
Hauser, Kaspar 200
Hegel, Georg Wilhelm Friedrich 83, 91, 199, 204, 205, 211, 213, 220
Heraklit 202, 211
Herder, Johann Gottfried 106, 171, 212
Hieronymus, hl. 212
Hindenburg, Paul von 129
Hitler, Adolf 107, 110, 115, 116, 122, 125, 127, 138
Hobbes, Thomas 19, 90, 200, 222
Holbach, Paul Heinrich Dietrich Baron von 96
Holbein, Hans 213
Hölderlin, Johann Christian Friedrich 70, 76, 77, 79, 217
Homer 196
Humboldt, Wilhelm von 42
Hume, David 17, 37, 217
Husserl, Edmund 69, 102

Ibsen, Henrik 77
Iwan IV., der Schreckliche 160

Jahn, Friedrich Ludwig 111
Julian, röm. Kaiser 198

Jünger, Ernst 107, 117, 137
Jung, Edgar Julius 119

Kafka, Franz 163
Kant, Immanuel 17, 21–28, 30, 31, 36, 40, 66, 67, 95, 174, 192, 206
Keyserling, Hermann Graf von 85
Kierkegaard, Søren 48, 50, 51
Kleist, Heinrich von 76, 77, 79
Kolumbus, Christoph 184

La Mettrie, Julien Offroy de 20
Lagarde, Paul Anton de 115
Lamprecht, Karl 212
Langbehn, Julius 74, 110, 115
Laplace, Pierre Simon Marquis de 192, 195, 196, 230
Leadbeater, Charles W. 91
Leibniz, Gottfried Wilhelm 20, 91, 106, 109, 110, 151, 214
Lenau, Nikolaus 77
Lenin, Wladimir Iljitsch 178
Leonardo da Vinci 220
Lévi-Strauss, Claude 23
Linné, Carl von 34, 35
Locke, John 37, 186, 188, 217, 218
Lomonossow, Michail W. 43
Lübbe, Hermann 125
Ludendorff, Erich 115
Ludwig IX., der Heilige, franz. König 158
Luther, Martin 61, 96, 157, 212

Mach, Ernst 88
Mackay, John Henry 100
Marshall, George Catlett 187
Marx, Karl 117, 118, 179
Maxwell, James Clerk 88
Mereschkowski, Dmitri S. 157
Metternich, Klemens Wenzel Fürst 119
Milton, John 216
Moeller van den Bruck, Arthur 109, 114, 116, 117, 123

Moleschott, Jacob 50
Mozart, Wolfgang Amadeus 128, 200, 227, 230, 231

Napoleon I. Bonaparte 20, 114, 115, 195
Newton, Isaak 17–25, 35, 66, 110, 214, 217
Niekisch, Ernst 117, 137
Nietzsche, Friedrich 10, 25, 44, 45, 47, 50, 51, 53–65, 68, 70–79, 92, 93, 97, 99, 101, 110, 115, 116, 120, 146, 167, 173, 198, 199, 206, 209, 210, 212, 213, 223
Novalis 19, 57

Olcott, Henry Steel 99
Origenes 49, 50
Orwell, George 24, 142

Paracelsus, Philippus Aureolus Theophrastus 109, 110, 214
Pascal, Blaise 82, 114, 176
Paulus 53, 58–61, 63, 112, 176, 198, 221
Pawlow, Iwan P. 193
Pechel, Rudolf 123
Perikles 202
Peter I., der Große, russ. Zar 121, 134, 157, 160
Petty, William 19
Phalaris, Tyrann von Akragas 139
Phidias 202
Plato 202, 203, 211
Poe, Edgar Allan 77, 79
Puschkin, Alexander S. 157

Rathenau, Walther 111, 116, 215
Rembrandt 213
Renan, Ernest 53, 172
Robespierre, Maximilien 186
Rohde, Erwin 74
Rousseau, Jean-Jacques 186

Rushdie, Salman 189
Rymer, Thomas 194

Saint-Simon, Claud Henri de Rouvroy, Graf von 18
Scheler, Max 102, 116, 141, 156
Schelling, Friedrich Wilhelm Joseph von 68, 218, 221
Schiller, Friedrich von 36, 37, 45, 57, 77, 135, 171, 201, 208
Schlechta, Karl 44
Schlegel, Friedrich von 108
Schmitt, Carl 115
Schönberg, Arnold 28
Schröder, Gerhard 107
Schubert, Franz 183, 189
Schüddekopf, Otto-Ernst 119
Schumann, Robert 76, 77, 79, 106
Schuré, Edouard 86
Schweitzer, Albert 59
Seeckt, Hans von 115
Shakespeare, William 129, 194, 196, 220, 221
Sokrates 213
Solowjow, Wladimir S. 143, 148, 160
Solschenizyn, Alexandr 151
Sombart, Werner 111, 116
Sömmerring, Samuel Thomas von 31
Sophokles 202
Specht, Pauline 55
Spengler, Oswald 10, 107, 113–115, 117–128, 156, 204
Spett, Gustav 143
Spinoza, Baruch de 19
Stalin, Jossif W. 134–145, 175, 178
Steiner, Rudolf 10, 19, 37, 41, 54–59, 64, 68–70, 72, 75, 77–79, 81, 84, 86–89, 92, 93, 95–102, 107, 129, 153, 171, 173, 176, 177, 179, 197, 199, 206–208, 222

Stirner, Max 48, 209
Strindberg, August 77
Swedenborg, Emanuel 24, 66

Tolstoi, Lew N. 48, 51–53, 140
Tönnies, Ferdinand 79
Trotzki, Leo 137

Vaihinger, Hans 27
Valéry, Paul Ambroise 73
Vico, Giambattista 19
Vitry, Jacques de 158

Vivekananda 91
Voltaire 20, 96, 151, 157, 192, 194

Wagner, Richard 213
Walpole, Robert, Earl 19
Weber, Max 217
Wilamowitz-Moellendorff, Ulrich von 60, 74
Wilson, Woodrow 168
Wittgenstein, Ludwig 46
Woloschin, Margarita 84

Pavel Florenskij · Die Ikonostase
Urbild und Grenzerlebnis im revolutionären Rußland
Aus dem Russischen von Ulrich Werner
194 Seiten, 14 Abbildungen, kartoniert, 2. Auflage

»Die deutsche Ausgabe der ›Ikonostase‹, übersetzt und kommentiert von Ulrich Werner, kann man als gute Einführung in Florenskijs philosophisches Werk betrachten. Natürlich steht die Forschung über Florenskij noch am Anfang, sowohl innerhalb als auch außerhalb der Sowjetunion. Deshalb ist das Erscheinen dieses sorgfältig edierten und kommentierten Buches nur zu begrüßen. Es öffnet auch dem Leser, der keine speziellen Vorkenntnisse besitzt, die Welt der russischen Ikone durch die zweifellos subtilste und scharfsinnigste Interpretation, die es bisher von ihr gibt, und macht ihn mit einer der hervorragendsten Persönlichkeiten des russischen Geisteslebens zu Beginn dieses Jahrhunderts bekannt.« BORIS GROYS/FAZ

Pawel Florenski · Meinen Kindern
Erinnerungen an eine Jugend im Kaukasus
Aus dem Russischen und mit einem Nachwort von Fritz Mierau
376 Seiten, 16 Abbildungen, kartoniert

»Gerade dies möchte ich meinem Wort über Pawel Florenski voranschicken. Er war und *ist* nicht dafür, daß Hunderte von Kompilatoren so über ihn herfallen wie über ein seltsames Exponat einer geistigen Kunstkammer; sein Thema ist nicht stubengelehrt, sondern lebendig, und es gibt kein besseres Mittel, sein Andenken zu beflecken, als ihn nur als Buchgelehrten zu nehmen, der vom Leben durch die Mauer *persönlicher* Indifferenz abgeschnitten ist. Über ihn sprechen *heißt, über sich* selbst sprechen, und solange er nicht zur *Tatsache unserer Biographie* wird, wäre es dann nicht besser, nicht angemessener, irgendetwas anderes – aus dem unerschöpflichen Themenplan des ewigen Pharisäertums – zu treiben?« KAREN SWASSJAN

URACHHAUS

Michael Kirn · Hegels Phänomenologie des Geistes und die Sinneslehre Rudolf Steiners
Zur Neubegründung der Wissenschaft aus dem Wesen des Menschen
584 Seiten, Leinen

»Die alte Regel Nietzsches: ›Wahrheit reden und *gut mit Pfeilen schießen*‹ feiert hier fast auf jeder Seite ihren Triumph. Die allererste Empfindung, die mich vom Beginn des Lesens an ergriffen hat: endlich, Gott sei Dank, endlich ist die ›Phänomenologie des Geistes‹ den skurrilen und sterilen schulphilosophischen Händen entrissen und ihrem ureigenen mythologischen Element wiedergegeben.«   KAREN SWASSJAN

Massimo Scaligero · Traktat über das lebende Denken
Ein Weg zur Überwindung der abendländischen Philosophien, des Yoga und des Zen
Aus dem Italienischen von Georg Friedrich Schulz
110 Seiten, kartoniert

Massimo Scaligero
Die Logik als Widersacher des Menschen
Der Mythos der Wissenschaft und der Weg des Denkens
Aus dem Italienischen von Georg Friedrich Schulz
336 Seiten, gebunden

»Solche Bücher, wie das von Scaligero, sind keineswegs bloß philosophische Traktate, sondern ein *conditio sine qua non* der seelischen Gesundheit. Wer die von ihnen angebotene Reinigung und Wege ablehnt, der verurteilt sich von vornherein zum ... Kretinismus, von welchem ihn keine Lehrstühle und keine Nobelpreise retten werden. *Crede experto*.«
   KAREN SWASSJAN

URACHHAUS